本书为2019年度中央财政支持地方高校改革发展专项资金项目成果

新疆师范大学
黄文弼中心丛刊

楼兰考古调查与发掘报告

侯灿 编著

凤凰出版社

图书在版编目（CIP）数据

楼兰考古调查与发掘报告 / 侯灿编著. -- 南京 : 凤凰出版社, 2022.3 （2023.11重印）
ISBN 978-7-5506-3577-7

Ⅰ. ①楼… Ⅱ. ①侯… Ⅲ. ①楼兰－考古发现－发掘报告 Ⅳ. ①K878.05

中国版本图书馆CIP数据核字(2022)第025126号

书　　名	楼兰考古调查与发掘报告
编 著 者	侯　灿
责任编辑	张永堃
装帧设计	陈贵子
责任监制	程明娇
出版发行	凤凰出版社(原江苏古籍出版社) 发行部电话025-83223462
出版社地址	江苏省南京市中央路165号,邮编:210009
照　　排	南京凯建文化发展有限公司
印　　刷	南京新洲印刷有限公司 江苏省南京市六合区雨花路2号,邮编:211500
开　　本	889毫米×1194毫米　1/16
印　　张	14.75
字　　数	397千字
版　　次	2022年3月第1版
印　　次	2023年11月第4次印刷
标准书号	ISBN 978-7-5506-3577-7
定　　价	168.00元

(本书凡印装错误可向承印厂调换,电话:025-57500228)

序　言

楼兰是西域历史上一个重要的王国，不论从西域与中原王朝的关系史来看，还是从东西方文化交流中所处的位置来讲，楼兰都扮演着极其重要的角色，受到学术界的广泛关注。同时，楼兰又是西域诸王国中由于自然条件的变化而彻底消失的一个西域大国，对于今天的学术界，特别是关注生态环境对人类影响问题的考古、地理、环境、历史、气候等多个学科的学者，都是一个极富吸引力的问题，引发国内外许多学者多年来努力钻研，使楼兰成为一个国际上持续不断的热门话题。

现代意义的楼兰研究，应当起始于1900年瑞典探险家斯文·赫定（Sven Hedin）对楼兰的考古发掘。1903年，他的纪实性行记的英文本《中亚与西藏》（*Central Asia and Tibet*: *Towards the Holy City of Lassa*）出版；随后在1904—1907年间，他又编写了八卷本的《1899—1902年中亚考察的科学成果》（*Scientific Results of a Journey in Central Asia 1899-1902*），吸引了普通读者和专业学者对楼兰和罗布泊的关注。1906年，英国考古学者斯坦因（Aurel Stein）奔赴楼兰，赶在他推测的其他探险队到来之前，系统调查、发掘了楼兰地区大部分城址和墓葬。1912年，他先出版了两卷本的个人旅行记《沙漠契丹废址记》（*Ruins of Desert Cathay*）；1921年，又出版了五卷本的正式考古报告《西域考古图记》（*Serindia*: *Detailed Report of Explorations in Central Asia and Westernmost China*）。其实，楼兰的宝藏哪里可能尽入斯坦因囊中？他走后不久的1909年，日本大谷探险队的橘瑞超发掘楼兰古城，获得证明海头与楼兰所在的“李柏文书”。1914年斯坦因再度到此，又有所获。到1927—1935年中瑞西北科学考查团期间，中方队员黄文弼在土垠遗址掘得汉代木简，瑞方队员贝格曼（Folke Bergman）在小河遗址发掘了史前人墓地，都是十分重要的考古发现。此后，楼兰的考古发掘一度中断。

中华人民共和国成立以后，这里成为核试验基地，包括楼兰古城在内的许多地区，一度被列为“军事禁区”，普通人不得入内。因此在很长一段时间里，对于楼兰真正具有发言权的学者并不多，因为大多数学者都没有亲临其境；即使到过楼兰，也很少有人能够动土发掘。1980年，幸运之神落在新疆社会科学院考古研究所的侯灿先生头上，当时中日邦交正常化，日本NHK电视台提出要进入楼兰拍摄丝绸之路，得到中国国家领导人的批准。经过一番勘察之后，当年4月，侯灿率领一支考古队进入楼兰，对楼兰及其附近遗址做了正式的考古调查和发掘。他由此成为中瑞西北科学考查团之后第一位从事楼兰考古的新疆考古工作者，而且他所主持的楼兰考古发掘工作，获得了非常丰富的文物和文献材料，填补了我国考古工作的某些空白，使得我国学者在楼兰研究上有了发言权，并为国际学术界所瞩目。

抖掉身上的沙土，回到乌鲁木齐的侯灿先生笔耕不辍，到1987年3月，就完成了《楼兰考古调查与发掘报告》。这是他所主持的考古调查与发掘的正式报告，对于调查发掘经过、考古发掘所得文物，都做了详细的描述，并对照前人发掘的同类物品做了细致的分析研究，图文并重，还有大量线描图和数据统计表，体现了一个考古科班出身的研究者的学术素养。这本书可以说是“文革”以后我国考古研究的重要成果，可惜由于种种原因，一直没有出版，而侯灿先生也于2016年6月去世，这成为其终身遗憾。

侯灿先生的另一重要学术领域是吐鲁番文书和墓志研究，他利用这两类资料，对高昌国的官职、年号等做过精深研究。1985年我毕业后协助北大诸位先生编辑《敦煌吐鲁番文献研究论集》，曾受命与他联系，就其来稿《解放后新出土吐鲁番墓志录》往复商议。以后有机会去新疆，或侯灿先生来京，我都得以拜见问学。1990年，侯灿先生出版《高昌楼兰研究论集》，执以相赠，奖掖后学。

1998年侯灿先生退休后移居成都，仍然心系新疆考古，先后整理出版《楼兰汉文简纸文书集成》三卷（1999年11月）、《吐鲁番出土砖志集注》两册（2003年4月）。今天我们又乐见其《楼兰考古调查与发掘报告》出版，而主其事者孟宪实教授命我弁言数语，因略述楼兰考古研究历程及侯灿先生的贡献。

是为序。

荣新江

2020年8月9日于三升斋

目　录

插图目录

图版目录

彩版

图版

一、工作经过

（一）缘 起

自我国东汉以后，关于楼兰的史事，史籍缺载，所以北魏郦道元在《水经注》中称楼兰为“故城”。即在东汉时期，史籍所载也仅寥寥几笔，至于由曹魏至两晋，楼兰的情况如何更不得而知，成为历史之谜。近代以来西方掀起了地理探险的热潮，1900 年，瑞典人斯文·赫定一行，在我国罗布泊的探险过程中，由其向导当地居民艾尔迪克在一个偶然的机会里，发现了这座古城，次年斯文·赫定作好准备再次回到古城，在古城及其附近遗址进行大量挖掘，出土了许多具有东西方艺术特点的雕刻器、丝毛棉织品和汉文、佉卢文木简（牍）、纸文书以及其他物品，震惊了中外世界。接踵而至的有英国人斯坦因、日本人橘瑞超等，他们也在这里进行了大量挖掘，掠去了许多珍贵文物。楼兰文物的出土，不但弥补了我国史籍记载的缺失，还引起了不同学科的学者从不同角度对楼兰及其相关问题的探讨。由于时代的局限，挖掘者对出土文物和遗迹的科学性重视不够或未予重视，因而在研究工作上又带来了许多新的问题。楼兰所处的地理位置特别，环境十分严酷，多少年来，人们把它视为禁区，成为我国考古学上的空白。以上这些问题，都极需要我们新中国的考古工作者去调查、研究和解决。

在实行“改革开放”政策的过程中，经中央有关部门批准，中日合拍“丝绸之路”电视系列片，其中由敦煌经楼兰至焉耆，荒无人烟的路段由中方单独拍摄，中央电视台即邀请新疆社会科学院考古研究所协作，组成考古工作队进入楼兰地区开展调查与发掘工作。

（二）工作概况

考古工作队组成后，为了弄清楼兰古城的确切位置和附近遗迹，于 1979 年 6 月乘直升机冒着酷暑飞往罗布泊腹地上空进行探察。为了寻找通向楼兰的地面道路，又于同年 11 月下旬至 12 月上旬顶着严寒，乘汽车顺孔雀河北岸向东南行至东经 89° 46′ 05″、北纬 40° 38′处，徒步横跨干涸的孔雀河床，转向东南，穿越崎岖的雅丹地貌进入楼兰。在上述工作基础上，于 1980 年 3 月下旬分东西两路向楼兰进发：东路于 4 月 1 日由敦煌经后坑，过白龙堆、土垠，于 4 月 16 日到达楼兰。这一路主要对“丝绸之路”路线进行考察。西路于 3 月 27 日由和硕循去冬考察路线直接进驻楼兰（图版一，1），对楼兰及其附近地区进行考古调查和发掘。东路参加单位人员有：新疆考古所穆舜英、伊第里斯、艾尔肯、刘玉生、陈树德，中央电视台屠国垡、王纪言，新疆气象局科研室李江风，新疆地理研究所陈汝国以及人民解放军兰州部队负责护送的人员。西路由新疆考古所侯灿、吐尔逊、吕恩国、邢开鼎组成，和硕县（蒙古族）牧民宾拜参加，人民解放军 89800 部队负责给养、运输、驼队管理和劳动力提供，部队参加的主要人员有张妙根、张占民、蔡明华、刘景致等 24 人。东西两路在楼兰会合后，又于 4 月 22 日同时撤离楼兰。

西路队在古城工作期间，对古城的确切地理位置重新进行了勘察核定，对城址范围、城墙建筑重新进行了测绘，发现了由城西北流向东南的古水道。城中着重考察了佛塔、房屋遗址，测量了大小院落，开挖了探沟、探方。

西路队为了进一步研究楼兰发展的历史，对城郊遗迹和古墓葬也进行了调查和发掘清理。在古城北北东 4 公里清理了小佛塔一座，正北 5.2 公里考察了建筑遗址一处，西北 5.6 公里考察了烽燧台一处，同时对斯文・赫定和斯坦因挖掘并命名的 LB 遗址进行了调查。此外，在古城北北东 4.8 公里新发现古墓葬群一处，在 6.9 公里对被斯坦因挖掘并命名为 LC 的墓地重新进行了清理，清出了未被斯坦因挖获的丛葬墓一座。在西北 22 公里处又发现残墓一座。

以上遗址调查和墓葬发掘清理，经过整理编号，共收集到文物 1004 件，其中调查采集与试掘有 799 件，墓葬发掘 205 件。工作期间的总体工作由侯灿同志负责，并侧重于遗址调查清理、墓葬发掘和城中古水道勘测；吐尔逊同志主要进行院落测量、清理部分墓葬；邢开鼎同志负责古城测绘；吕恩国同志主要调查城郊遗迹和墓葬。东路队伊第里斯、艾尔肯同志到达后，也参加了墓葬清理工作。

（三）材料整写

由于楼兰遗址曾经受到斯文・赫定和斯坦因等人的多次挖掘，因而转入室内工作以后，搜集、翻译和查对有关资料的工作费去较多时日。器物编号，凡采集所得，依收集时的分区统一作了编号，房屋清理及探方、探沟出土的器物，均按出土时的顺序编号。LB 代表罗布泊楼兰，C 表示采集，F 表示房屋，T 表示探方、探沟，FO 表示佛塔，B 表示方位北，X 表示西，N 表示南，MA 表示平台墓地，MB 表示孤台墓地。器物的修复清洗工作由新疆考古研究所胡桂珠同志进行，线图的描绘由哈森叶提和吐尔逊同志绘制，器物摄影由刘玉生同志拍摄，孤台墓地 2 号墓中的丝、毛、棉织品说明是由穆舜英同志编写，有关英文资料由中国科学院地理研究所王守春同志翻译，石器石质由新疆工学院地质矿冶系覃俭先生鉴定，墓葬出土铜钱、铜镜由中国历史博物馆副馆长俞伟超先生鉴定，中国社会科学院考古所韩康信同志鉴定了部分人骨，粮食作物标本由四川农学院颜济、杨俊良先生鉴定，碳 –14 朽木标本由国家文物局文物保护科技所测定，木简纸文书摄影，曾得到文物局古文献研究室和公安部 126 研究所帮助利用红外线拍摄，木简纸文书在考释过程中也曾得到北京师范大学教授启功先生、北京大学教授裘锡圭先生、兰州大学名誉教授美籍华人张春树先生以及甘肃省文物工作队、北京古文献研究室等一些同志的帮助。材料的汇集和报告编写是侯灿同志整理并执笔的。

二、古城遗迹

（一）位置与环境

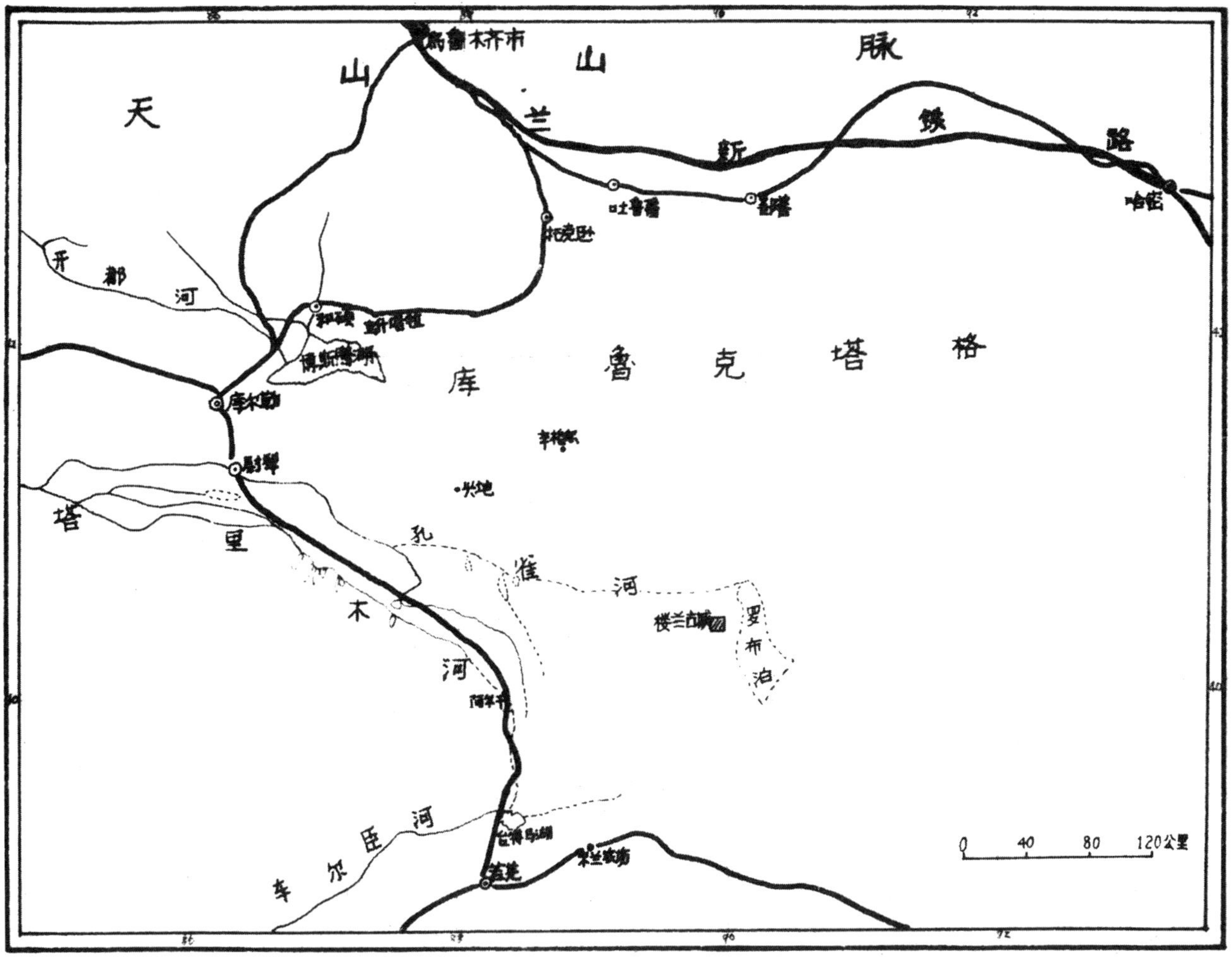

图一 楼兰遗址位置图

楼兰古城址位于孔雀河下游的三角洲南部，罗布泊的西北，今属若羌县界。西南直距若羌县城 220 公里，西北直距库尔勒市 340 公里，北距孔雀河最近点 16 公里，东距罗布泊岸 28 公里。具体位置经我们重新核定在东经 89° 55′ 22″，北纬 40° 29′ 55″（图一）。

关于这个经纬度，以前的考察者均有一些误差：斯文・赫定将其标定在经度 89° 40′，纬度 40° 30′。

参见黄文弼著《罗布淖尔考古记》第一篇绪论第二章“楼兰国历史述略”转引（北京大学出版部1948年版）；斯坦因在1912年著《沙漠契丹废址记》（*Ruins of Desert Cathay.* London, 1912.）一书的1/300万附图中，将其标定在东经89° 55′，北纬40° 31′。在1928年牛津出版的《亚洲腹地考古记》（*Innermost Asia.* Oxford, 1928.）一书卷五所附根据1906—1907年、1914年考察编绘的1/50万《罗布荒原地图》中，将其标定在东经89° 45′，北纬40° 30′ 22″。又同书卷五图60标的楼兰位置为经度89° 52′ 15″，纬度40° 31′ 15″。另在1933年著《中亚的古代踪迹》（*On Ancient Central–Asian Tracks*，中译本即《斯坦因西域考古记》）一书的1/600万附图中，又将其标定在东经90° 06′，北纬40° 29′；日本长泽和俊著《楼兰王国》一书中，根据斯文·赫定数据，仍定在东经89° 50′ 53″，北纬40° 31′ 34″（第三文明社，1976年版）。

从自然遗迹上观察，过去的楼兰古城，地理环境是比较好的。我们从孔雀河北岸乘直升机至古城址，直线距离不到20公里，便有四条大的干涸的河床因日光折射与四周地貌迥异而映入眼帘，河床两岸密布有许多小河汊和小水塘，这些河床、河汊、水塘表明，楼兰的水利资源是丰富的。在沙漠干旱地区，水具有特殊的意义，它是一切生命的源泉，有了水，绿洲才能存在，人类才能从事生产生活活动。楼兰城址就坐落在第四条大河床的两条分叉之间（图一），分叉的两条河床很像一片柳叶形状，西高东低，它们在古城西部6公里处分流，又在古城东部16公里处汇流，再注入低洼的罗布泊。

在孔雀河三角洲上，根据近代以来的地理探险和考古调查，发现了史前时期细石器文化点与历史时期的遗址、城址和墓葬多处。1900年和1901年斯文·赫定两次来到楼兰及其西北部的遗址进行地理考察，收集并挖掘了大量历史时期的遗物（参见中译本《我的探险生涯》第三十六章、第四十一章，孙仲宽译，1933年西北科学考查团丛刊之一；《1899—1902年中亚考察的科学成果》〔*Scientific Results of a Journey in Central Asia 1899—1902*〕卷2第44章、第45章，1906年斯德哥尔摩英文版）。后来斯坦因把这两处分别命名为LA和LB。1906年和1914年斯坦因又两次到达楼兰进行广泛采集和挖掘，在他命名的LA、LE、LF、LI收集到细石器文化的燧石刃片，碧玉箭头；在LA、LB、LC、LD、LE、LF、LG、LH、LI、LQ、LJ、LS、LT等处测绘了古城、遗址和墓葬，对历史时期的遗物大肆挖掘，他把这两次活动分别写入他的《西域考古图记》（*Serindia.* Oxford, 1921.）和《亚洲腹地考古记》两书中。1930年至1931年西北科学考查团的贝格曼在三角洲的顶点帕塔里克库尔以东的雅尔丹布拉克发现了三处细石器文化点，编号为22、25、28，采集了燧石核、石刃片、石刀和石箭头（参见福克·贝格曼著《新疆考古研究》〔Folke Bergman：*Archaeological Researches in Sinkiang*〕第一部分，1939年斯德哥尔摩英文版）。1931年至1934年西北科学考查团的霍涅尔和我国的陈宗器，在三角洲的下部编号为375、395、359、363、431等处采集到燧石核、石叶、石锥、削刀等物；在编号为378、377、401、430与32、33等处采集到五铢钱、货泉钱、青铜箭头、铜戒指、铜顶针、铜镜、铜环、铜钮扣、铁刀、铁锅、铅棒、木梳、木印模、破鱼网、玻璃装饰品、石髓料珠、陶纺轮等物（同贝格曼著上书）。1930年和1934年我国考古学家黄文弼两次翻越库鲁克山到达罗布泊的北端土垠遗址考察，在其附近发现有石器文化点五处：L ㄎ、L ㄕ、L ㄉ、L ㄊ、L ㄐ，其中L ㄊ铜、陶器与石器共存；在编号L ㄅ、L ㄆ、L ㄈ、L ㄎ、L ㄊ、L ㄌ、L ㄍ、L ㄖ、L ㄘ、L ㄩ等处发现有汉简、汉代铜镜、铜箭镞、弩机、铜钉、铜戒指、漆器、丝毛麻织物、木梳、骨簪、木簪、五铢钱和铅块等物（参见黄文弼著《罗布淖尔考古记》）。这些石器文化点（图二，有关论述参见侯灿《论楼兰城的发展及其衰废》第一部分，载《中国社会科学》1984年第2期）和古遗址、城址、墓葬及其遗物表明，远自细石器文化时期直至历史时期的相当长一段时期里，这里是人类生息、繁衍之地。

据我国古代史籍记载，早在公元前二世纪时楼兰就是城郭之国了。《史记·大宛列传》说：“楼兰、

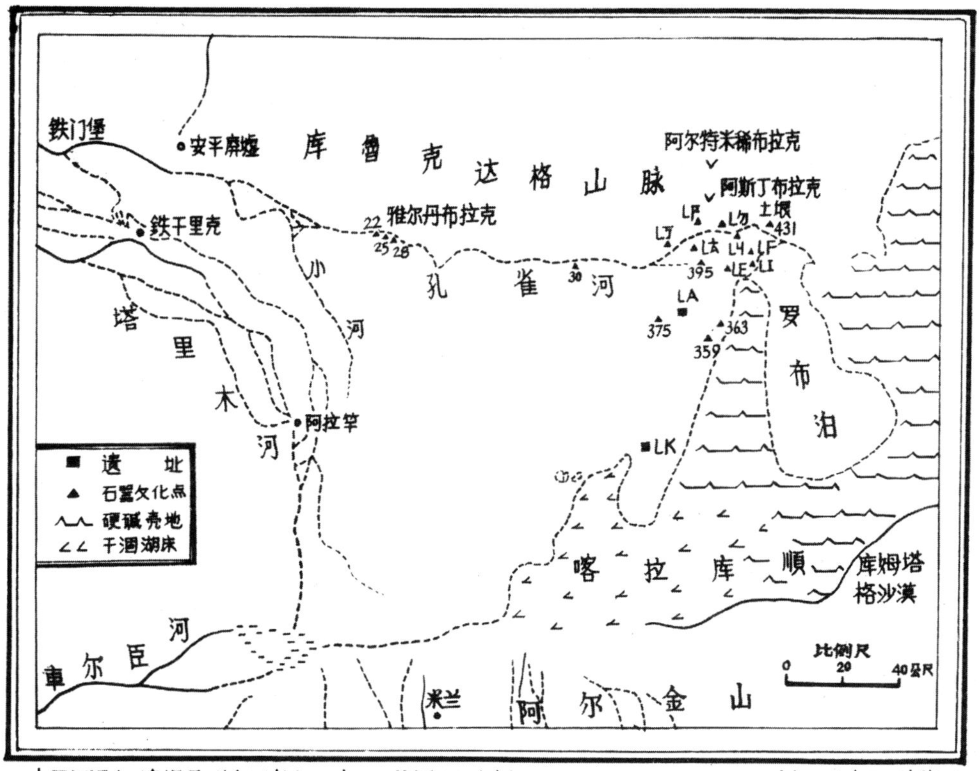

本图据福克·博格曼《新疆考古研究》一书图36改制 新疆测绘局王培錦绘

图二 孔雀河下游三角洲石器文化点分布示意图

姑师邑有城郭。”考古队在楼兰古城及其附近调查了房屋建筑遗址三处、佛塔一处、烽燧台一处、古墓葬三处（图三）。这些遗迹表明楼兰在其历史活动期的人烟是繁盛的。

考古队在楼兰城郊西北至西南部2—3公里处，发现了大片枯朽的胡杨林（图版一，2）。从其中一棵枯干测量，合围有两米多。在城郊的东北部，也有成片枯死的树林。这些林木正是城中建筑物的很好材料，在今古城中仍遗存有散乱众多的木材，应是取材于这些地方树木的明证（参见侯灿《楼兰遗迹考察简报》，载《历史地理》1981年创刊号）。

在古城及其城郊的房屋遗址中，还发现了许多桃子核。桃子喜湿喜温，这表明古楼兰地区的自然条件适宜栽种这类果树。

考古队在城东北部和西南部，从已经风蚀形成的“雅丹”台地平面上观察，是一片一片的平川（图版一，3），暴露在剖面的同一水平面上，留下了许多植物的腐殖质和扰土。有的台地深达6米左右，在台地的原生土中穿扎着许多死苇草根和死树根，原生土的上面有厚达20—40厘米的植物茎叶。有的茎叶与人工活动的扰土夹在一起，扰土中还留存着炭核和锈斑，为人工长期翻动和灌溉的结果。这些腐殖质和扰土，应是古城居民的农耕地带。在古城及其城郊建筑物上，涂抹着许多草拌泥的墙皮，其中掺杂有大量的麦秸、糜杆的碎节和粒壳。同时，在城中发现了糜子堆积和麦粒，以及麦草、糜子壳、炭化糜子物，这些麦、糜遗物应是城郊的种植物。

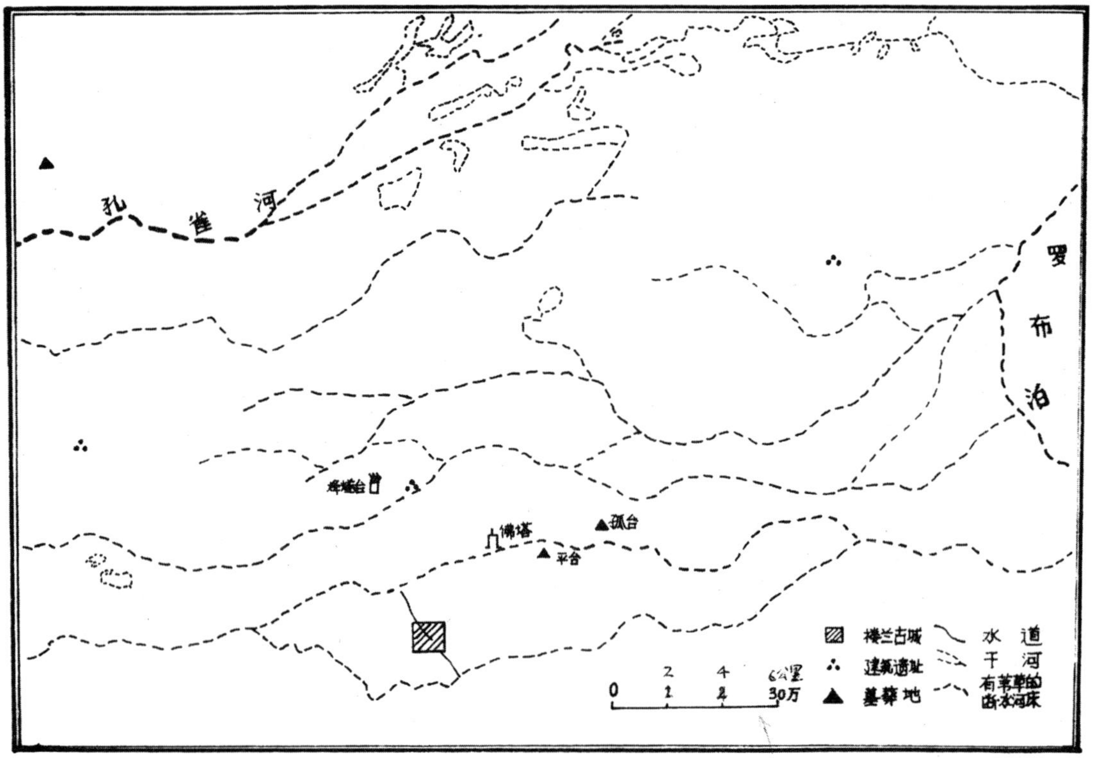

图三　楼兰古遗迹分布图

（二）古城结构与布局

楼兰古城址现处于严重的风蚀地貌中，由于千百年来强劲的东北风侵蚀，古城与附近的环境一样，变成了破败不堪的高低不平的雅丹地貌。我们在遗址区测量了七个风蚀点，最深的是 6.08 米，最浅的是 3.7 米，平均深度为 5.21 米。若以古城出土有绝对年号最晚的前凉“建兴十八年”木简以后不久毁弃距今约有 16 个世纪来计算，平均每年风蚀深度为 3.3 厘米强。据有关部门提供的气象资料，这里每年将近有五个月的季风，风沙最多最大的是四月份，该月刮极端大风日数达 25 天，平均刮风日数为 14 天，平均沙尘日数为 10 天，含沙尘的极端风速高达每秒 28 米。古城中多泥堤深沟的垄岗，其走向都是由东北向西南，就是由猛烈的东北风所造成（图版二）。古城的城墙就混杂在这种风蚀垄岗之中，经过我们的努力，终于找到了四边的残存城墙。从其布局来看，以西北朝东南走向的古水道为轴线，可以分为两区。东北区残存遗迹甚少，主要的有佛塔及其附近建筑；西南区残存遗迹相对较多，除三间房官署区外，在其西部和南部尚存有大小院落（图四）。

1．城墙与城门建筑

楼兰古城以残存四面的城墙按复原线计算，东面长 333.5 米，南面长 329 米，西、北两面各长 327 米，总面积为 108240 平方米，是一东南面稍宽西北面稍窄的不太规则的方形，这就纠正了斯坦因在 1901 年和 1914 年测绘中的一些谬误。斯坦因在《西域考古图记》第十一章“楼兰遗址”第 388 页上说：“测量结果表明，城郭几乎恰好是方形，它的内侧距离约为 1200 英尺（折为 366 米）。”按斯坦因测量线图计算，东面长 326.96 米，南面长 326.35 米，西面长 343.125 米，北面长 326.35 米，总面积为 109331.3 平方

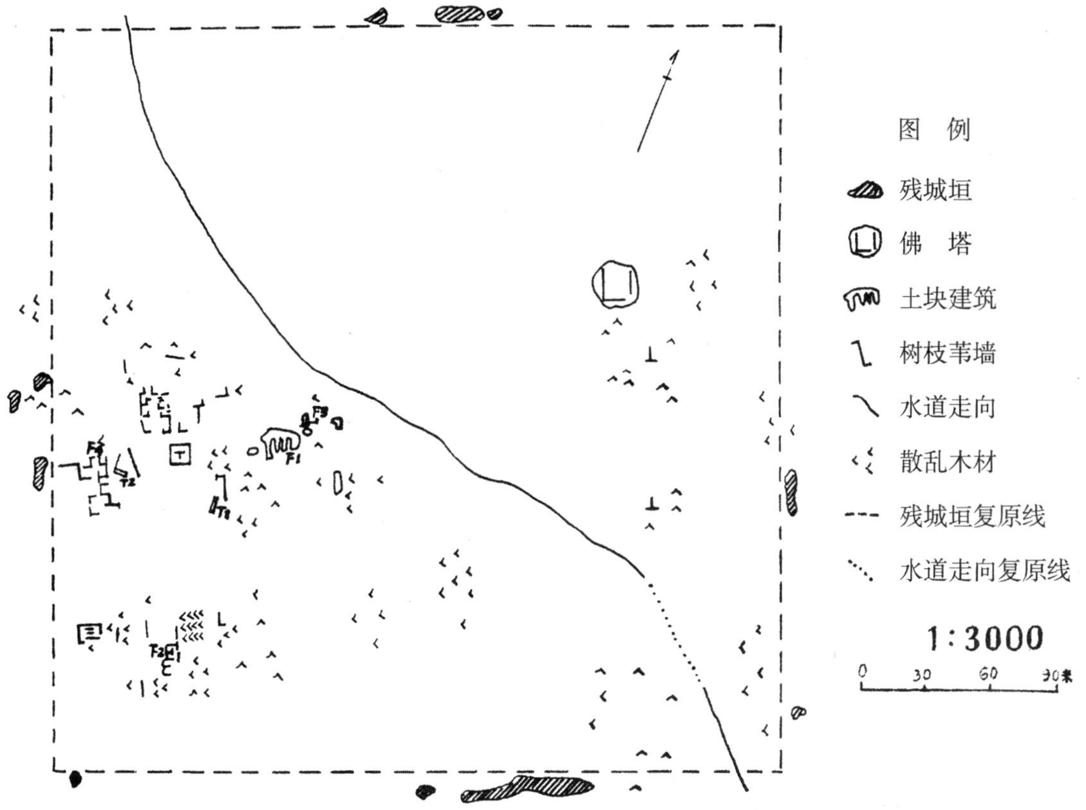

图四 楼兰古城平面图

米（参见《西域考古图记》卷二楼兰遗址线图，关于古城城墙论述参见《西域考古图记》第十一章第四节，第386—388页）。由于南、北城墙顺东北风势，保存相对较多一些。北城墙分东西两端，东端残长约35米，宽约8.5米，残高约3.2米；西端残长约11米，宽约5.5米，残高约3.5—4米；东西两端之间有一缺口，口宽约22米，缺口两面暴露出0.8—1.2米不等的版筑夯土层；东面的夯土层分四层建筑，最下层高1.05米，第二层高90厘米，第三层高80厘米，第四层为碎土，残存高度为25厘米，在第三至第四层间夹杂有20厘米的红柳芦苇枝；西面的夯土层亦分四层建筑，最下层高90厘米，第二层高80厘米，第三层高1.2米，第四层为碎土，残高50厘米，在第二层与第三层之间和第三层与第四层之间分别夹杂有20和30厘米的红柳芦苇枝，此缺口似为北城门。南城墙的中部东端一大段残存约60.5米，宽约8米，残高约3.5—4米，有0.45—0.9米不等的夯土五层，第一层残高85厘米，第二层70厘米，第三层45厘米，第四层90厘米，第五层70厘米；中部西端一段残长约9.5米，宽约5米，残高约3米，也有夯土五层，层高基本上与东端相同，只第五层相对减少；西部最西的一段残长约4.5米，宽约6米，残高约2.3米，夯土层高亦与东端基本相同，只第四层剩约30厘米，第五层全被风蚀；在中部东西两端之间有一缺口，口宽约13米，基本上与北城墙的缺口相对应，似为南城门。在西城墙的中部南端残存有一段长约13米、宽约5米、高约1米的城墙，有0.15—0.7米的夯土三层：第一层高15厘米，第二层高70厘米，第三层高15厘米；中部北端有东西错列的土墩两个，靠东的一个南北长约6米，东西宽约5米，残高约2.4米，有0.4—0.48米的夯土六层：第一、二层40厘米，第三层45厘米，第四层48厘米，第五层45厘米，第六层12厘米，残留在一个风蚀台地上。靠西的一个南北长约7.5米，东西宽约5.5米，残高约5米，有0.6—1.2米的夯土五层：第一层1.2米，第二层1.1米，第三层60厘米，第四层1米，第五层1.1米，离城墙复原线约16.5米。东西两墩之间距离约4米，似为瓮城遗迹。东城墙保留较少，只剩两段，中部偏南一段南北长约 20 米，东西宽约 5 米，残高约 3.3 米，有 0.7—0.95 米的夯土四层：第一层高 90 厘米，第二层 95 厘米，第三层 75 厘米，第四层 70 厘米，在第四层夯土中夹杂有碎陶片和垃圾物，第四层顶面残存有红柳枝，厚达 7 厘米；靠近东南角的一段，南北残长约 1.5 米，东西宽约 2.5 米，残高约 3 米，夯土层除第四层相对减少外类同前段。从这座古城残存城墙范围观察，古城形制应是该城最繁华时期的建筑遗迹，但从各面夯土层的厚薄不均情况看，此城却又不是一次建成的，而是多次分筑成的。

2. 城中的古水道

调查队在调查过程中十分注意城市的用水问题，以前来此的那些探险者和考察者，包括斯文・赫定和斯坦因等人，他们对此问题并未涉及。我们在城中发现了古水道遗迹。古水道从城的西北角经三间房官署遗址背后（图版三，1）转而伸向城的东南角，基本上成对角线穿城而过，水道北端与流经古城北部附近的干河床相接（图版三，3），南端与流经古城南部附近的干河道相通。从水道走向比较平直规整的情况看，应是人工开凿。水道的褶皱带十分显著，由于长年流水，褶皱带上还残留着许多小水螺壳，水螺壳标本见 80LBC：203。从城东南角水道暴露的褶皱带的横剖面上测得：面宽 16.8 米，从面到底垂直深度 4.5 米，底部淤积成的褶皱剖面深为 1.9 米（图五；图版三，2），与现在的灌溉干渠相类。当时城中居民的用水，应是仰给于此。

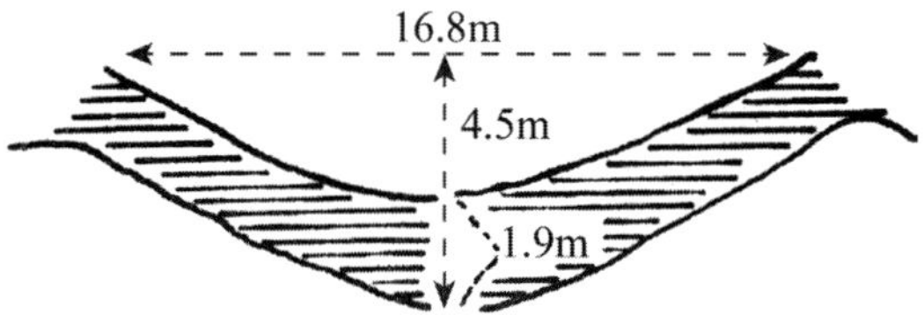

图五 古城东南角古水道横剖面图

3. 东北区及其佛塔

以古水道为轴线，把古城分为东北与西南两大区域。东北区从调查情况看，其北边遗迹无存，在东边还残留有四个点，这四个点与斯坦因在 1906 年与 1914 年考察时描述和挖掘的四个点基本一致。斯坦因多少还能见到一些遗迹原貌，我们这次调查是在他挖掘扰乱的基础上进行的，这就增加了我们工作的困难。同样，斯文・赫定在 1901 年的挖掘，也给遗址的调查带来了严重的破坏，加之斯文・赫定没有考古学的素养，他对遗址的考察和描述往往又是含混不清或模糊不明的，甚至方位上也有错误的地方，关于这些，斯坦因在他的《西域考古图记》一书中已经多次指出和纠正过，可以参见《西域考古图记》第十一章，兹不赘述。

在这一区里首先应当述及的是东部稍偏北的佛塔一座（图版四，1），斯坦因的编号为 LA. X。斯文・赫定把此塔看成是一座供报警用的望塔（参见《1899—1902 年中亚考察的科学成果》第四十五章）；目前我国学术界亦有人重复这种观点（参见陈汝国《楼兰古城历史地理若干问题的探讨》，载《新疆大学学报》1984 年第 3 期）。斯坦因对此观点作了尖锐的批评，他说："这是一座佛塔，而不是它的最初发现者（指斯文・赫定，其实最初发现者应是艾尔迪克——执笔人）所认为的那样是一座望塔，这一点，凡是接触过一些佛塔废墟的任何一个人，只要在这里看上一眼，就立刻会辨认出来。"（参见《西域考古图记》第十一章第五节，第 389 页）。斯坦因在《西域考古图记》一书第十一章中从其特点、结构及与和田、尼雅等地的佛塔相比较，以“LA 废弃的佛塔”为题专门用了一节来研究这座佛塔。就连斯文·赫定也不讳认，他说：在这座泥塔下“掘出一尊三尺半高的直立着的佛像，带着趺坐佛像的平嵌线，带着雕刻极精的直立佛像的木座，带着莲花同别种花的装饰品；和刻在木上并保存得很好的心境的图案”（参见中译本《我的探险生涯》第四十章，第 298 页）。根据调查，此塔残高 10.4 米，从暴露出来的迹象分九层建筑，一至三层为夯土筑，在第一层下面垫有一层厚约 10 厘米的红柳枝作基础，在第三层中残留有陶碎片，斯坦因认为这三层为塔基座。第一层南北长约 19.5 米，东西宽约 18 米（斯坦因测得长宽各 51 英尺，即 15.545 米，可能是按红柳枝显现的范围算的），高约 30 厘米，第二层高约 1 米，第三层高约 3.8 米。斯坦因在考察时曾有过如下一段叙述，他说：

> 在第三层塔基座之上为一符合传统的八边形柱，高 7 英尺，它的顶部有一个高一英尺半的圆形座。在此圆形座之上，为一圆柱形的拱顶。拱顶被破坏得很厉害，它的保存较好的西南侧，也只有约 7 英尺高。它的直径测量结果约有 21 英尺。在八边形柱中有两层很厚的红柳枝层，这可以从照片 96 中看出来。赫定博士雇来的人以及更早以前的找宝人挖掘的结果，使得粗大的木构架，包括立柱和横木有一部分暴露出来，由立柱和横木构成的木构架是砌在八边形柱及拱顶之内以加固建筑物的。由于原来涂沫的泥层已经脱落，弯曲的横梁亦暴露出来。（见《西域考古图记》第十一章，第 389 页）

我们这次调查时，这些迹象已模糊不清，就以最高层拱顶顶面而论，斯坦因测量结果，其直径约有 21 英尺（折为 6.405 米），而经我们测量其直径约有 4 米，如果斯坦因的数据不错的话，有可能是受到东北风的侵蚀所致。但是塔柱给我们遗留的剖面层次是十分清楚的，在第四层夯土中夹杂有土块，土块规格 58 厘米 ×35 厘米 ×10 厘米，五层以上全系土块垒砌，在每层垒砌的土块之间夹杂有 10—15 厘米的红柳枝，土块规格除第四层中的以外，还有 54 厘米 ×30 厘米 ×11 厘米的土块，第六层中夹入有长约 1 米的木方暴露于外，方上边凿有逗榫用的眼孔。紧靠塔身右侧有土块垒砌的小土台，土台与塔身第五层相平齐，在土台与塔身之间有坡道可以上下。土台中横压着直径 30 厘米的木头和一些长木方，似为建筑遗物。

在佛塔南面约 60 米的土台上，散布着许多散乱的大木材，大木材中有圆木和方木，方木长的有 15 米，每边厚约 30 厘米，圆木长的有 20 米，直径约 30—35 厘米，木材上压有用红柳枝夹芦苇编成的外敷草泥的屋顶皮或墙壁。斯坦因把这里编号为 LA. Ⅰ（图版四，2），他清理出五间房子，房子中清理出汉文木简三枚，其中一枚上书“建兴十八年三月十七日粟□胡楼兰”字样，佉卢文木片二枚，木牍三枚以及三张纸质佉卢文文书和十一片纸质汉文文书。1901 年斯文·赫定也在这里挖获有佉卢文文书。此外，他们还搜集有色彩绚丽的丝、毛织品、木勺、木碗、木筷、铜环、陶片等物。我们在此除采掘到丝、毛织品以外，还有五铢钱币和玉髓质琉璃质的各色饰珠以及来自异域海岸的海贝、珊瑚等物，这些物品显示了楼兰城确曾是早期“丝绸之路”上的贸易中继城市。

在佛塔南面土台之南约 80 米的地方，有一小台地，台地上堆积有倒塌的房屋建筑，墙壁是用芦苇一束一束串连起来的，约有 10 厘米厚。斯坦因把这里编号为 LA. Ⅷ，他在此搜集有木梳、木碗、各种色彩的丝毛织品、铜铁箭头、铅块、玻璃器皿残片和玻璃料珠等物。我们在此除采集有丝毛织物、毛辫带外，还有玉髓料珠和铁箭头。

在佛塔东面相距约 32 米处，亦有一小台地，台地上生长着枯死的小红柳枝，堆放着散乱的木材，斯坦因编号为 LA. Ⅸ，他在这里搜寻到长方形的佉卢文木牍一枚，他认为“显然是清单或账本”。长泽和俊在《楼兰王国》（参见该书第六章“笼罩沙漠的战火”）一书中，判定这里是僧房。但经我们在木材下试掘，获黄灿灿的糜子堆积，堆积层厚达 70 厘米，宽约 1 米，堆积中还夹杂有麦粒。斯坦因获得“清单”或“账本”，有可能是这些粮食的收支记录。我们将标本提请四川农学院颜济教授、杨俊良副教授鉴定，确认为糜子和裸大麦粒。从堆积物看我们认为应是粮食的仓储遗迹。

4. 西南区与官署、民居建筑

在这一区里遗迹相对保存较多一些，有的遗迹虽然经斯文·赫定和斯坦因一再挖掘，面貌有所更动，但其遗存仍可供我们研究讨论。

官署遗址在城中稍偏西南，东北角紧靠古水道，从现存遗迹观察，整个建筑呈冂形，正中是用土块垒砌的三间房（图版四，3），斯坦因把这里编号为 LA. Ⅱ，从三间房的房基线测得东西长 12.5 米，南北宽 8.5 米，总面积为 106.25 平方米。其中东西两间较狭小，中间一间较宽大，东间 1.2 米 × 5 米，西间 1.5 米 × 5 米，中间 2.5 米 × 5 米，东间与中间的墙壁之间距地面约 1 米处，有孔洞一个，洞径约 50 厘米，可能是一个小窗；从墙基观察，西边山墙较厚约 1.5 米，隔墙较薄约 1 米，墙最高处约 3 米，成平缓人字形向前后延伸，以两种土块垒砌：一种为 42 厘米 × 23 厘米 × 10 厘米，另一种为 47 厘米 × 27 厘米 × 10 厘米。斯文·赫定 1901 年在这里挖掘时写道：“那幢房子的形状如同马厩似的，有三个向外的马槽。毛拉（斯文·赫定雇的挖掘人）在靠右（即东间）的那个马槽式的房间中寻找着一片写有中国字的纸片，因此得了奖赏。那片纸是在沙土中两英尺深的地方。我们再向下挖掘，用手指筛沙土，一片一片的纸张发现出来，一共有 36 张，每张都有字。我们还寻出 120 片上面也有字的小木板。”（参见中译本《我的探险生涯》第四十章“不带水经过戈壁沙漠”，第 298 页。这里所说的木简数 120 枚是汉文，还有 1 枚佉卢文，所以在 1949 年改版后由开明书店发行的中译本《亚洲腹地旅行记》中说为 121 枚。）斯文·赫定把这些木简纸文书先交与赫尔·希姆莱解读，赫尔·希姆莱死后又转交孔好古（August Conrady）解读，孔好古于 1920 年出版了《斯文·赫定在楼兰所得的中国文书与其他发现》（*Die Chinesischen Handschriftenund Sonstigen Kleinfunde Sven Hedins in Lou-Lan.* Stockholm, 1920.）一书。在斯文·赫定挖获的这些木简和纸文书中，经查检有纪年年代最早的是曹魏嘉平四年（公元 252 年），最晚的是西晋永嘉四年（公元 310 年）。斯坦因 1906 年步其后尘，在这间小房间中又挖掘获得了许多木简和纸文书，根据他的记述，这些在沙畹解读的《文书》中，即《斯坦因在新疆沙漠中所获汉文文书》（*Les Documents Chinois—Découverts par Aurel Stein dans Les Sables Turkestan Oriental.* Oxford, 1913.），编号为 739—741，878—885，893（据沙畹《文书》，此木简原编号为 LB. ⅱ 2，在此斯坦因列为 LA. Ⅱ . ⅱ，恐有一误），896—902，905—909（查沙畹《文书》，原编号应从 904—909）。1914 年斯坦因再次来到这里进行挖掘，又获得了不少木简纸文书，他把这些木简纸文书交与沙畹的学生马伯乐（Henri Maspero）解读，马伯乐将其著录于《斯坦因第三次中亚探险所获汉文文书》（*Les Documents Chinoisde la Troisiéme Expédition de Sir Aurel Stein en Asie Centrale.* London, 1953.）一书中，据该书编号为：169—170，177—185。在斯坦因所获取的这些文书中，他说：“它们的时代全都在公元 265—274 年期间。”但经我们查检，其中有绝对年号的为曹魏咸熙二年（公元 265 年）至西晋泰始六年（公元 270 年）。在这间小房间中虽然他们二人都曾各自夸口，斯文·赫定说：“房间内的东西，甚至连小到一粒谷粒，都被我们无一遗漏地清理出来，一直清理到下面的坚硬的原始地面。”斯坦因也曾说：“许多写有文字的纸片和木片被我们完全彻底地发现出来。”（引语均见《西域考古图记》第十一章第二节“对废舍 1 的发掘”，第 375—376 页）但是经过我们清理，我们把这间小房编号为 F1，仍然清出了纸文书一件，编号为 80LBF1：7，还清出了丝绢、棉布、波文锦和小陶杯等物。

斯文·赫定和斯坦因在这间小房间中获得的木简、纸文书，从总体上来观察，官方来往的函件和吏士的廪给簿籍占了很大比重，如斯文·赫定所获文书中有：

（嘉）平四年三月司徒府癸丑书署军 ▨

（纸 16，1）

▨ 月壬戌诏书除郎中

▨ 承泰始二年二月癸 （纸 16，2）

永嘉四年八月十九日己酉安西和戎从事军

谋史含副傅督察移 （纸 20，1）

马厉印信 （木简 119）

白叔然敬禀

从事王石　二君前

在楼兰 （木简 117）

泰始五年七月廿六日从椽位张钧言　敦煌太守

（木简 1a）

当告请曲军假司马 ▨ （木简 12）

白　泰文

玮然

主簿马赵君 （木简 118）

出 长史白书一封诣敦煌府蒲书十六封具 ‖

十二封诣敦煌府二诣酒泉二诣王怀阚颀 ‖

泰始六年三月十五日统楼兰从椽位

马厉付行书□□孙得成 （木简 107）

出 敦煌短绫彩廿匹 ‖ 泰始五年十一月五日从椽位马厉

给吏宋政籴谷 ‖ 主者王贞从椽位赵辩付从吏宋政

（木简 102）

兵曹 泰始四年六月发讫步兵名至

高昌留屯逃亡物故等事

（木简 114）

出 廪卌一斛七斗六升给禀将尹宜部兵胡支 ‖

鸾十二人人日食一斗二升起十月十一日尽十一月十日 ‖

泰始二年十月十一日仓曹史申傅监仓史翟同阚

携付书史林阿 （木简 50）

斯坦因所获文书中有：

咸熙二年十二月廿七监 （木简沙 739，斯 LA. Ⅱ. ⅰ）

泰始 ▨

☐ 公举孝廉 ☐ （木简沙 878，斯 LA. Ⅱ. ⅱ（ⅴ））

☐ 诏书已召 ☐

☐ 彼文书 ☐

☐ □二部兵 ☐ （纸沙 902，斯 LA. Ⅱ. ⅱ.2）

☐ 楼兰以白 ☐ （纸沙 907，斯 LA. Ⅱ. ⅰ.4）

以上仅是略举其一小部分，这些文书已向我们表明这间小房间有可能是储藏办完文案后的木简纸文书的储藏室。墙壁上的那个小孔洞，很可能是办完文案扔进木简纸文书用的。再从三间房在古城中位置很适中、用土块垒砌、坚固异常、至今仍巍然屹立来看，我们认为当系官署遗址。1906 年斯坦因在这里挖掘后曾经写道："我在这里发现的文书以及在清理邻近的范围广大的垃圾堆 LA. Ⅲ. ⅰ和Ⅵ. ⅱ发现的数量甚至更多的汉文文书，它们大多数表现为官方文书的特点，这一事实使我肯定地认为，我用 LA. Ⅱ和Ⅲ表示的这一群废弃的住舍，相当于这座古代城堡中的中国行政首脑居住的住所。在规模和总的布局上，它酷似今天新疆及其东面地区主管一个县的中国官员居住的衙门。……这所衙门与现代衙门的相似是如此明显，以至于我从若羌雇来的劳工们不假思索地完全自发地把 LA. Ⅱ叫着'破城里的衙门'。"（参见《西域考古图记》第十一章"楼兰遗址"，第 376 页）

三间房的中间和西间，斯坦因分别编号为 LA. Ⅱ. ⅲ和ⅳ，考古队在这里所见到的是靠西墙根下堆积有西高东低的浮沙，这些浮沙是由强劲的东北风搬来的，沙层最厚处约有一米。1901 年斯文·赫定在这两间房间进行过挖掘，他说：沙子填充厚达 3 英尺以上，在清理沙子的过程中，偶然碰到"只有两三片被撕破的纸片"（参见《中亚考察的科学成果》卷二，第 633 页）。1906 年斯坦因也在这里进行过仔细搜寻，可是没有任何结果（参见《西域考古图记》第十一章，第 377 页）。在 LA. Ⅱ. ⅳ房间里特别值得提出的是所谓李柏文书的发现问题。由于这个问题引起了国际东方学界长达几十年的争论，因此有必要在这里费上一些笔墨。

现将斯坦因的叙述移录如下：

> 在这里发现年代为公元 324 年的有趣的汉文文书的工作被遗留给橘瑞超先生，他在 1910 年对这座遗址进行了短暂的考察。这个文书是长史李柏的一封信的草稿。根据这位年青的日本探险者在那一年秋天所能对我做的口头说明，他似乎是在房间ⅳ内的一座墙的土块缝内发现的，土块缝位于地面上某一高度。1914 年 2 月我得以对这个小房间进行考察，查明有两个浅壁龛或浅洞，这两个洞似乎是从墙上掏挖出来的，很粗糙。由于没有更进一步的和更确切的消息，我揣测橘瑞超先生是在两个土块之间的小缝或小洞中做出了他的有趣的发现。当然，我们不可能猜测出被揉皱了的信纸怎么会到裂缝中去的。但不管怎么说，在这样的部位上发现文书，表明抹有泥灰的墙皮在当时已经脱落了，而原来毋庸置疑的是有墙皮的，当时这座建筑物在某种或多或少的程度上是处于废弃状态的。（《西域考古图记》第十一章，第 377 页）

在这段叙述里，斯坦因在关键地方用词是模糊不定的，如说根据这位年青的日本探险者所做的口头说明，他似乎在房间ⅳ内的一座墙的土块缝内发现的；又说由于没有更进一步和更确切的消息，揣测他是在两个土块之间的小缝中或小洞中做出了他的有趣的发现；又说当然我们不可能猜测出被揉皱的信纸怎么会到裂缝中去的等等。当时的橘瑞超只不过是一位刚满十九岁的年纪轻轻的日本僧侣，他既没有多深的文化素养，也没有探险的考古知识，他这次去伦敦主动会见斯坦因，也是为了领教探险经验。李柏文书究竟出在哪里？据当时和橘瑞超一起去塔里木盆地探险的野村荣三郎传闻，说是在流入罗布泊的塔里木河的支流名叫孔雀达里雅河岸的一片废墟中挖掘出来的。而橘瑞超在伦敦向斯坦因的“口头说明”，“似乎”是在LA. Ⅱ. ⅳ的墙缝或墙洞中发现的。以后橘瑞超返回日本，日本学术界在1915年刊行的《西域考古图谱》和在1937年刊行的《新西域记》中均采用了野村的说法，而橘氏对此并未提出异议，于是东西方学者对李柏文书的出土地点一直采取两种不同说法。事情到了1959年李柏文书出土五十周年纪念之际，日本学者森鹿三先生借此机会走访了年近七十高龄的橘瑞超，橘氏才拿出了李柏文书出土地点的照片，森鹿三先生根据这张照片广泛核对有关资料，最后确定是斯坦因定名的LK遗址。但是由于长期争论造成的深广影响，至今还有人采用斯坦因的说法（详见森鹿三《李柏文书的出土地》，载日本1959年《龙谷史坛》第四十五期；侯灿《李柏文书出土于LK说》，载《新疆社会科学》1984年第3期）。

三间房东边的西北部，在斯坦因编号为LA. Ⅱ. ⅵ和ⅶ的地方，紧挨着两间房间，东西排列，房间的隔墙用土块垒砌，厚约1.2米。在这两间房间前面，斯坦因1914年发现了一大堆垃圾，他说他在垃圾中掘出了“许多有价值的写在纸上的汉文文书，以及两片早期粟特文书”（参见《亚洲腹地考古记》第七章“古楼兰的废墟”，第217页。同时这次斯坦因把房间ⅵ和ⅶ，错编为ⅹ和ⅺ）。但查马伯乐释读的《汉文文书》编号为177—178、179—185，却是九件残文书（参见《斯坦因第三次中亚探险所获汉文文书》第一卷，第62页）。在靠西的一间，斯坦因在1906年清出了木尺一把。靠东的一间，我们这次进行了清理，编号为F3，此间东西宽约6米，南北宽约5米，墙底的四根基木尚在，基木上是长木方，每面宽约30厘米，横竖基木接头处挖有凹槽，相互扣着，基木面上有许多小方孔，用着支撑编夹的红柳芦苇墙。在这里我们清出了木简一枚编号为80LBF3：2，还清出了骨鞘、彩绘木块、毛布和毛毯残片、麻鞋、破毛袋、破毡袜、棉布、墨绿色丝绢等物。

三间房的东西两厢主要是用大木材作框架，红柳枝作夹条外涂草泥的墙壁建筑。西厢的大木材框架至今犹存，其中有根横基木半置于土台上半悬于空中，斯坦因把这里编号为LA. Ⅲ。1901年斯文·赫定在这里搜寻过，他获得了一个保存得很好的大陶罐，一个作为装饰用的木刻，还有一件他认为是二轮车上的一个坚固的木轮（参见《中亚考察的科学成果》卷二，第633页）。1906年斯坦因也在这里搜寻过，他又获得了大约37枚写有汉字的木简和两枚写有佉卢文的木片，这些汉字木简，据查沙畹《文书》编号为729、737、742、745—746、754、759、777—779、781、783—784、787、814—817、819、821—832。这些木简大多属于官府屯垦吏士的廪给簿和器物出纳登记簿。如737号（LA. Ⅲ. ⅰ. 34）“☐年四月十一日监藏椽赵辩兵曹史车成岱枢录事椽□□”、745号（LA. Ⅲ. ⅰ. 17）“（功）曹赵伦主簿梁鸾录事椽曹监量椽阚省”。又如781号（LA. Ⅲ. ⅰ〔ⅹ〕）“（承）前胡铁小锯廿八枚”、779号（LA. Ⅲ. ⅰ. 7）“承前新入胡臿合三百九十五枚”等等。此外，他还获得涂有红、墨色的漆木碗、木笔、青铜箭头和涂有光泽不太明显的绿色泥釉陶盘（参见《西域考古图记》第十一章，第378页）。东厢除了大木框架、散乱木材和红柳墙壁以外，在大木方上我们还发现了漆有彩红色的漆皮；其东墙亦用土块垒砌，墙厚约1.5米，目前只剩有靠北和靠南的两小段。

在三间房的西厢之西，紧与西厢相连的同一台地上，有一片垃圾堆积，主要为芦苇杆和厩肥。考古队在这里开挖探沟一条，编号为T1，探沟长2米，宽1.5米，西南深30厘米，东北深80厘米，探沟中出土遗物有木简一枚、方格毛布残片、棉布残片、毛绳、毛带、残漆杯、木梳、凹形木件等物。

在三间房西约35米的地方，是一大片垃圾物，垃圾物堆积横宽约30米，纵宽约15米，最厚处约1米，东南边与西厢垃圾堆积相连。垃圾堆中主要有芦苇杆，糜子杆，麦秸和马、牛、羊、骆驼粪便。斯坦因把这里编号为LA. Ⅵ. ⅱ。1906年他在此大肆挖掘，并且取得了最丰富最重要的收获。他说：“我们在这里最走运的，远为有价值得多的是大垃圾堆 LA. Ⅵ. ⅱ，它的丰富宝藏使我们惊叹。”“其数量最多的就是写在木头上和纸片上的汉文文书。我当时数了一下约有 170 件，其中 121 件发表于沙畹的《文书》中，其余是小的残片或由于某种原因而不能辨认的文书。”（参见《西域考古图记》第十一章，第 381 页）斯坦因列举的沙畹《文书》编号为 721—728、730—736、743—780、782、785、786、788—813、833—877。但经我们查检，745—746、759、777—779 号文书并不属于这里所出，而是在 LA. Ⅲ. ⅰ的地方。从沙畹《文书》里的原始号得知，斯坦因还漏掉了 910—926、928—929 号仍是出在这里的纸文书。斯坦因在这里还搜寻到佉卢文木片 4 枚和 1 枚早期粟特语残片。1914 年他又来到这里再次搜寻，又获得了 40 多件写在木片和纸片上的汉文文书以及 1 枚佉卢文木牍（参见《亚洲腹地考古记》第七章，第 216 页）。汉文文书据查马伯乐解读的《汉文文书》中编号为 204—206、207—242。在以上两次所获得的这些文书中斯坦因特别提到了一枚具有特殊价值的木简，他说：这是一块保存得很好的长方形的木板，编号为 LA. Ⅵ. ⅱ. 0200（沙畹《文书》编号 751），它的尺寸是 $3\frac{3}{16} \times 1\frac{1}{2}$ 英寸，上面写有“致西域长史张君坐前”，下面有寄信人的名字，上面还有委托转递人的名字，在木板正面写的这些字以及木板背面的凹槽，确切无疑地表明，它原来是一个装着官方信件的小盒子盖（参见《西域考古图记》第十一章，第 382 页）。在沙畹编号为 752（LA. Ⅵ. ⅱ. 015）的一件木简文书写道“西域长史承移今初除，月廿三日当上道从上邽至天水”，也出在这里。从这里出土文书显示的内容看，屯垦吏士的廪给和器物出纳也占了相当大的比重，如沙畹编号 734（LA. Ⅵ. ⅱ. 0211）木简正面有“出床（沙释“禾”有误）二斛四斗禀兵刘□……兵梁秋等（沙释“簿”有误）四人日食六升……”，简背有“领功曹椽梁鸾”的押衔。又如马伯乐的《汉文文书》编号为 215（LA. Ⅵ. ⅱ. 030）的一件木简正面有“出大麦五斗给行书民桃将饭官骆池（应为“驼他”，即骆驼）一匹日（食）五升起十二月十二日尽二十二日”，简背有“功曹张龟主簿梁鸾”的押衔。再如沙畹《文书》编号为 736 与 744（LA. Ⅵ. ⅱ. 044 与 0155）的木简有“泰始六年五月七日兵曹史□同从椽位赵辩兵曹史车成岱□吴枢录事椽梁鸾”“功曹史张龟关领主簿梁鸾省”。这些木简文书与三间房西厢所出的廪给簿完全相同，都是吏士廪给粮食后承办官吏押衔的手续。在沙畹编号的 776 与 780（LA. Ⅵ. ⅱ.0105，186）的木简上写有“承前囚钎三具”“承前胡铁小锯钋十六枚”，在马伯乐编号的 204 与 225（LA. Ⅵ. ⅰ. 01，ⅱ.043）木简上也有“入客曹犊皮二枚”“承前新入马皮合十二（张）”等，显然这些内容是器物出纳登记。在这些文书中有绝对年号的为曹魏景元四年（公元 263 年）至西晋永嘉六年（公元 312 年）。考古队在斯坦因一再挖掘过的垃圾堆上开挖探方一个，重又进行清理，编号为 T，探方东西长 12 米，南北宽 10 米，深 40 厘米，清出了残木简 60 枚，纸文书 1 件，其中有绝对年号记载的为西晋泰始年间（公元 265—274 年）的木简四枚，编号为 80LBT：017、035、040、050，有的木简简端还有火烧过的痕迹。从三间房东间所出木简纸文书与三间房西厢和这个大垃圾堆所出木简纸文书对照分析来看，它们有一致之处，时间都属曹魏西晋时期；再从官员押衔姓名来看，三间房东间有赵辩，三间房西厢与大垃圾堆亦有赵辩，三间房西厢有梁鸾、车成岱，大垃圾堆亦有梁鸾和车成岱等，虽然他们的官职互有变化，但他们都是同时期的人；再从这三处所出木简纸文书除了官府公文来往和私人信件以外，都有廪给簿籍和器物出纳簿籍，这更显示出了他们的一致性，因此这个大垃圾堆出土的这些木简纸文书，我们可以毫不怀疑地判定，应是三间房官署中倾倒的废弃之物。

在大垃圾堆的西面和北面是几组大宅院，北面的两组，斯坦因编号 LA. Ⅴ和 LA. Ⅵ，被他清过之后眉目已经不清；西面的一组，斯坦因编号为 LA. Ⅳ，虽然也被他清过，但院落形制尚可追索，因此考古队对该宅院进行了测量并进行了局部清理，编号为 F4（图六；图版五，1）。院落建筑面积东西宽约 16 米，南北长约 22 米，面向东，其中心部位有一组房间建筑得比较坚固，根据斯坦因的记述，他在这里

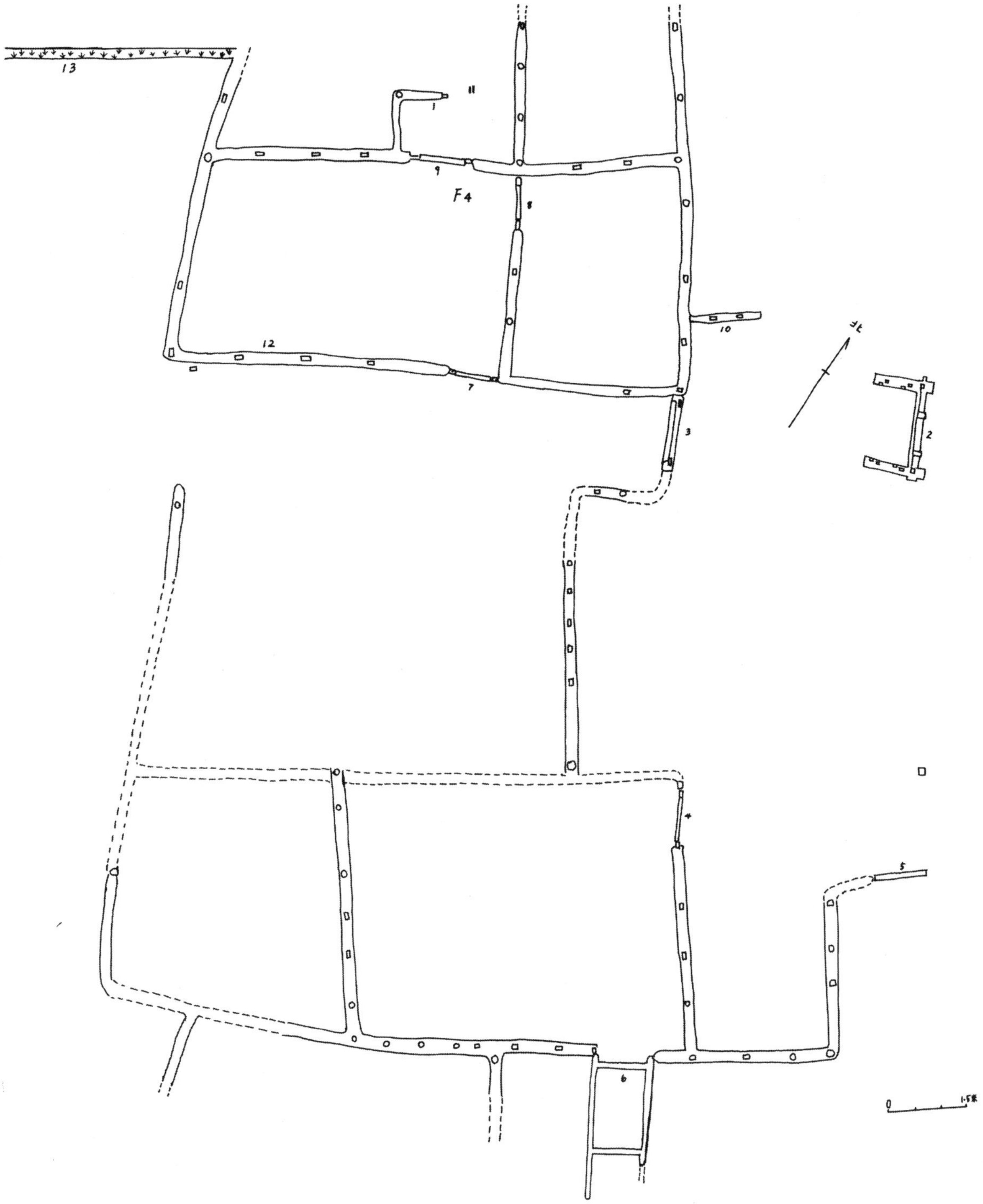

图六　三间房西大宅院平面图

1. 小木人；2.3.4.5.7.8.9.10. 门栏；6. 倒下门框；11. 北侧门；12. 红柳编夹的芦苇墙；13. 芦苇篱笆

进行了清理，编号为LA. Ⅳ. ⅰ和ⅱ，他说：房间ⅰ的内壁之间的距离为13英尺 ×12英尺（折3.965米×3.66米），墙用土夯筑，厚约3英尺（折0.915米），沿三面墙为低矮的土坐台，在靠近第四面墙的地方有一个土筑的烧火台，这种内部布局和他在尼雅遗址以及和田地区的其他遗址中发掘的许多古代住舍的内部布局完全一样。他说：在和这个房间ⅰ的门相连的过道似的一个小房间中，仍保留着木框架，他把这里编号为ⅱ，在这里他发现了三个方形的写有佉卢文的木牍，编号为LA. Ⅳ. ⅱ. 1—3。他认定这里是"土人政府"。他说：在这里，一方面汉人在军事上和政治上进行控制，另一方面很有可能的是也允许土人政府不受干扰地继续由当地的统治家族来控制。使他在这里认定为土人政府"立即可以指出来的第一个证据就是在LA. Ⅳ. ⅱ发现的一个长方形木牍，它的形状足以证明它是一个不折不扣的官方文书，通过对开始的客套语的考察，发现它的时代和在尼雅发现的长方形木牍的时代一样，即Mahārāja统治的时代。但是，这里的统治者名字，读出来的读音为Duguka，和遥远的尼雅地区的文书上记载的统治者的名字完全不同"（参考《西域考古图记》第十一章，第380页）。可是这两个房间，当我们的考古队在此测量时已被他搞得面目不清，无法辨认。在这两个房间的东北边有一个大门栏，我们采集了门栏下的朽木，编号为80LBF4：2，提请国家文物局文物保护技术研究所碳–14测定，树轮校正年代为1865±80年（以1950年起算），相当于东汉时期。由大门栏往里再经过一道门栏便进入中央大厅，中央大厅的面积南北宽7米，东西长7.5米。大厅的两面是南北两厢，南厢是东西横排的三间房屋，在中间一间房屋的南壁上有一倒塌的门框，与屋外相通；北厢可以追索的也是横排的三间房屋，在中间一间的北面还接有一间，在靠西一间的北壁东端有一门栏，出门栏为一转角墙壁，在转角墙壁的里面经清理发现有一个雕刻精致的小木人，编号为80LBF4：1，这个转角与北面的院外相通。整个院落的墙壁除被斯坦因清理而模糊不清的那两间房间是用夯土筑外，其余的房间墙壁，所能看到的都是用一束束直立的红柳夹芦苇捆绑在木框架上，外面再涂泥皮做成。大宅院的西部是用芦苇作篱笆围成的一道矮墙，似为一个大庭园，从城墙复原线看与西城墙相连。

在这座大宅院的东北角约10米，根据斯坦因的记述，是一个堆积有许多木材的小台地，他把这里编号为LA. Ⅳ. ⅴ，他于1906年12月下旬派人把这些木材弄走以后，发现了许多佉卢文文书，其中有木片11枚、长方形木牍6枚、楔形木牍4枚和1个方形盖板。他说他"只进行粗略的考察，就立即推断出这些有格线的长方形木板上写的是账目或官方备忘录"（参见《西域考古图记》第十一章，第380页）。此外他在这里还搜集到了精心设计而编织得很好的彩色毛毯残片。可是，当我们这次调查时，此地已空无一物。

在这座大宅院的东部约9米处是一片垃圾物，考古队在这里开挖探沟一条，编号为T2，长2米，宽1.5米，东南深30厘米，西北深50厘米，出土物有小孩皮鞋、毛绳、毛带和棉布等物。

三间房西南是一片房屋建筑，从现存遗迹看，房间显得较小，比较低矮，建筑木材也不大，虽然斯坦因把这片建筑物编号为LA. Ⅶ，但在他的《西域考古图记》和《亚洲腹地考古记》两部著作中找不到他对这一片建筑物的具体叙述，只是在他的《西域》第439页所列的文物表中列举了两件器物和两件文书，器物编号LA. Ⅶ. 002是一组铅片和青铜片，他说可能是织机上的铅锤或铜钉子；文书编号为LA. Ⅶ. ⅰ.1，他说是一长条形的木板，背面有两行非常不清楚的佉卢文字。另一件为汉文文书，编号为LA. Ⅶ. 069。也许由于这一片建筑物低矮短小，而没有引起他的兴趣和注意，所以在他著作中得不到应有的反映。我们在这一片建筑群里选择了一组保存较好的建筑进行了测量和试掘，编号为F2（图七；图版五，2）。F2距离三间房约100米，由南北两间房屋组成，北间为B间，长约4.6米，宽约3.5米，南间为A间，长约4.8米，宽约3.4米，南北两间面积约为31.42平方米，都是用红柳编芦苇作夹壁，壁厚约20—25厘米。B间在东墙靠南段开门，门宽45厘米，进门深约1.2米有一垛隔墙，隔墙北

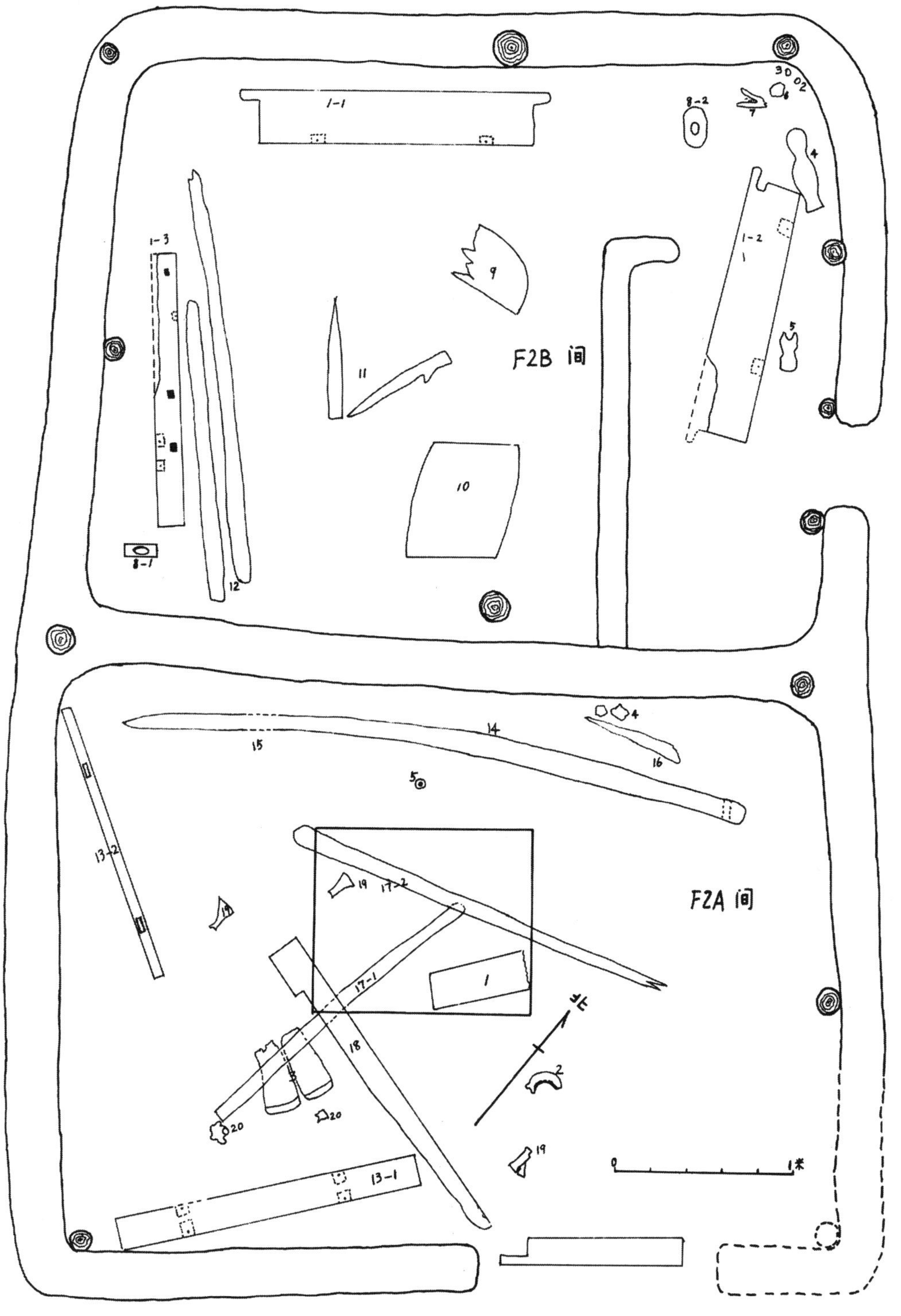

图七　三间房西南民居平面图

A 间

1. 木臼；2. 残木罐；3. 残木桶；4. 残木块；5. 木纺轮；6. 糜子壳；7. 马尾毛；8. 毛绳；9. 细毛带；10. 细麻绳；11. 陶片；12. 炭化糜子；13. 木门；14. 长园木；15. 木块；16. 木楔子；17. 圆木；18. 木方板；19. 羊骨；20. 牛骨

※6—12 为探坑中出土物

B 间

1. 木门；2. 骨雕花押；3. 铜渣；4. 木人形件；5. 木件；6. 铁渣；7. 羊下颚骨；8. 门斗；9. 残木盘；10. 大木桶；11. 圆木楔；12. 圆木

端为缺口，南端与南壁相连，宽 2.2 米，厚 14 厘米，亦用红柳编芦苇做成。在这间房里清出了木门两半扇、骨雕花押 1 件、木人形件 1 件、羊下颚骨 1 具、门斗 2 只、残木盘 1 只、残木桶 1 只以及铜渣和铁渣等物。A 间在南墙东段开门，门口宽 1.3 米，有木门栏，A 间的北墙也就是 B 间的南墙，在这间房子地表清出了残木臼 1 只、残木罐 1 个、残木桶 1 只、残铁块 1 堆、木纺轮 1 个、木门两半扇、圆木 3 根、木方板 1 块、木楔子 1 个，以及一些羊骨和牛骨。我们还在这间房子的中心部位开了 1.2 米 × 1 米、深 95 厘米的探方一个，探方分上下两层土层，上层厚约 30 厘米，系红烧土，下层厚约 65 厘米，系灰土，上层中出土有羊骨、牛骨、马骨、糜子壳、木炭等物，下层中除出土羊骨、牛骨外，还有马毛、毛绳、麻绳以及灰陶片等物。如果我们把 F2 与 F4 两组房屋对比一下，后者从布局到建筑材料与前者是迥然不同的，F4 显系官宦大贾住处，而 F2 则为一般贫苦人民所居。

从上述两个区域残存的遗迹遗物分析，西南区中的大宅院 F4，可能是比较早期的建筑；东北区中的佛塔可能是相对晚期的建筑，在佛塔夯土中发现碎陶片表明，佛塔是在旧有遗址上新建起来的；官署则可能是更晚一些的建筑。从发现木简纸文书的绝对年代记载看，集中在曹魏西晋时期，尤其在西晋武帝泰始年间，由此我们判定楼兰城址的最繁华时期，应该是在曹魏西晋，而这座古城遗留下来的最后形制，也应是在西晋，特别是在西晋武帝年间。

考古队在城址中及其近郊区域还采集到许多器物标本，统一按 C 编号，其中石器有细石核、细石叶、细石镞、磨制石针、石磨盘、石杵、石球等；陶器有纺轮、甑、罐、灯、钵等；铜器有镞、釜、戒指、环、铃、小铜人、小铜镊、顶针、发钗、钩、铜镜残片等；铁器有镞、刀、钉、棒、箍、环、残锅等；木器有梳、篦、勺、盘、方柱垫、圆雕饰件等；钱币有榆夹半两、西汉五铢、小五铢、王莽货泉、东汉五铢和剪轮五铢多种，以及贵霜时期的钱币。其他还有铅器、骨角器、金银戒指、玻璃碎片、各色料珠、海贝、蚌饰片和丝、毛、麻、棉织物等。这些器物标本充分显示了楼兰城址远自新石器时期下至魏晋历史时期的相当长一段时期内人们在这里不断地进行着生产生活活动。

（三）城郊遗迹

1. 近郊的两个土台

在临近古城的东面有两个土台遗迹，其中最近的一个位于城中佛塔的东偏南约 400 米处，斯坦因编号为 LA. Ⅺ，土台下是一个较大的风蚀台地，台地与土台之间由上下两层红柳枝中夹一层夯土相区别，上下两层红柳枝厚各约 5—7 厘米，中夹夯土层约 6 厘米。下层红柳枝下是被风掏蚀的原生土地面，上层红柳枝上是由三竖三横或三竖二横的土块垒砌成的大土台，大土台残高约 4 米，朝西的一面残宽约 14 米，土块的规格与城中官署遗址的大土块相同。斯坦因认定这里“是一个佛塔的遗迹”。他说：“佛塔的圆柱形部分或拱顶部分已完全不存在，将其破坏的因素除了有风的侵蚀作用外，可能还有人的因素。塔基的朝向似乎和城内的佛塔一样。”（参见《西域考古图记》第十一章，第 390 页）在土台西面中部有一圆拱形的通道，通道高约 90 厘米，底宽约 70 厘米。1914 年斯坦因对这个通道进行了清理，他说：“足有 26 英尺（折 7.93 米）长。”他认为是“找宝人挖掘的坑道”（同上书，第 391 页）。

另一个土台在古城东稍偏北约 800 米处，在周围一堆较小的“雅丹”台地中显得比较突出，外表像一座金字塔。在它的附近有散乱的木材和碎陶片，表明这是一座建筑遗址。这座建筑遗迹的地面是由一层经过火烧的红色方砖铺地，方砖长宽各 45 厘米，厚 8 厘米，从方砖排列的宽度测得西、北两面各约 11

米，由方砖至土台顶端高约 3 米。

2. 城东北的小佛塔

在古城北北东 4 公里处，有较小的佛塔一处，编号为 BFO，塔残高 6.28 米，分上下两部分组成。下部为塔基，似正方形，基宽 7.1 米，高 4.6 米。基上是塔身，塔身残高 1.6 米，塔中心是环形建筑（图版六，1），由土块垒砌，土块为 47 厘米 ×27 厘米 ×10 厘米。环形建筑中有中心木柱，中心木柱直径 30 厘米。1906 年斯坦因也到过此地，他认为这是一个土包，由于“风的侵蚀力量把土包附近的松土和碎屑物全都吹光了，因此这里没有什么需要发掘的”（参见《西域考古图记》第十一章，第 392 页）。可是经过我们清理以后，发现环形台周围残留有五彩斑斓的佛像壁画，画风朴实，墨线勾勒，以土红为主色调，与斯坦因在米兰揭走的人首双翼像相类同（参见《斯坦因西域考古记》第七章“磨朗的遗迹”第 54 图）。环形台的上下两端呈对称状向中间部分缩小，中间部分的直径为 2.2 米。台上遗存有塑造佛像的四个草束木骨架。围绕环形台的西南两面残存有土块垒砌的墙，土块尺寸为 50 厘米 ×28 厘米 ×13 厘米，南墙靠东有门栏，门栏木方长 140 厘米，宽 14 厘米，厚 9 厘米，门栏两端有长方形的眼孔。西墙与南墙成直角相交，墙和环形台间是甬道，甬道中间部分宽 1.2 米，在甬道清理中发现了彩塑佛像的眼睛一只、手指三节、胳膊一节（图版六，2）和塑造佛像的木花形饰件等物。从佛塔壁画风格和塑像残段观察，应属西晋时期的遗物。

在小佛塔西北约 100 米的地方还有一堆木材，横七竖八地乱摆着，表明原先在这里有一座建筑物。

在小佛塔和建筑物的附近，由于斯坦因认为“没有什么需要发掘的”，因而幸存遗物较多，我们采拾到的有：细石核、细石叶、细石镞和西汉五铢钱、王莽货币、三棱铜镞、铜镜残片、铜顶针、铜饰件、铁钉、铅纺轮以及陶片、玻璃片等物。

3. 城北郊的建筑遗迹

古城北部稍西 5.2 公里处有一小台地是废弃的建筑遗迹，编号为 B，台地顺东北风势呈东北西南向，长约 30 米，高约 6 米，台地上有许多倒塌了的木框架和小木件，粗大的木头龟裂得很厉害。由台地向北约 30 米地方，又有一堆木材。这些木材应是房舍建筑遗物。在这里我们除采集到细石器、琉璃珠、夹沙粗陶片外，还采集到铜镞、五铢钱、铜扣和残铜鼎等物。

4. 西北郊的烽燧台

在古城西北 5.6 公里有烽燧台一座（图版六，3）。1906 年斯坦因经过这里时进行过草率的考察，他误认为是一座废弃的佛塔（参见《西域考古图记》第十一章，第 394 页）。烽燧台残高 10.2 米，台基宽 18.7 米，从现存遗迹暴露的纵剖面观察，内外结构不一，内部系夯土筑成，夯土层高 40—60 厘米不等，略呈圆形，围绕夯土台的外部系土块垒砌，有的土块间夹有小木条或红柳枝，土块长 47 厘米，宽 27 厘米，厚 10 厘米，与城中官署建筑的大土块相同。我们推定应是烽燧台扩建或加固之物，其时间当与官署遗址同时，而内部建筑应相对早于外部，可以上溯到两汉时期。

5. 西北部的佛寺遗址

在古城西北 14.5 公里左右有一片佛寺遗迹。斯文・赫定 1901 年在此进行过挖掘，斯坦因于 1906 年也来此搜寻，他把这里编号为 LB。根据他的记述，主要有三处建筑：LB. Ⅰ—Ⅲ是佛殿遗迹，这里有泥塑佛像残块、木制镀金小佛塔、莲花形涡旋纹浮雕图案木件、犍陀罗式的透雕木饰板；LB. Ⅳ—Ⅴ是寺庙和住舍，这里有与前一处相同的浮雕艺术品，另外发现有佉卢文木函 1 具、木片 1 枚、印章盒 3 个和石砚 1 具，以及经过装饰的纺织品遗物；LB. Ⅵ也是一处佛教遗迹，从房间中他挖掘出了壁画碎块、莲花浮雕装饰等物，还在这处遗迹西南附近发现了一座砖窑（参见《西域考古图记》第十一章，第394—406页）。

考古队在这一片遗迹中，主要考察了前面两处，即斯坦因编号的LB.Ⅰ—Ⅲ和LB.Ⅳ—Ⅴ。我们编号为XB。前者位于一个因风蚀而形成的由东北西南走向的柳叶形小台地上，这个小台地长约75米，高约8米，台地顶部分列着三组建筑，建筑原貌无法辨认，剩下来的只是三堆散乱的木材和芦苇红柳编夹的篱笆。在这个台地东南约500米处有一堆土块垒砌的土包，给人突出的感觉这应是一个佛塔废墟。土包下与原生地面接触处是由红柳枝层分裂开来，与楼兰城中的大佛塔塔基建筑相同。此佛塔东西长约7米，南北宽约5米，从红柳枝层至顶面高约3米。土块尺寸是54厘米 ×30厘米 ×11厘米，与楼兰城中佛塔的一种土块相同。

斯坦因编号的LB.Ⅳ—Ⅴ，位于LB.Ⅰ—Ⅲ的东南1.5公里左右，由两组建筑组成，分别在两个东西相连的台地上，两组建筑相距约25米，其中以西面一组范围较宽大，东西长约45米，南北宽约12米，地表散布着许多羊粪，可能被后来的牧羊人当过羊圈。在这里考古队除了见到一大堆开着裂纹的木材和芦苇红柳枝墙壁泥皮外，还见到一些残陶片。靠西的一组建筑面积很小，十分残破，很难观其原貌。

在这两处遗迹中我们采拾到剪轮五铢钱、奶搅拌、带流小陶杯、陶器口沿、耳部和釉陶片等物。

考古队除对上述各个遗迹调查外，于1979年6月乘直升机对距离楼兰城东北约19公里处的一个小城堡也进行了探察，斯坦因把这个城堡编号为LE。从直升机上所见城堡呈方形，堡墙夯土板筑，残存的堡墙还能历历可见。

三、采集与试掘的遗物

（一）石器

可分为细石器、石片石器和磨制石器三大类。前两类是岩石紧密器型较小的打制石器，后一类是石质比较粗糙疏松经过磨制的石器。在磨制石器中有的属于历史时期使用的遗物。

甲、细石器

共58件，又可分为石核、石叶和石核式石器。

1. 石核 共2件。都是在台面不能继续剥片的情况下遗留下来的。

（1）柱状石核，1件。80LBC：19，灰青色燧石质，体积较小，在石核一侧剥片、呈圆柱状。剥片方法是把较粗大的一端作为台面，用间接打击法剥下石片，因而在台面上留有打击时的横向小疤，从剥下石片的疤痕观察，核体下端有朝里弯曲的趋向。长3，宽2.1，厚2.1厘米（图版七，1）。

（2）扁状石核，1件。80LBC：21，土灰色燧石质，呈竖短横宽的扁体，体正面是打击石片后留下的一条一条的疤痕，体背面平整。竖长2.2，横宽4，厚0.8厘米（图版七，2）。

2. 石叶 共53件。这类石器较多，又可分为十四种型式：

（1）单脊长条形石叶，3件。基本上保持了从石核剥下的原始状态，背单脊，形长条，剖面呈三角形，不经加工即可使用。三件的两缘及口都留有使用时的痕迹。标本80LBC：5④，绛色玉髓质，长3.8，宽0.5—0.7，脊厚0.15厘米（图版七，3）。80LBC：9①，枣红色玉髓质，长2.7，宽0.5—0.6，脊厚0.15厘米（图八，1；图版七，4）。

（2）双脊长条形石叶，4件。从石核上剥下的原状显著，背有双脊，呈较窄的长条形，不经第二步加工即可使用，有的口缘上留有明显的使用痕迹。标本80LBC：7④，灰绿色玉髓质，长3.7，宽0.4—0.6，脊厚0.2厘米（图八，2；彩版一，1；图版七，5）。80LBC：9③，浅灰绿色玉髓质，两边刃缘有使用痕迹，长3，宽0.5—0.7，脊厚0.15厘米（彩版一，2；图版七，6）。

（3）双脊双刃石叶，9件。均保持着从石核上剥下的原状，背有双脊，剖面呈梯形，一般不经第二步加工，有的刃缘一侧或两侧遗留有使用痕迹。标本80LBBFO：9⑤，浅赭色玉髓质，下端残右半块，两边刃口有使用痕迹，长4.2，宽0.8，脊厚0.2厘米（图八，3；图版七，7）。80LBB：3③，绛紫色玉髓质，下部残断，残长1.7，宽0.6—0.9，厚0.2厘米（图版七，8）。80LBC：16②，绛紫色玉髓质，下部残半，残长2.7，宽0.5—0.7，厚0.2厘米（图版七，9）。80LBC：7①，绛紫色玉髓质，长36，宽0.7—0.9，厚0.2厘米（图版七，10）。80LBC：8④，绛紫色玉髓质，两边刃缘有使用痕迹。长3，宽0.5—0.9，厚0.15厘米（图八，4）。

（4）双脊窄刃石叶，1件。80LBBFO：9⑥，绛紫色玉髓质，背脊宽平，剖面梯形，两边刃缘狭窄，有使用的痕迹。长 3.7，宽 0.6—0.9，厚 0.15—0.2 厘米（图八，5；图版七，11）。

（5）单脊双刃石叶，4 件。器形较短，背脊稍偏右，剖面呈三角形，基本上保持了从石核上打下的原始状态，两边有刃缘，有的两边或一边有使用痕迹。标本 80LBC：15 ①，绛紫色玉髓质，两边均有使用痕迹。长 2.4，宽 0.9—1，厚 0.3 厘米（图八，6；图版七，12）。80LBC：15 ③，深灰绿色玉髓质，两边刃缘有使用痕迹。长 2.3，宽 0.8，厚 0.3 厘米（图版七，13）。

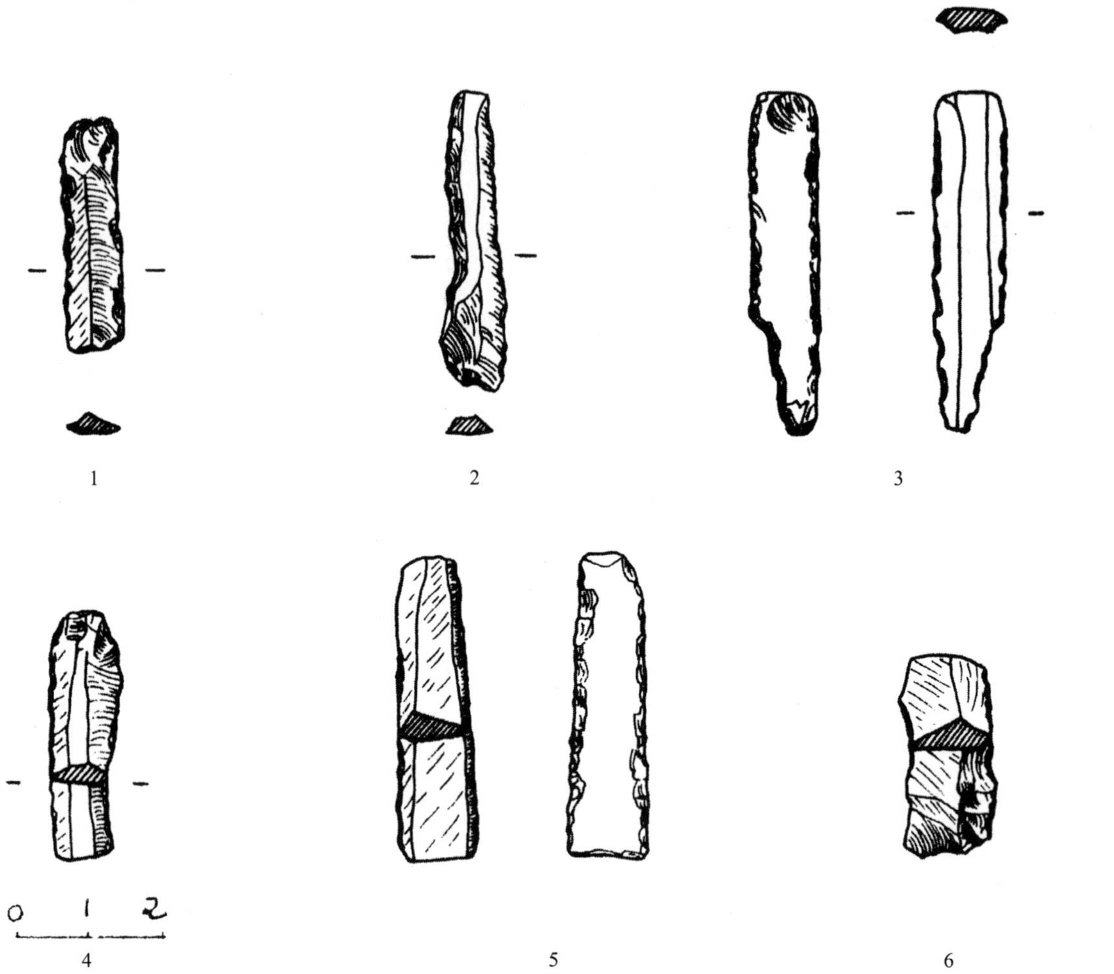

图八　细石叶（一）

（6）高脊窄刃石叶，4 件。背脊较高，刃面较陡，剖面呈三角形。标本 80LBC：6 ①，绛紫色玉髓质，长 3.4，宽 0.5—0.8，脊厚 0.4 厘米（图版七，14）。80LBC：8 ②，绛紫色玉髓质，长 3，宽 0.7，脊厚 0.4 厘米（图版七，15）。80LBB：2 ②，黄褐色玉髓质，叶右边刃缘有使用痕迹，长 0.7，宽 0.9，脊厚 0.35 厘米（图版七，16）。

（7）单脊宽刃石叶，1 件。80LBBFO：9 ②，黄褐色玉髓质，脊背低平，叶面较宽，刃面平缓，剖面呈偏三角形。两边刃缘有使用痕迹，长 3.3，宽 1.3，厚 0.3 厘米（彩版一，3；图版八，1）。

（8）圆头双脊石叶，3 件。打击点的叶面均呈圆头形，背有双脊，尾部剖面呈梯形，两边刃缘均留有使用痕迹。标本 80LBC：32，浅灰绿色玉髓质，长 3.4，宽 0.7—1，尾部厚 0.1 厘米（图版八，2）。80LBB：3 ①，黄褐色玉髓质，长 4.3，宽 1.1，尾部厚 0.3 厘米（图九，1；图版八，3）。

（9）偏脊双刃石叶，2 件。背脊偏左或偏右，一侧的刃面陡高，另一侧刃面平缓，剖面呈不等边三角形。80LBC：8①，黄褐色玉髓质，两边刃缘有使用痕迹，长3.1，宽0.5—0.8，厚0.3厘米（图九，2；图版八，4）。80LBC：8③，浅灰绿色玉髓质，长3，宽0.7—0.9，厚0.2厘米（图版八，5）。

（10）扁平石叶，3件。体扁平宽薄，剖面不规则，两边刃缘有使用痕迹。标本80LBC：11①，深灰绿色玉髓质，长3.8，宽1.3—1.6，厚约0.2厘米（彩版一，4；图版八，6）。80LBC：14③，黄褐色玉髓质，残长2，宽1.1，厚约0.1厘米。

（11）加工石叶，3件。这类石器是截去石叶的一端或两端，保留其另一端或中间的平坦部分，截去的是少部分，保留的是多部分。石叶两边都有刃缘，据观察这类石器可能是专门用于镶嵌在骨木柄上做复合工具使用。80LBC：13②，深灰绿色玉髓质，背单脊，截去一小半段，剖面呈三角形，长3.3，宽0.9—11，脊厚0.2厘米（图版八，7）。80LBB：3②，绿色玉髓质，背有平坦广阔的低薄台面，两端均被截去一部分，剖面呈梯形，长3，宽1.1—1.2，厚0.1厘米（图版八，8）。80LBC：15②，深灰绿色玉髓质，背有较低的台面，上端剖面呈三角形，下端剖面呈梯形，长2.5，宽0.6—0.9，三角形一端厚0.15，梯形一端厚0.1厘米（图版八，9）。

（12）发夹形石叶，9件。背脊略呈弧形，侧视中部略拱，横视似发夹，里面较平滑。基本上保持了从石核剥击下来的原状，一端的叶面有显著的贝状断口，表明这类石器是在剥片后就直接使用的。侧缘刃口一般都有使用痕迹。按其形式又可分为三式：

Ⅰ式　3件。两端稍宽大，中间较窄平。标本80LBXN：2，深灰绿色玉髓质，两边刃缘有使用痕迹，长4.4，中宽0.6，两端宽0.9，厚0.2厘米（图版八，10）。80LBB：1②，灰绿色玉髓质，两边刃缘均经使用，长5，中宽0.6，两端宽0.9，厚0.3厘米（图九，3；图版八，11）。80LBC：4①，深灰绿色玉髓质，两边刃缘均经使用，长4.9，宽0.7—0.9，厚0.4厘米。

Ⅱ式　3件。两端稍窄小，中间较长平。80LBB：1①，绿色玉髓质，一侧刃口有使用痕迹，长5.3，端宽0.6—0.7，中宽0.9，厚0.3厘米（图九，4；图版八，12）。80LBC：4②，深灰绿色玉髓质，长4.8，端宽0.5—0.7，中宽0.9，厚0.3厘米（图九，5；图版八，13）。80LBBFO：9⑨，绛紫色玉髓质，两边刃缘均经使用，长3.4，端宽0.6—0.7，中宽0.8厘米。

Ⅲ式　3件。一端端头较圆，中间较宽。80LBC：6②，深灰绿色玉髓质，一侧刃缘经使用，两端端头均较圆。长3.8，端宽0.5—0.8，厚0.3厘米（图九，6；图版八，14）。80LBB：2①，绛紫色玉髓质，一端稍尖，一端较圆，长3，宽0.8厘米（图版八，15）。80LBB：2⑤，土灰色玉髓质，两边刃缘均经使用，一端平切，一端较圆，长2.2，宽0.7，厚0.15厘米。

（13）不规则形石叶，5件。呈不规则的长条形，背面或单脊或双脊或多脊，叶面从石核打下后一般不经修整。标本80LBC：7②，浅灰绿色玉髓质，一端甚尖，背有双脊较平，长4，宽6，厚0.3厘米（图版八，16）。80LBC：7③，深灰绿色玉髓质，背有双脊，一侧刃缘较平，一侧刃缘呈半圆弧形，长4，宽0.8—0.9，厚0.2厘米（图版八，17）。80LBC：6③，绛紫色玉髓质，一侧刃缘有使用痕迹，背有三脊，一端尾部残半，长4，宽0.6—0.9，厚0.2厘米（图九，7；图版八，18）。80LBB：2③，深灰绿色玉髓质，背有两脊，其中一脊平直，一脊呈不规则的波浪形，两端端头平切，长2.9，宽0.6—0.7，厚0.15厘米（图版八，19）。斯坦因1906年在楼兰城中采集到细石叶七件，他认为是石刃片或刀身，由于叙述不清图版也未选录，无法细辨，因此暂且归于不规则形石叶，他的编号为LA.00153—159；1914年他又采集到细石叶23件，也认为是石刃片，编号为LA.011、018、069—70、099—104、0113—123、0147（参见《西域考古图记》第432页，《亚洲腹地考古记》第220—222页。以下凡参见《西域考古图记》的简写为《西》，《亚洲腹地考古记》的简写为《亚》；所参见者均以斯坦因描述清楚或有器物图版可以分辨者为限，凡描述与分辨不清的不予参见）。

（14）三棱细长尖状器，2 件。背脊偏向一侧，较陡直，一端作尖锥状，剖面呈三角形。80LBBFO：9⑫，深绿色玉髓质，长 3.4，底端宽 0.5，底端厚 0.3 厘米（图九，8；图版八，20）。80LBC：10①，浅灰绿色玉髓质，长 2.3，底端宽 0.6，底端厚 0.3 厘米。

3. 石核式石器 共 3 件。

（1）石核式舌状刮削器，1 件。80LBBFO：9①，深灰绿色燧石质，刃部似舌形，制法是将石核剥制石叶的台面狠狠打下较大的一块即成，器背面留有原来剥制石叶的长条形疤痕。刃缘有使用痕迹。长 5.5，宽 3.2，顶端厚 1 厘米（图版九，1）。

（2）石核式圆刃刮削器，1 件。80LBC：20，绿燧石质，在打制石叶的石核上用冲压法打下一大块，再略为加工成圆刃状。刃宽 3.4，厚 1 厘米（图版九，2）。

（3）石核式弧刃刮削器，1 件。80LBC：17，绿燧石质，其制法是从打制石叶的石核上打下一角，再把突出的角打掉，使之较为扁薄；利用两边弧缘形成圆刃。长 4，幅宽 2.9，厚 0.8 厘米（图版九，3）。

以上三件石核式石器，是调整石核台面的产物，由于剥制细石叶需要石核出现上翘的棱边，当这种棱边缺乏时，就要打击石核使之上翘。

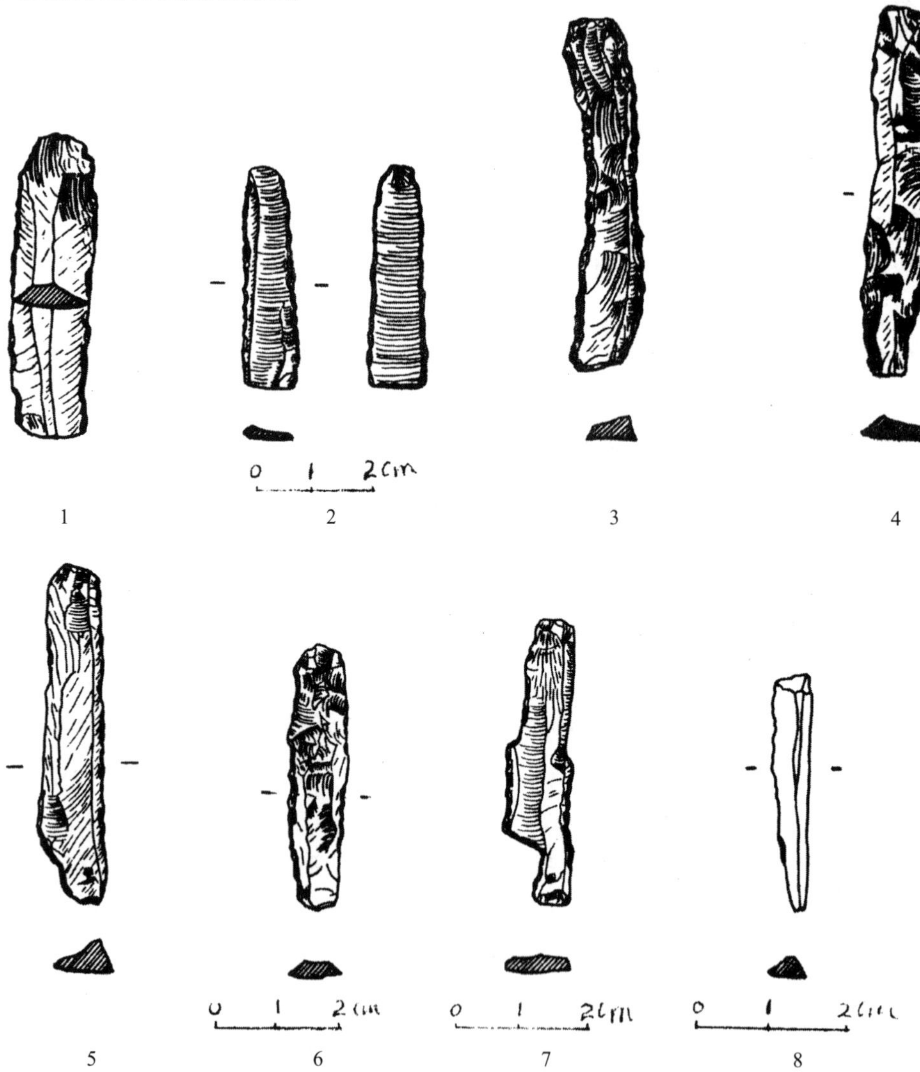

图九　细石叶（二）

乙、石片石器

共24件，可分为琢背小刀、石片、刮削器、菱形尖状器、锥钻、石镞和石矛七类。

1. 琢背小刀 共5件。又可分为三种：

（1）鸟啄形琢背小刀，3件，其中一件残断。一端呈鸟啄形，脊背是利用细长的三角形石片上的一棱，然后在脊上朝两边错向琢成背面。刃面略呈弧形，保持了从石核上剥击时原剥击面，两边刃缘有使用痕迹。标本80LBC：3，黄褐色玉髓质，长4.2，刃宽1，脊背高0.5—0.7厘米（图一〇，1；图版九，4）。80LBBFO：9④，土灰色玉髓质，长4.8，刃宽0.8—1，脊高0.3—0.8厘米（图一〇，2）。

（2）发夹形琢背小刀，1件。80LBBFO：9②，黄褐色玉髓质，横似发夹，背面利用原石片的脊，向右横向冲压两次，使与另一面成比较匀称的人字脊，刃面保持了原来的劈裂状态，两边刃缘有使用痕迹。长5.4，刃面宽1.1，人字脊高0.4—0.5厘米（图版九，5）。

（3）笄形琢背小刀，1件。80LBC：2，黄褐色玉髓质，由石片劈裂面的两边向背面细琢细击，使成细齿状，便于切割。劈裂面略呈弧曲状。一端较粗，一端较细，背面经修琢，略呈人字脊，整体似笄状。长5.8，劈裂面宽0.8—1.3，脊高0.2—0.5厘米（图一〇，3；图版九，6）。

琢背小刀在我国华东山西的下川石器遗址中曾有出土（参见王建等《下川文化——山西下川遗址调查报告》，载《考古学报》1978年第3期），广东南海西樵山遗址亦有出土（参见曾骐《西樵山东麓的细石器》，载《考古与文物》1981年第4期），下川的琢背小刀刃缘多不经加工，保持石片劈裂时的原有薄缘使用，西樵山的琢背小刀，其刃缘多经精细加工修琢后使用。楼兰的琢背小刀，两种情况兼而有之，鸟啄形琢背小刀和发夹形琢背小刀背脊都经过修琢，笄形琢背小刀刃缘修琢还比较精致。

2. 石片 共6件，又可分四种：

（1）单脊石片，2件。利用长条形石片截去一端或两端，背面单脊，劈裂面比较宽平，剖面呈扁三角形。刃缘有使用痕迹。80LBC：12②，黄褐色玉髓质，长3，宽1.3—1.4，脊厚0.3—0.4厘米（图版九，7）。80LBBFO：9⑧，黄褐色玉髓质，长2.3，宽1—1.2，脊厚0.3—0.4厘米（图一〇，4；图版九，8）。

（2）拱脊石片，2件。背面略加修饰形成拱脊，劈裂面比较平整，劈裂面两边刃缘有使用痕迹。80LBC：12③，浅枣色玉髓质，长3.3，宽1—1.2，脊最厚处0.4厘米（图一〇，5；图版九，9）。80LBC：11②，绛色火山岩，长4.3，最宽1.5，脊厚0.6厘米。

（3）长条形石片，1件。80LBBFO：9③，黄褐色玉髓质，正面呈长条形，剖面略呈梯形，劈裂面两边有使用痕迹。长4.4，宽0.9—1.3，厚0.4厘米（图一〇，6；图版九，10）。

（4）扁宽状石片，1件。80LBXN：3，黄褐色玉髓质，背面不规则，一端剖面呈扁三角形，另一端剖面呈梯形；劈裂面两边刃缘有使用痕迹。长4，宽1.2—1.6，剖面厚0.3—0.4厘米（图一〇，7；图版九，11）。

3. 刮削器 共3件。形状不一。

（1）盘状利削器，1件。80LBB：4，浅灰绿色玉髓质，形似圆盘状，刃缘圆薄锋利。幅径约2.6，厚约0.1—0.3厘米（图版九，12）。

（2）直角形刮削器，1件。80LBC：18，灰青色燧石质，从斜面剥击一块石片，似一直角勾、股、弦三边再琢成刃缘。勾边长2.8，股边长3.5，弦边长4.3，厚0.6厘米（图版九，13）。

（3）弯角形刮削器，1件。80LBC：12①，深灰绿色玉髓质。被打击石片的一端较宽厚，两边刃缘经修琢薄利，呈弯角状。器长3.8，厚0.3—0.4厘米（图一〇，8；图版九，14）。

4. **菱形尖状器** 1件。80LBBFO：8，深紫色燧石质。平视成菱形，背脊凸起，里面较平滑，一端形成尖锥状，一端较圆钝。长5，宽2.3，厚1厘米（图一〇，9；图版九，15）。

5. **锥钻** 1件。80LBC：1，灰青色燧石质。底端较宽，中部较厚，向上逐渐收缩成细长的尖锥，通体经过修整。通高6.2，底宽1.7，中部最厚处1.1厘米（图一〇，10；图版九，16）。

6. **石镞** 共6件，按形状可分为三种：

（1）桂叶形石镞，2件。通体经过精工细琢，呈桂叶形。又可分为两式：

Ⅰ式，1件。80LBC：23，黄褐色燧石质。镞身比较圆实，中部显得平展，两尖端稍残，剖面似两弧相交，两边刃缘经过精细琢制。长4.7，宽1.3，中厚0.6厘米（图一一，1；彩版二，1；图版一〇，1）。此种形式石镞，斯坦因1906年有采集，他认为是碧玉尖状物，经查图版应为桂叶形石镞，编号LA.00160（《西》第432页）。

Ⅱ式，1件。80LBBFO：6A，深灰绿色燧石质。镞身比较圆实，两边刃缘经过精工细琢，尾部稍具铤的雏形。通长7.9，身长6.1，铤长1.8，宽2.3，厚0.5厘米（图一一，2；彩版三；图版一〇，2）。

（2）柳叶形石镞，1件。80LBBFO：6B，赭色燧石质。镞身比较扁平、修长，靠近尾部比较圆厚，通体经过精工修琢。长8.6，宽2.1，厚0.6厘米（图一〇，3；图版一〇，3）。

（3）三角形石镞，3件。通体精工修琢，又分三式：

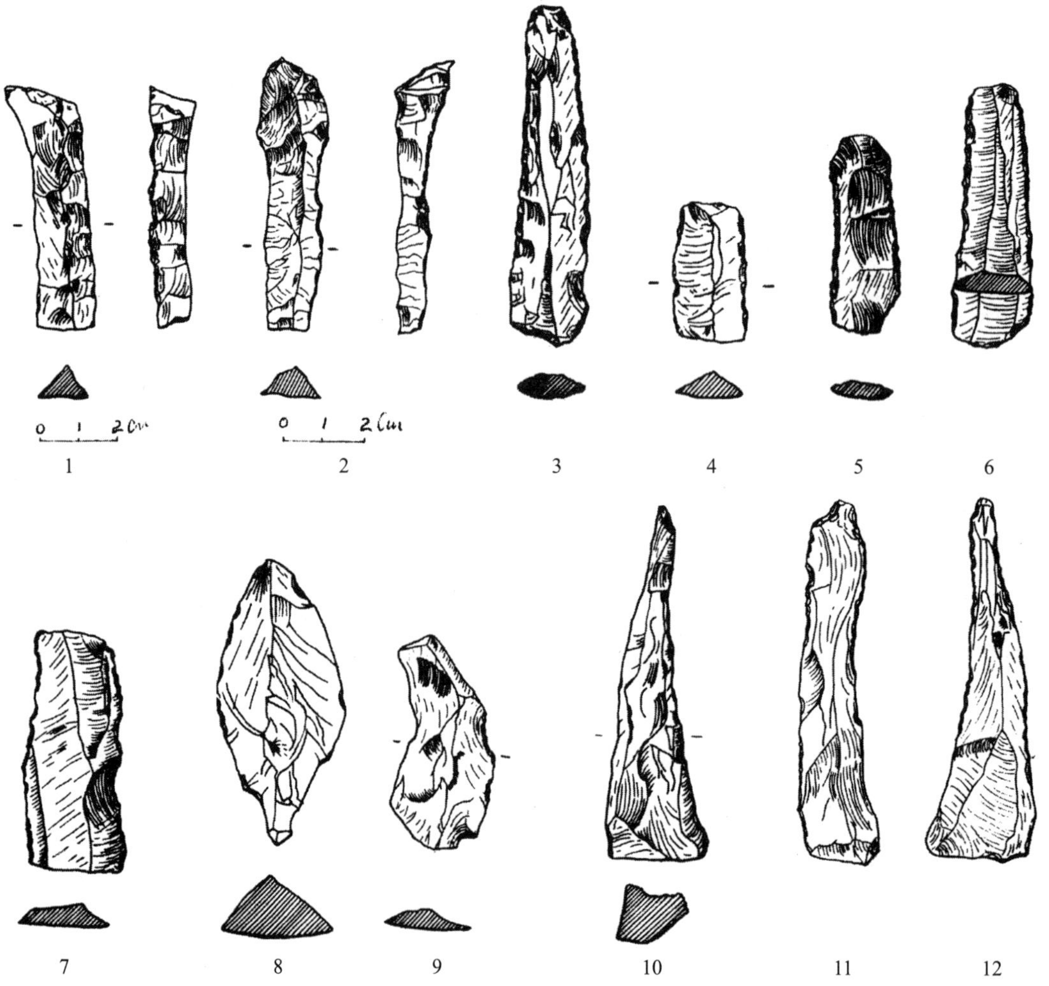

图一〇 琢背细石刀、细石片、刮削器、尖状器、锥钻

Ⅰ式，1件。80LBC：25，淡红色透明玉髓质。镞身两面有隆脊，无铤。尾部两翼之间呈凹弧状，两翼前聚成尖，两边刃缘锋利，是石镞中的精品。长2.9，两翼宽1.1，厚0.4厘米（图一一，4；彩版四，2；图版一〇，4）。

Ⅱ式，1件。80LBBFO：7A，深灰绿色玉髓质。镞身平面呈扁平三角形，中间部位略显隆脊，有铤。通长3.7，身长2.5，铤长1.2，两翼宽1.9，厚0.6厘米（图一一，5；彩版四，1；图版一〇，5）。

Ⅲ式，1件。80LBC：24，灰绿色玉髓质。镞身呈长三角形，体平展，尖端残，两翼微内收，有铤。残长2.9，铤长0.9，两翼宽1.2，厚0.4厘米（图一一，6；彩版四，4；图版一〇，6）。

7. 石矛 2件。其中一件下部残断。矛身略呈桂叶形，沿石片的两缘交互修琢，前聚成锋，刃缘锐利。器面修琢疤痕浅远，可能是用压制法加工的，通体精工修整。此种石矛在内蒙古自治区的海拉尔市松山遗址曾有出土（参见安志敏《海拉尔的中石器遗存》，载《考古学报》1978年第3期）。80LBC：22，灰青色燧石质，矛身两面有脊，尾端呈凹弧状。长5.5，尾部宽1.7，厚0.6厘米（图一一，7；彩版二，2；图版一〇，7）。80LBBFO：7B，绛紫色玉髓质，下部已残，矛身平展，无脊，残长3.4，宽1.6，厚0.2厘米（图一一，8；彩版四，3；图版一〇，8）

丙、磨制石器

共25件，这类石器的质料除其中一件为玉石质外，其他多为细砂岩、泥灰岩、石灰岩、板岩以及比较细软的蛇纹石等，其类型可分为石斧、石针、砺石、柱锥状石器、石磨盘、小石球等，其中以砺石最多，研磨器也占有一定比重。有的石器明显为历史时期的遗物，如石杈勺、石花押等。

1. 石斧 1件。80LBXN：4，玉石质，莹润洁白，有透明感。1979年11月在城郊西北烽燧偏南处采集。器身偏薄，略呈长梯形，一面磨制较平，另一面似有脊。肩呈圆弧，稍残。两面斜磨成刃，刃口平缓略带弧形。长11.5，刃宽6.4，厚0.8—2厘米（图一一，9）。

2. 石针 1件。80LBC：26，灰绿色细砂岩。呈圆锥形，磨制，针根部残断。残长2.9，残断处直径0.3厘米（图版一〇，9）。

3. 砺石 共8件。依其头部状态又可分四种：

（1）圆头砺石，2件。头扁圆有孔，器身残断，磨制规整，孔近顶端。80LBC：28①，残长5.5，宽4.5，厚1.1，孔径0.5厘米（图版一〇，10）。80LBC：28②，褐红色石灰岩质，头扁圆似舌，孔距顶端较远，为2.2厘米，孔以下的两面器面均经多次磨使，已很凹薄，下部折断。残长7，宽2.8，厚0.3—1，顶端孔径0.5厘米（彩版五，1；图版一〇，11）。

（2）方头砺石，2件。头方形，系利用长条形的自然石块，四面经过修磨，略呈长方形。80LBC：27①，暗绿色板岩，圆孔距顶端约1.5厘米，其中一面在圆孔以下经多次磨使，已经很凹薄，长9.3，宽3.1—3.6，厚0.4—0.8，圆孔径0.6厘米（彩版五，2；图版一〇，12）。80LBC：27②，灰绿色钙质粉砂岩，孔离顶端较近，约0.5厘米，器身有磨使痕迹，残长5.1，宽2—2.3，厚0.3，孔径0.4厘米。

（3）扁方头砺石，1件。80LBC：27③，暗绿色板岩。头扁薄略呈方形，顶端有圆孔，孔以下经多次使磨，已经很凹薄，下部残断。残长4.7，宽2.7，厚0.2—0.4，孔径0.4厘米（图版一〇，13）。

（4）不规则形砺石，3件。一件存上部，两件存下部。80LBB：5，暗绿色板岩，略呈长条形，一边厚，一边薄，两面经使磨，凹下，上端有孔，下部残断。残长6，宽1.7，厚边0.5，薄边0.2，孔径0.3厘米（图版一〇，14）。80LBC：30③，暗绿色板岩，残存下部，末端最厚，靠近中部已磨使呈凹弧状，残长4.3，厚0.9—0.3，宽0.9—1.2厘米（图版一〇，15）。80LBC：30②，灰色泥灰岩，残存下部，略呈方柱形，三面均经使磨，残长 5.8，宽 1，厚 0.7 厘米（图版一〇，16）。

4. 长方体尖锥状石器　1 件。80LBC：29，灰色泥灰岩，器身呈长方体，孔端磨制扁平，尖端磨成尖锥状。长 7.5，宽 1.1，厚 0.6，孔径 0.3 厘米（图版一一，1）。类似此石器斯坦因 1914 年亦有采集，他把灰色泥灰岩误认为灰色砂岩，编号 LA.06（《亚》第 219 页）。

5. 拟柱状石器　1 件。80LBC：30 ①，灰色泥灰岩质，平面视上小下大，呈拟柱状，横剖面为梯形，下端截去一斜角。长 8，宽 1.5—1.9，厚 0.8 厘米（图版一一，2）。

6. 石杵　共 4 件。均经打磨。

（1）长方体石杵，1 件。80LBC：34 ①，青绿色变质砂岩，体呈长方状，四面经磨制，在每棱边的适当部位有两处磨制，稍凹下，便于手握使用。长 13.7，宽 3.6，厚 2.8 厘米（图版一一，3）。

（2）三棱柱石杵，1 件。80LBC：34 ②，青灰绿色变质岩，剖面呈三角形，器身残断，下端一底边略向对应角弯斜，通体经过打磨。残长 8.5，宽 3.8，厚 3.6 厘米（图版一一，4）。

（3）拟柱状石杵，1 件。80LBC：34 ③，暗绿色变质砂岩，器身残断，残断处稍大，下端较小，横剖面呈梯形，通体打磨。残长 7.5，宽 2.3—3.1，厚 1.5 厘米（图版一一，5）。

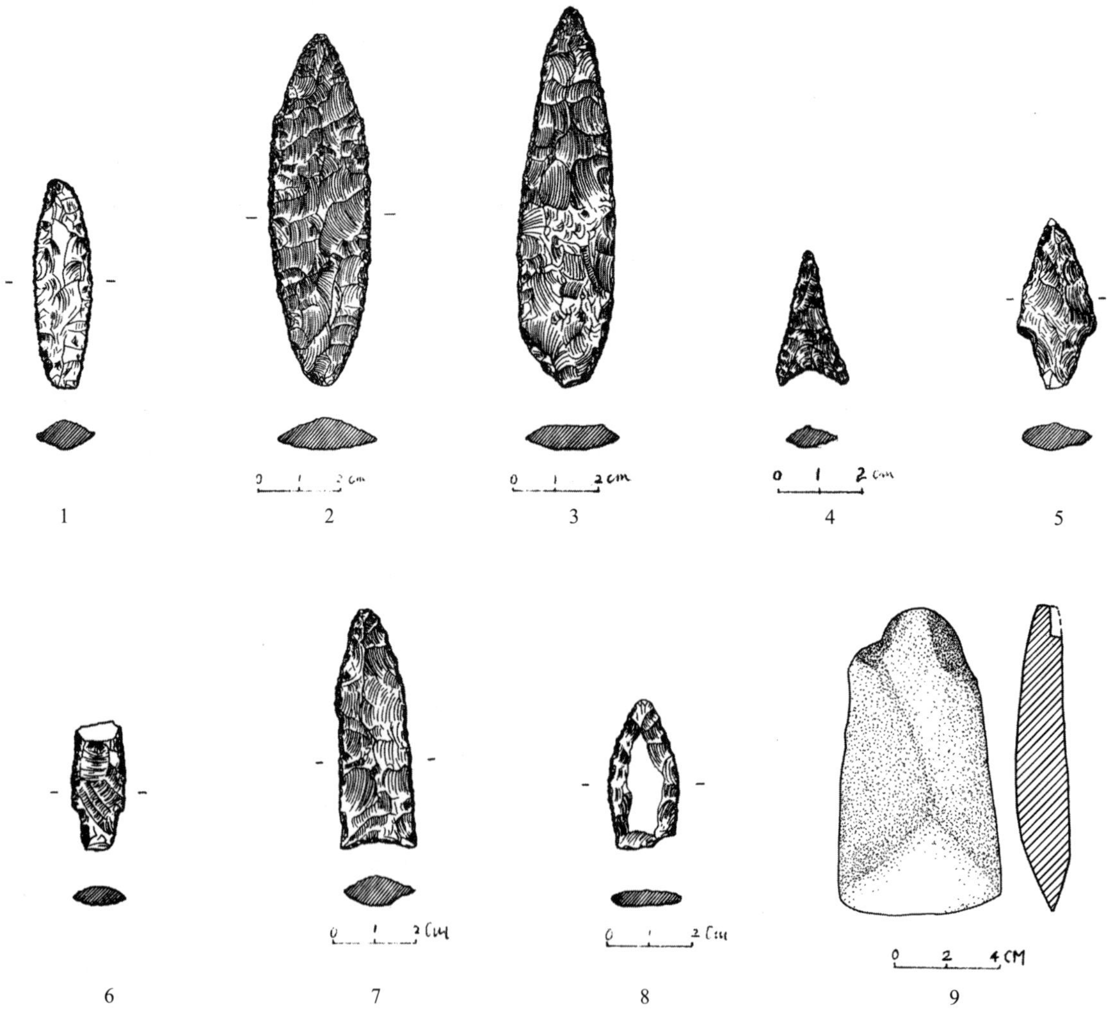

图一一　桂叶形、柳叶形、三角形石镞，石矛、石斧

（4）圆锥形石杵，1件。80LBC：35，青绿色变质砂岩，器呈圆锥状，端尖已风化，器身残断。残长10.2，断裂面直径2厘米（图版一一，6）。

7. 石磨盘 共4件。均经使用已残。

（1）半圆形石磨盘，1件。80LBC：36①，灰绿色云母质钙质细砂岩，器形小，呈半圆形，器面中间经旋转研磨已下凹成圆窝状，器底较平。长8.5，宽6.2，边厚1.4，中厚0.8厘米（图版一一，7）。

（2）长条形石磨盘，3件。器体略呈长条形，器身正面中间部位经研磨已凹下，其中两件从中部已残，背面略经打制保持平稳，三件均系绿灰色云母质钙质细砂岩。标本80LBC：36③，长22.5，中厚1.6，宽11.5厘米（图版一一，8）。80LBC：36④，残长37，端厚32，端宽32，中残厚3.5，中宽28厘米（图版一一，9）。

8. 小石球 1件。80LBC：31，黄铁矿结核，圆球形。圆径2.9厘米（图版一一，10）。

9. 小饰件 1件，80LBB：6，石青质（$Cu_3[CO_3]_2[OH]_2$），略呈方形，上下两端的中间部位各有一凸出小嘴，左右两边中部凹入，凹入处有系绳痕迹。高1.5，宽1.1，厚0.1厘米（图版一一，11）。

10. 石杈勺 1件。80LBC：179，蛇纹石质。系小秤的砣，既可作砣用，又可作勺用，有拱形耳，可穿系绳索，砣的一面掏空，作勺，应是历史时期遗物。横长3.7，宽2.8，厚2厘米（图版一一，12）。

11. 石花押 1件。80LBC：33，质地很软，属滑石化的蛇纹岩。可能是历史时期盖压函件封口的信物。正背两面均阴刻方框纹饰。横长3，宽2.1，剖面呈一斜三角形（图版一一，13）。

12. 绿松石 3粒。示经使用。80LBC：178（图版一一，14）。

（二）陶器

按其用途和形状可分为纺轮、罐、灯、壶、釜、甑、钵、杯、盂、盆、筒等类。在器物中除纺轮和灯有完整者外，其余均为残陶器。此外，尚有形状无法分辨的陶器耳部、流、釉陶片和带有各种纹饰的陶片。这些器物和陶片绝大部分是采集。

甲、陶纺轮

共29件，按制作情况可分三种：

1. 半制陶片纺轮 共8件。系用残陶器的碎片砸成圆形粗坯，再磨去粗糙部分，使之圆滑。其中有两件未经磨制，有一件已在中间钻有一个未通的孔。其圆形大都不太规则。以陶质论，夹砂粗红陶居多，夹砂粗灰陶和泥质红陶甚少。最大直径为7，最小直径为4.5，最厚为1.5，最薄为0.7厘米。标本80LBC：37③，泥质红陶，直径5.5，厚0.7厘米（图版一二，1）。80LBC：37①，夹砂粗红陶，直径4.5，厚1.1厘米（图一二，1；图版一二，2）。80LBC：37④，夹砂粗灰陶，直径5.5，厚1.2厘米（图版一二，3）。80LBC：37⑦，夹砂粗红陶，直径7，厚1.5厘米（图版一二，4）。80LBC：37⑧，夹砂粗红陶，直径3.8，厚1.2，中间孔深1厘米（图版一二，5）。

2. 陶片制纺轮 共20件。皆成扁圆状，是利用陶器残片打击粗坯后再加磨制，中间钻孔而成。其陶质以夹砂粗红陶居多，夹砂粗灰陶次之，泥质红陶较少。最大直径为5.6，最小直径为0.9；最厚为1.1，最薄为0.4；最大孔径1.2，最小孔径0.4厘米。此种纺轮斯坦因1906年和1914年均曾采集，编号为LA.004（《西》第427页），LA.07（《亚》第219页）。标本80LBC：38⑦，夹砂粗红陶，直径2.6，厚0.4，孔径0.5厘米（图版一二，6）。80LBC：38⑤，夹砂粗红陶，直径2.4，厚1.8，孔径0.6厘米（图版一二，7）。80LBC：38⑯，夹砂粗灰陶，直径4.9，厚1，孔径0.8厘米（图一二，2）。80LBC：38⑬，夹砂粗红陶，是利用甑底的一个孔做成，椭圆长3.9，宽3.2，厚0.6，孔径1.1厘米（图版一二，8）。80LBC：38⑩，有点类似梯形，夹砂粗红陶，高2.9，宽3，厚0.6，孔径0.3厘米（图一二，3；图版一二，9）。80LBC：217，泥质红陶，陶片上带有绿釉，两面均已风蚀，直径3.7，厚1.1，孔径0.7厘米（图版一二，10）。

3. **烧制陶纺轮** 1件。80LBC：39，夹砂粗灰陶。正面扁平，围绕圆心压印有五条似旋转形的凸条纹饰；背面稍呈弧状。直径4.3，孔径0.9厘米（图一二，4；图版一二，11）。

乙、陶杯

共19件，可分平底杯、圜底杯、带流杯三种。

1. **平底杯** 共8件，其中残6件。均敞口、平底，夹砂粗红陶，手捏制，口径5—7，高2.8—3.5，底径4—5厘米。大都有油烟熏的痕迹。标本80LBC：213，腹稍圆，口径6.5，高3.5，底径5厘米（图一二，5；图版一二，12）。80LBXB：6Ⓐ，内斜腹，口径7，高3，底径4.5厘米（图版一二，13）。

2. **圜底杯** 共7件，其中残4件。呈半球形，敞口，圜底，夹砂粗陶，手捏制，腹略圆。口径3.7—6，高2.6—4厘米。标本80LBXB：6Ⓑ，夹砂粗褐陶，口径6，高4厘米（图版一二，14）。80LBF1：6，在三间房东头间的墙缝中采集，火候很低，夹砂红陶，高2.6，口径3.7厘米（图版一二，15）。

3. **带流陶杯** 4件，其中残1件。呈半球形，有流，敞口，圜底，夹砂粗红陶，手捏制，腹圆曲。口径6.5—7.5，高3—4厘米。此种陶灯斯坦因在1906年亦曾采集，编号为LA.006（《西》第427页）。标本80LBXB：5Ⓒ，夹砂粗红陶，有烟炱痕迹，口径6.5，高3厘米（图一二，6；图版一二，16）。

丙、陶罐

共29件，均残，按采其标本的口、颈、肩、耳等部位，依其类型可分九种：

1. **束颈硬陶罐** 1件。80LBXB：10Ⓑ，夹砂粗褐陶，烧制火候高，陶质硬，残存口、颈、肩部。口沿外翻，方唇，唇中带凹，束颈，曲肩，轮制，肩上有耳疤（图一二，7）。

2. **短颈桥耳罐** 2件。残存口、颈、肩、耳、腹的一部分。口微敞，方唇，短颈，桥形耳，曲肩，素面无纹。标本80LBC：42，夹砂粗褐陶，轮制，烧制火候较高（图一三，1；图版一三，1）。80LBC：51②，夹砂粗褐陶，器壁较厚。

3. **短颈曲肩罐** 4件。残存口、颈、肩、腹部。口微敞，尖唇或圆唇，短颈，曲肩，鼓腹。标本80LBC：52，夹砂粗红陶，圆唇，手制，肩部划有三角形的连续纹，圜底，残高20，口径12.8厘米（图一二，8；图版一二，17）。80LBC：48①，夹砂粗灰陶，手制，肩部以下残（图版一二，18）。

4. **短颈圈纹罐** 2件。存口、颈、肩部。口微敞，短颈，曲肩，夹砂硬褐陶，在颈部或肩部饰一周圆圈纹。80LBC：59，圆唇，肩上有小圆圈纹一周（图版一三，2）。80LBC：57②，唇宽平，颈上有一周圆圈纹。

5. **短颈硬陶罐** 4件。多存口、颈、肩部。口稍敞，翻沿，方唇或尖唇，颈短，曲肩，夹砂硬褐陶。标本80LBC：48②，方唇，轮制（图版一三，3）。80LBC：43①，尖唇，轮制（图版一三，4）。

6. **短颈折沿罐** 6件。直口，尖唇，外折沿，短颈，曲肩，肩外壁有轮制痕迹，夹砂粗灰陶或夹砂粗红陶。标本80LBC：206①，夹砂粗灰陶，残存口、颈、肩部分。器形较小（图一三，2；图版一三，

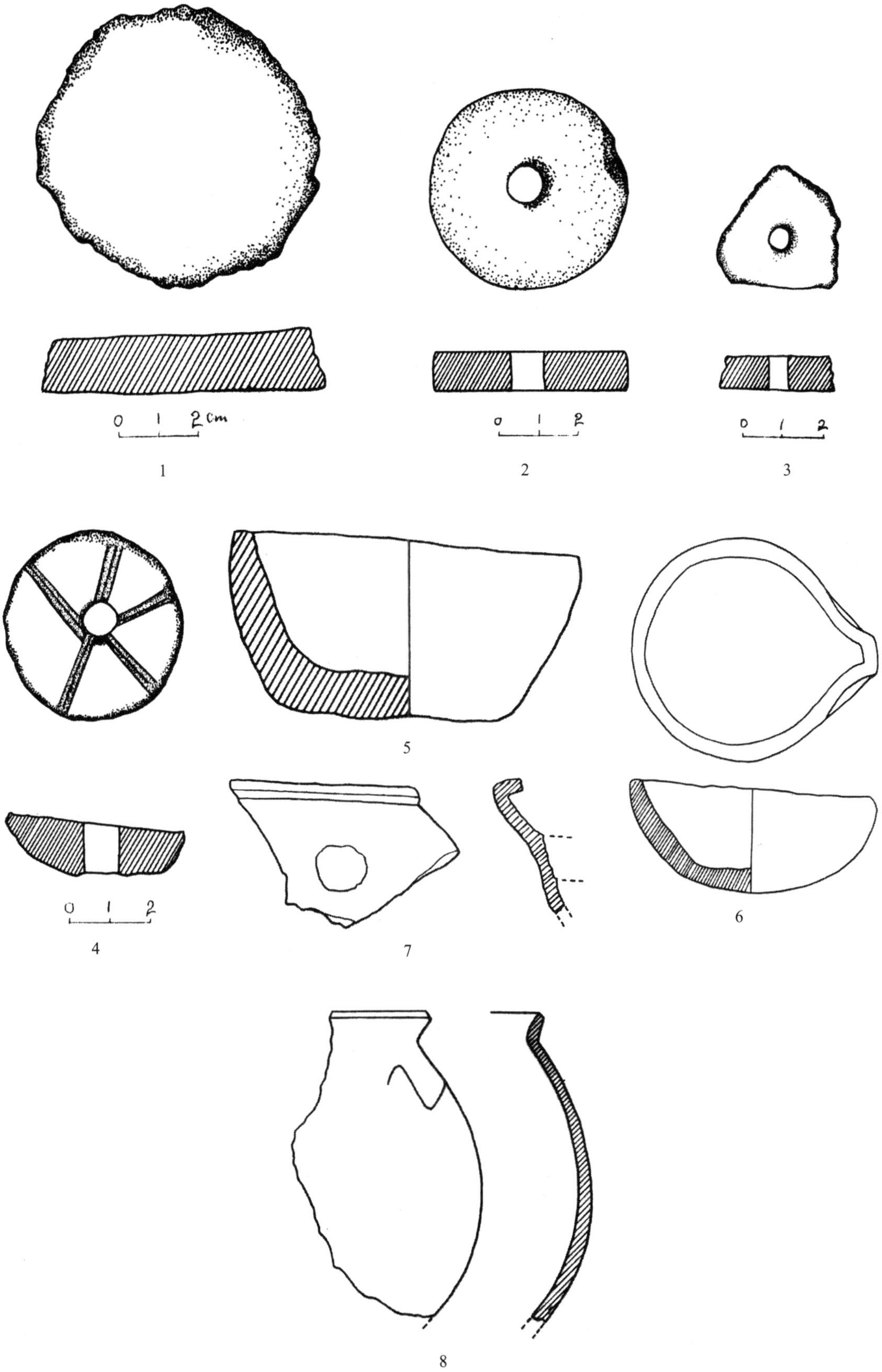

图一二　陶纺轮、陶杯、残陶罐

5）。80LBC：212，夹砂粗灰陶，残存口、颈部分（图版一三，6）。

7. **长颈翻沿罐**　6件。口直，颈较长，沿外翻、方唇，硬褐陶居多。标本80LBXB：10 ©，夹砂硬褐陶，方唇中带内凹（图一三，3；图版一三，7）。80LBC：54 ②，夹砂硬褐陶，方唇较薄（图版一三，8）。

8. **长颈曲肩罐**　2件。敞口，颈向外侈，沿向外翻，圆唇，曲肩，夹砂灰陶。标本80LBC：56，器形较小，残存口、颈、肩部分（图版一三，9）。

9. **鋬耳陶罐**　2件。直口，圆唇，颈上或肩上有鋬式耳。80LBB：9，夹砂粗红陶，沿宽平，颈较长，颈上有鋬式耳，残存口、颈部分（图一三，4；图版一三，10）。80LBB：8，夹砂硬褐陶，在口沿上有轮制痕迹，曲肩，肩上有鋬式耳（图一三，5；图版一三，11）。

丁、陶壶

共6件，均残。按其形状可分三种：

1. **长颈曲肩壶**　2件。口似喇叭，长颈，尖唇，曲肩，颈肩之间有桥形耳。80LBC：41 ①，夹砂粗灰陶，桥形耳较大（图一三，6；图版一三，12）。80LBC：41 ②，夹砂粗褐陶，桥形耳较小（图一三，7；图版一三，13）。

2. **长颈纹饰壶**　2件。直口，在肩腹部有纹饰。80LBC：44 ③，夹砂粗褐陶，长颈，方唇，垂肩，鼓腹，肩部有一周圆圈纹，腹部有一刻划不规则的菱形带纹，下腹部又有一周圆圈纹，肩腹之间有桥形耳，耳下坠（图一三，8；图版一三，14）。80LBBFO：24，夹砂粗红陶，长颈，曲肩，在颈肩上有八道平行而不规则的水波纹（图版一三，15）。

3. **短颈折肩壶**　2件。深敞口，沿外翻，短颈，折肩，腹外鼓，颈肩之间有桥形耳。标本80LBXB：9，夹砂粗褐陶，火候较高（图版一三，16）。

戊、陶钵

共6件，均残，按其器形大小，可分大陶钵与小陶钵二种：

1. **大陶钵**　3件，敞口，短颈，残存口、肩、腹部，均为夹砂粗红陶。标本80LBX：208，尖唇，肩内斜，腹内收（图版一四，1）。80LBC：210，尖唇，外折沿，在肩上有一周圆圈纹（图版一四，2）。

2. **小陶钵**　3件。口微敛，圆唇，腹内曲，外壁有凸带纹，均为夹砂粗灰陶。标本80LBC：60 ①，轮制，残存口、肩、腹部分。

己、陶甑

陶甑2件，分二式：

Ⅰ式　80LBC：40，比较完整，口微敞，尖唇，短颈，曲肩，圆鼓腹，肩上有两个对称的较小的鋬式耳，平底，底部已残，但仍可见残边上的许多圆孔眼。夹砂粗灰陶，高24.5、口径25、腹厚0.8厘米（图一四，1；图版一四，3）。

附：甑底2件，皆为圆眼。80LBC：72，夹砂粗红陶，圆眼不规则（图版一四，4）。80LBB：10，夹砂粗灰陶，圆眼附近有凸出一圈，模制，火候较高（图版一四，5）。

Ⅱ式　80LBC：204，残剩一小部分，口微敞，腹稍内斜，靠近口部分布有匀称的小圆孔，平底，底上有长三角形孔，其孔倒顺排列，夹砂粗灰陶（图版一四，6）。

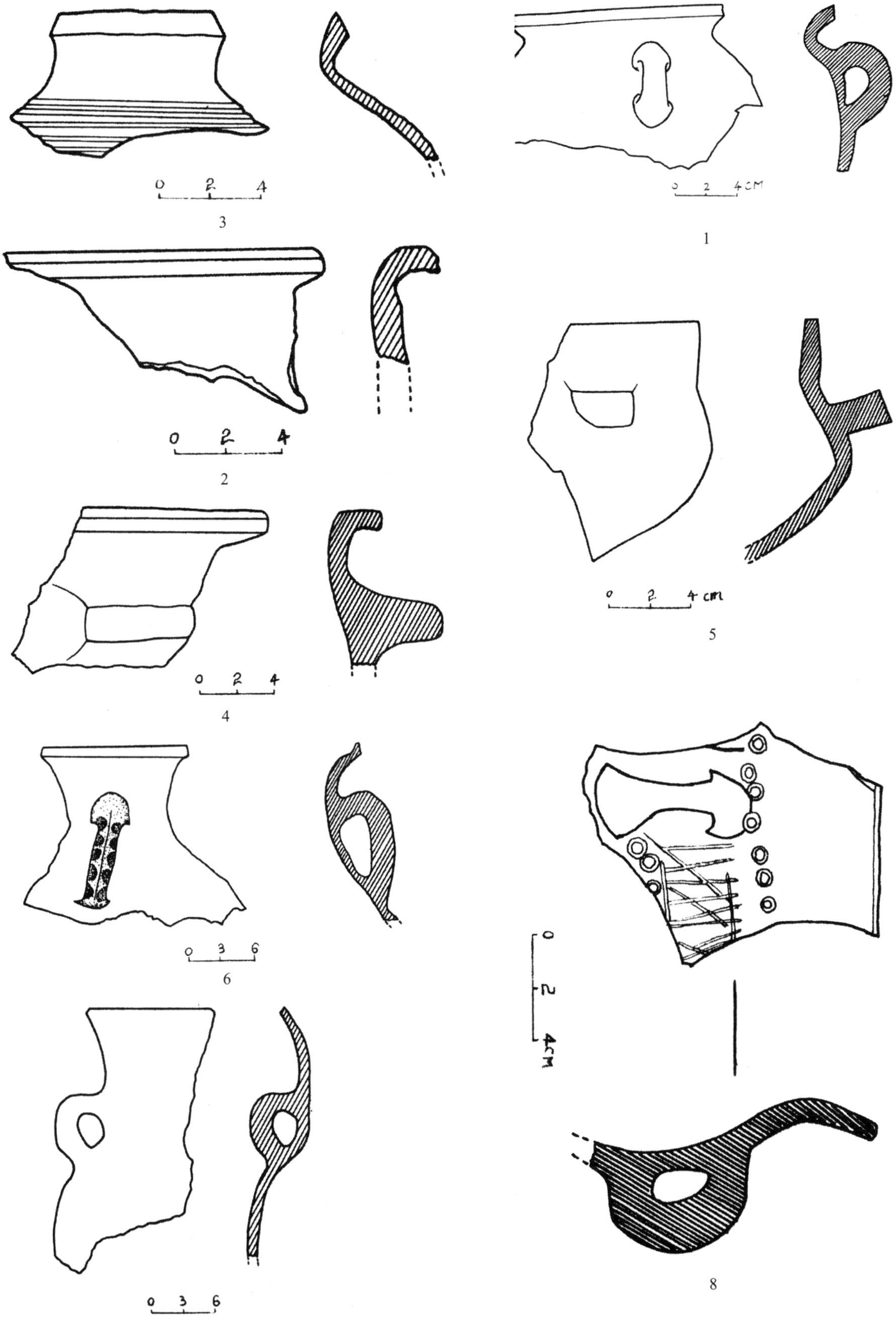

图一三　陶罐、陶壶

庚、陶瓮

1 件。80LBC：51 ①，沿外卷，方唇，唇中内凹，束颈，广曲肩，褐色陶衣，夹砂粗红陶，肩以下残，口径 8.5 厘米（图一四，2；图版一四，7）。

辛、小陶器

共 8 件，计有杯、盂、盆、筒各种，均残。

1．小杯 1 件。80LBC：47，直口，腹稍鼓，小平底，泥质陶青灰色，里壁和外壁均有轮制痕迹。高 4，复原直径 9.5 厘米（图版一四，8）。

2．小盂 1 件。80LBC：216，敛口，鼓腹，青灰色泥质陶，火候高，轮制，残存小部分（图版一四，9）。

3．小盆 3 件。宽沿，圆唇，口内敛，曲腹内收，夹砂粗灰陶居多，残存一小部分。标本 80LBC：49，沿上有刻划的方格菱形纹（图版一四，10）。

4．陶筒 3 件。口微敛，圆唇，呈圆筒形，腹略鼓，外壁有不太明显的凸带纹，下端残。标本 80LBC：205，口径 7，残高 14.5 厘米，细泥灰陶（图版一四，11）。

壬、残陶片（耳部、流、口部）

1．耳部残陶片 共 7 件，可分三式：

Ⅰ式 1 件。80LBC：214，三角形耳，耳在一杯形器的口肩部，夹砂硬褐陶（图版一五，1）。

Ⅱ式 3 件。桥形耳，在器物的肩腹部，夹砂粗陶质。标本 80LBC：44 ②，夹砂粗红陶（图版一五，2）。80LBBFO：25，夹砂粗灰陶（图版一五，3）。

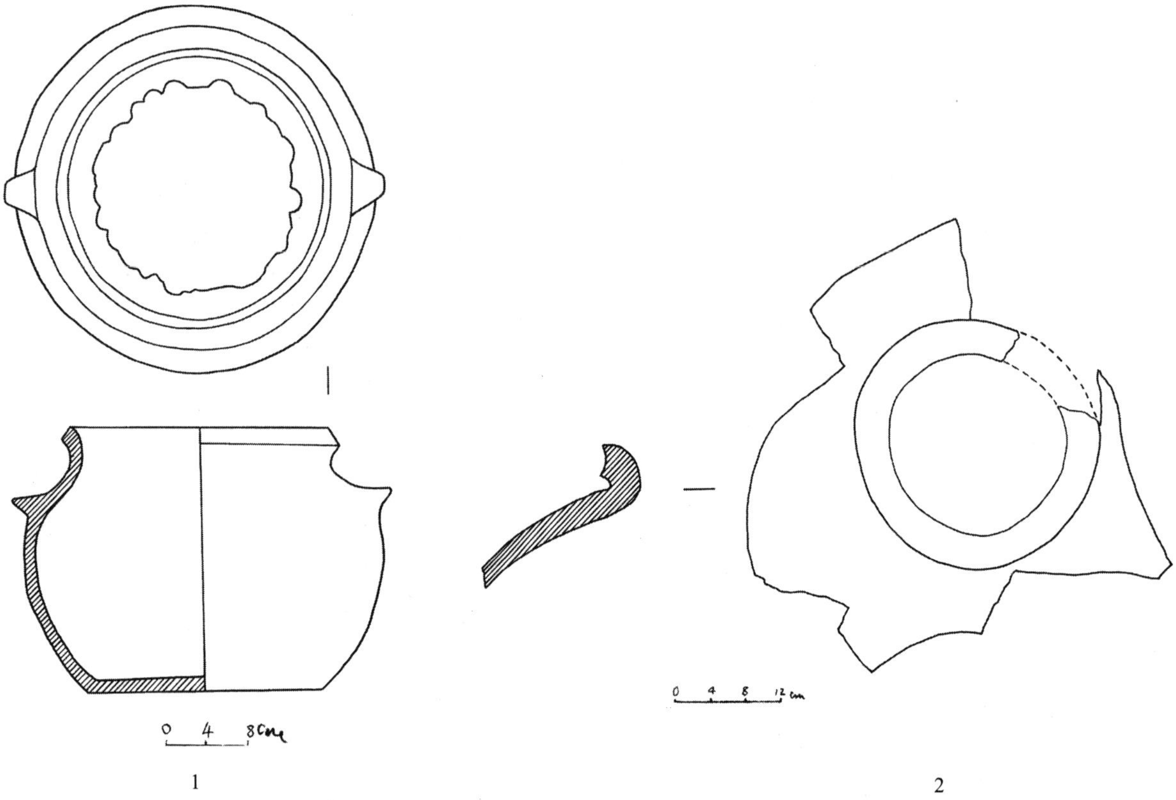

图一四 陶甑、残陶瓮、盆

Ⅲ式 3件。圆拱耳，似在器物的腹部。标本80LBXB：7，夹砂粗褐陶（图版一五，4）。

2. 带流残陶片 2件。分两式：

Ⅰ式 1件，80LBC：45，侈口，沿外翻，在肩腹相交处有一圆筒的流伸出，夹砂粗褐陶（图一五，1；图版一五，5）。

Ⅱ式 1件，80LBXB：8，在一敞口曲腹形的器物口部伸出一个流，夹砂粗褐陶（图版一五，6）。

3. 口部残陶器 1件，80LBC：61，口部似漏斗状，微敛，尖唇，长颈，颈较细长，下残，夹砂粗红陶（图版一五，7）。

癸、纹饰残陶片

纹饰陶片，按花纹的不同，可分为三角形纹、圆圈纹、刻划菱形纹、草叶纹、篮纹、绳纹等。

1. 三角形纹 共4件。以三角形为主体，有多种变化。80LBC：61①与80LBC：63②两件，均夹砂青灰陶，是器物的颈部，围绕颈部有一复线交错上下相叠的三角带纹，在三角带纹上端有一周小圆圈纹，下端又是一周三角带纹（图版一五，8）。此种三角带纹陶片斯坦因1906年曾有采集，编号LA.009（《西》第428页）。80LBC：62，夹砂粗红陶，为器物的颈肩部，颈部是上下交错的复线三角纹，肩部是单线刻划的三角纹（图版一五，9）。80LBC：64，夹砂粗褐陶，残存肩部一小块，为一周三角带纹，三角朝下，三角内和三角外有垂直相悬的四个小圆圈纹（图版一五，10）。

2. 圆圈纹 共2件。在器物的颈或肩部，压印一周小圆圈纹。80LBXB：11，夹砂粗褐陶，在器物肩部压印一周小圆圈纹（图版一五，11）。80LBC：71，夹砂粗灰陶，在器物颈部压印有一周小圆圈纹（图版一五，12）。

3. 刻划菱形纹 共2件。在器物肩腹部刻划一周菱形带纹。标本80LBC：66，夹砂粗红陶（图版一五，13）。

4. 草叶纹 1件。80LBC：70，细泥灰陶，在打磨较光的器物表面刻划类似草叶的纹饰。

5. 压印菱形纹 1件。80LBC：69，夹砂灰陶，在器物的肩部压印有一周菱形带纹（图一五，3；图版一五，14）。

6. 篮纹 1件。80LBC：67，夹砂灰陶，在器物的外壁压印有篮子的编织纹（图一五，4；图版一五，15），斯坦因1906年亦有采集，编号LA.00146（《西》第432页）。

7. 绳纹 1件。80LBC：68，夹砂灰陶，器外壁压印有绳索纹饰（图一五，5；图版一五，16）。

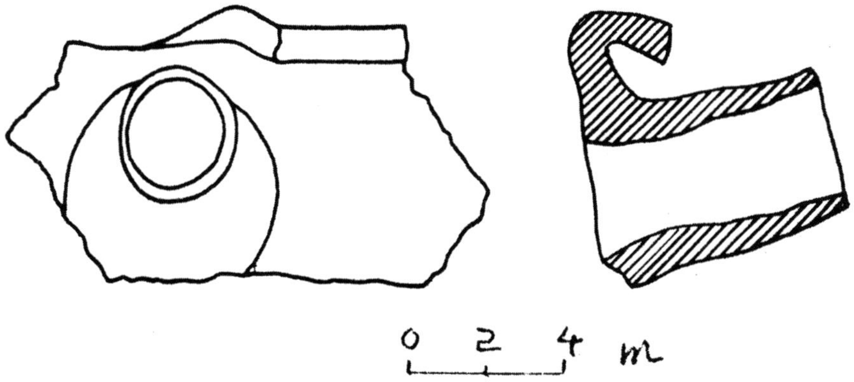

图一五 纹饰陶片

8. 花形饰件 1件。80LBC：221，粗灰陶，呈扁圆形，正面阳刻四个花瓣，两面之间有一圆孔，可以系绳。圆径1.8，厚0.5，孔径0.45厘米（图一五，6；图版一五，17）。

附：釉陶片4件。在细泥红陶或夹细砂灰陶或红陶外壁上绿色釉质，从残陶片观察，这类器物器形较小，器壁较薄。80LBBFO：31，碎成三小块，细泥红陶，陶片厚0.15厘米。

（三）木器

按其用途可分为建筑材料、生产用具、生活用具、木人形件以及一些小木件。

甲、建筑木件

共18件，又可分为木梁垫、木门门斗、木垫件、木饰件、雕刻和彩绘木件等。

1. 木梁垫 2件。一为方梁垫，一为圆梁垫。80LBC：197，方梁垫，形如▆状，上端是垫面，下端刓成冖形，通长34，宽26，高17厘米，垫中心有圆孔，孔径8厘米（图一六，1；图版一六，1）。80LBC：196，圆梁垫，由顶面向下分四层逐渐扩大，顶面直径18，通高17，底径24厘米，中心有一圆孔，孔径7厘米。底部刓成冖形，刓去部分宽8.5，高6.5厘米（图一六，2；图版一六，2）。

2. 木门及门斗 各1件。

（1）木门 80LBF2B：1，残剩小半扇，利用胡杨木做成，在没有门轴的侧面上有逗榫铆用的长方形孔二个。门长147.5，残宽26，厚4.5厘米。上门轴长11，轴径3厘米，下门轴长7，轴径4.5厘米（图版一六，3）。

（2）门斗 80LBF2B：8，长方形，长16.3，宽7.2，高7.5厘米。中间有圆窝，窝深2，窝宽6.5厘米（图版一六，4）。

3. 木垫件 2件。一为方形，一为叉形。80LBBFO：5，方形木垫，由上下两面向中间对应分两层收缩，中间层长9.2，宽8.5，高2.5厘米；第二层长10.5，宽9.7，高1.5厘米；通长12.5，宽11.3，高8.5厘米（图版一六，5）。80LBF2B：5，叉形木垫，在有叉的一端腰部两侧对称部位刓成楔形缺口，口宽6，口深2—4厘米。通高19.5，宽9.5，厚5.5厘米（图版一六，6）。

4. 木饰件 共8件。可分为椭圆形、花形及其他形状饰件，都是建筑物上的附属装饰。

（1）椭圆状饰件 3件。标本80LBC：189③，呈竖椭圆，因风蚀已龟裂。面分两层，底随竖椭圆为弧形，面上一层竖椭圆长11，宽9.5，厚0.8厘米，下面一层竖长18，宽13.5，厚2.2厘米（图一六，3；图版一六，7）。80LBC：189②，与前一件略同，亦呈竖椭圆状，长13.2，宽11，厚2厘米。椭圆面中高边低，中间呈圆形台，台面直径7厘米；面的两边有小圆孔，孔径0.3厘米；背面沿椭圆亦有一浅台面，台面高0.5，长12.7，宽10.5厘米（图版一六，8）。

（2）花形饰件 共2件，其中80LBBFO：1一件，长宽各约7.5，厚0.4厘米，有四个对称的红色花瓣，花瓣之间夹有蓝色花蕊，中间为圆形黄色花心。花瓣、花蕊是单独做好后再胶粘在花心上的。在花的背面靠近边沿部分胶粘有一根小长木条，条的两端有小榫（图一六，4；彩版六；图版一六，9）。80LBBFO：2一件，像一只小宝剑，长9，厚0.3厘米，尖部上涂朱红色，中呈圆球形，圆径1.5厘米，下呈菱形，圆球与菱形皆涂黄色。菱形以下残断（图版一六，10）。以上两件同出古城北北东小佛塔的甬道中，疑为佛像上的装饰物。

图一六　木垫、木饰件

（3）其他形饰件　3 件。其中一件 80LBC：190，似高帽形，中间突高，帽沿浅薄，沿直径 2.4 厘米，通高 42 厘米，帽中有孔，孔深 1.5，孔径 0.8 厘米（图版一六，11）。80LBC：191，平面呈椭圆形，椭圆长 4，宽 3.5，厚 2.5 厘米，中有小孔，孔径 1 厘米。椭圆两侧各有对应的三条小木槽，槽宽 0.2，槽深 0.2 厘米（图版一六，12）。80LBT：17，上部刻方框，方框内的四个对角间交叉阳刻两条直线，下端素面无纹呈尖锥状（图版一六，13）。

5．木圆雕　1 件。80LBC：195，雕成长短相间的鼓形九组，长鼓长 9，短鼓长 3 厘米；通长 90，直径 12 厘米（图版一六，14）。

6．彩绘木件　1 件。80LBF3：3，形状不明。面绘三弧形墨线，墨线中涂红色，残长 13，残宽 2.6 厘米（图版一六，15）。

7．小木件　2 件。80LBF2：6，为一长方体小木件。木件两端有榫，正面中部有等距离的圆孔三个，孔径 0.5，孔距 1.5 厘米；木件长 12，宽 2.7，厚 1.8 厘米（图版一六，16）。80LBXB：1，亦为一长方体，木件中部割有一条线槽，槽宽 0.3，深 0.2 厘米；浅槽两边钻有并排的两个小圆孔，孔径 1.2 厘米；木件长 17，宽 7，厚 2 厘米。

乙、生产用具

共8件，按用途分为木纺轮、牲畜栓、牲畜桩、牲畜刮梳等。

1．**木纺轮** 1件。80LBF2A：5，一面平齐呈圆形，一面凸起，中高边低，中间有圆孔，圆直径5.2，孔径0.9，通高1.5厘米（图一七，1；图版一七，1）。

2．**牲畜栓** 5件。均出于三间房西之垃圾堆。可分二式：

Ⅰ式 呈凹字形，3件。标本80LBT：3①，形如，中间槽宽1.5，两端深0.75厘米；通长7.5，宽1.8，厚1厘米，用杨木削成（图版一七，2）。80LBT：3②，形如，在较高处作凹槽，凹槽两边向下平缓减低，凹槽平直，槽宽1.2，深0.4厘米，通长9，宽1.3，厚0.8厘米（图版一七，3）。

Ⅱ式 呈丁字形，2件。利用天然树枝做成，此种栓斯坦因1906年有搜集，编号LA. Ⅰ. ⅳ. 009（《西》第433页）。标本80LBT：15②，丁字的一横长7.8，横径1.3，竖长10.5，竖径1厘米。在竖长的尾部剐有系绳用的楔形槽沟，沟深0.2厘米（图版一七，4）。

3．**牲畜桩** 1件。80LBC：188，利用红柳枝做成一个拐把形，拐成105度。长的一端较平直，长19.3厘米，削成尖锥状；短的一端较粗短，长11.7厘米（图版一七，5）。

4．**牲畜刮梳** 1件。80LBT1：14，利用树枝的一节，一端逐渐削薄，另一端逐渐削尖，薄的一端端头作成三角形齿七个，可以用来梳刮牲畜；尖的一端做成小刀状，可以用于刮削。通长15.5，宽1.5，中间较厚为1厘米（图一七，2；图版一七，6）。

丙、生活用具 （附漆耳杯）

在生活用具中除木臼一件完整外其余皆残，按用途有木桶、木罐、木盘、木盆、木流、木柄、木腿、木勺、木匕、奶搅拌、木筷、木梳等物。

1．**木臼** 1件。80LBF2A：1，利用杨树的一节挖去一端的树心而成。通高53，臼口直径23，臼深34，口沿厚2.5厘米（图版一七，7）。

2．**木桶** 1件，残存两块。80LBF2A：3，利用整木一节，挖去树心使之中空，在一端里壁留有安放桶底的二层台。通高28，桶深24，底高4，腹厚1.5—2.5，底厚3.2厘米。桶内外壁较平滑，在破折的桶口处有一小圆孔，孔径0.9厘米，可能是用绳索连结破桶用的（图版一七，8）。

3．**木罐** 1件，残存一块。80LBF2A：2，直口，圆唇，鼓腹，带耳，口沿直径16，腹厚2厘米，内壁有旋纹，外壁较光平（图一七，3；图版一七，9）。

4．**椭圆木盘** 1件。80LBC：207，四支小腿已残。椭圆长41.5，残宽19.6，厚1.5厘米。外敞口，浅腹，方唇，平底，逗小腿处有长方形小孔（图一七，4；图版一七，10）。

5．**木盆** 1件，已龟裂。80LBC：181，用一块整木挖成圆弧形，口稍敞，浅腹，小平底，直径38，高6.5，壁厚0.2—1.5厘米（图版一七，11）。

6．**木流** 2件。80LBC：182一件，方形木流，附着在一残瓢壁上，流长11，宽5，厚4.3厘米（图版一七，12）。80LBC：183一件，圆形木流，呈圆筒形，一端稍小，一端稍大，大的一端圆径3.5，小的一端圆径2.4，通长7.5厘米（图版一七，13）。

7．**木柄** 2件。80LBT：6一件，呈台梯状，尾部有一小孔，孔径0.8厘米，附着在一瓢壁上。通长6.5，宽1.2—2.6厘米（图版一七，14）。80LBT2：5一件，柄上有两个小方孔，其中一个靠后在侧面，另一个在背上，背上一个方孔外壁刻有小槽，可系绳索（图版一七，15）。

8．**木腿** 3件，形状各异。80LBC：187①，腿身用一块木料剐成交错的弯月形，腿头有榫，榫中

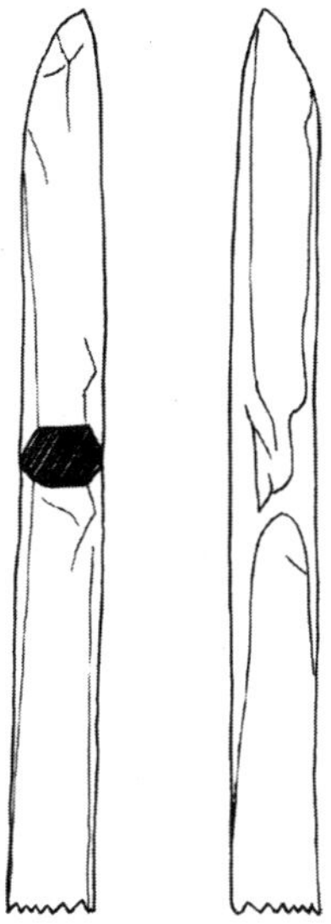

1

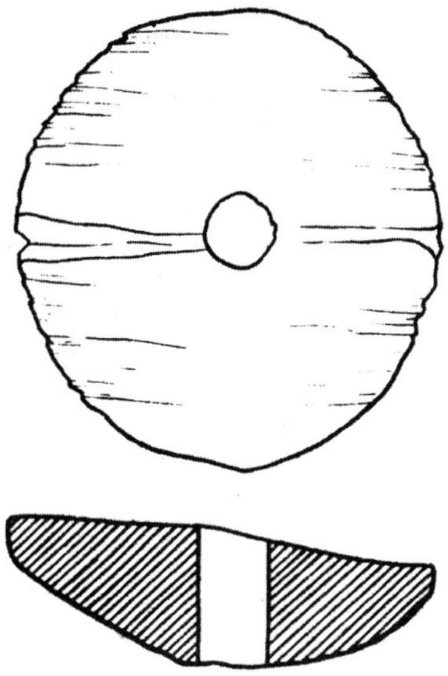

2

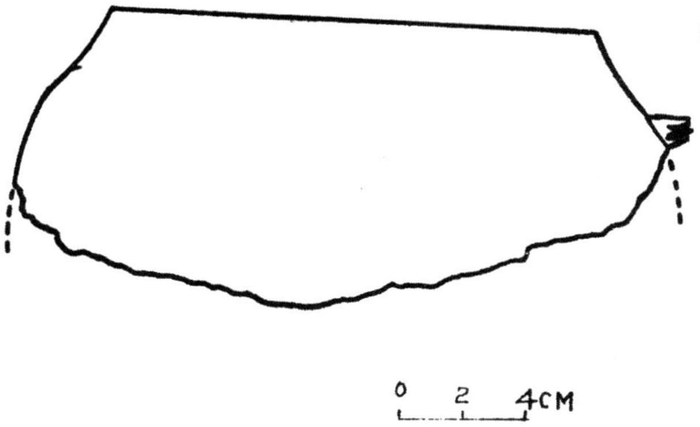

3

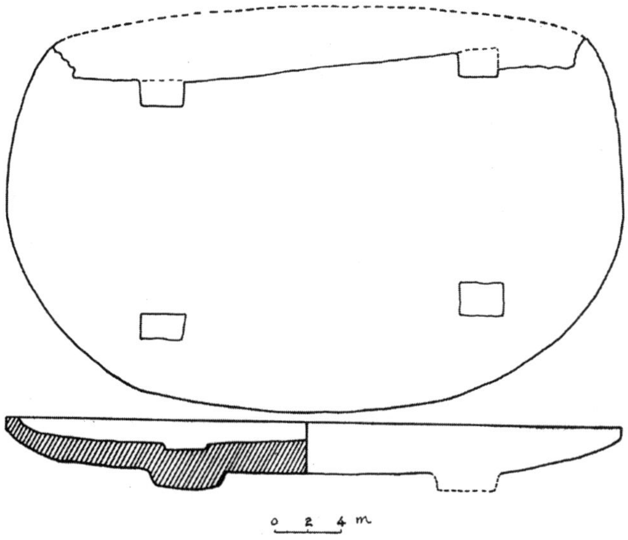

4

图一七　木纺轮、刮梳、残木罐、盘

有一小圆孔，可以固定在盘上。通长12.4，宽3.5，厚2厘米（图版一八，1）。80LBC：187②，腿身用一块木料在两边对称地剐成长弧形，腿头有榫，通长11.2，宽3.4，厚2.2，榫长3厘米（图版一八，2）。80LBC：198，腿身利用一节圆木，中部做成腰鼓形，两端较大，中间较小，腿头有榫。通长30.5，圆径9，榫长5.8厘米（图版一八，3）。

9．木勺 1件。80LBC：184，勺成椭圆形，圆长14，宽10.5，深5，勺壁厚0.2—1厘米。柄呈圆柱形，下粗上小，圆径3.5—1.5厘米（图版一八，4）。斯坦因1906年有搜集，编号LA. Ⅰ. ⅳ.008，LA. Ⅵ. ⅱ.0058（《西》第433、439页）。

10．木匕 1件。80LBT1：7，匕面扁平，有柄，通长7.8，匕面宽2.6，匕面长4.5，匕厚0.15；柄长3.3，柄宽0.4，柄厚0.4厘米（图版一八，5）。

11．奶搅拌 2件。利用一小块木头做成弯月形，在弯月中间逗一长细柄。标本80LBXB：2，弯月长6，宽1.6，厚0.9，柄长23，柄径0.8厘米（图版一八，6）。

12．木筷 1支。80LBT：14，利用木头做成圆柱形，一端稍大，逐渐向另一端缩小，长25，圆径0.5—0.9厘米（图版一八，7）。斯坦因1906年亦有搜集，编号为LA. Ⅰ. ⅳ. 006—007（《西》第433页）。

13．木梳 2件，均残。梳背呈半月状扁圆形，背与齿间横刻有一条线凹线，斯坦因1906年有采集和搜集，编号为LA. Ⅴ.001，LA. Ⅵ. ⅱ.0013—0014等（《西》第436、437页）。标本80LBT1：16，残存半爿，齿稀细较长，通高6.8，臂高3.3，齿长3.5，背厚1，齿间距0.05厘米（图一八，1；图版一八，8）。

附：漆耳杯 1件。80LBT1：15，残存半爿，木胎，像船形，椭圆形平底，里红漆，外褐色，残长11.6，残高1.5，厚0.5—0.8，平底残长7.5厘米（图一八，2；图版一八，9）。

丁、木人

共2件。

80LBF4：1，出古城中三间房西大宅院北侧门的转角墙壁里面，木人分两部分做成，头为单独一部分，头做成后安在肩上。头部用墨线表示黑发，脸部涂有白粉，脸与发际用黑彩表示，三角眼，眼、鼻、口、耳，均刀刻有棱角线。身躯扁平，肩宽平，束腰，在背后肩部横剐有一凹槽，最下端留出四榫，其中一榫已残，通高16，肩宽5.5，厚2厘米（图一八，3；图版一八，10）。80LBF2B：4，出古城三间房西南民居的B间，在进门后转入室内的右侧，用一块厚木板做成人形，头扁圆，头身一样宽不成比例。通高47，最宽处15，颈宽5.5，厚7.5厘米（图一八，4；图版一八，11）。

戊、其他木件

共7件，有的不明用途。

1．滑轮形木件 1件。80LBT：13，呈椭圆形，边棱有凹槽，形似滑轮。长6.5，宽5.3，厚1.2，凹槽深0.5厘米（图一八，5；图版一八，12）。此种木件斯坦因1906年亦有搜集，他疑是用来缠绕线的，编号为LA. Ⅲ. ⅰ.001（《西》第433页）。

2．镂孔木牌 1件。80LBC：192，略呈方形，上有一短柄，中部剐有两条孔，其中一条略似人字。通高9，器身高5.6，宽5.3，厚1.5厘米（图版一八，13）。

3．椎形木枝 1件。80LBT：12，利用一节红柳细长树枝削成尖锥状，长22.4，直径0.7厘米（图版一八，14）。

4．刻纹木枝 1件。80LBC：186，利用一节细长的红柳树枝，一端削成刀尖状，在另一端围绕树枝刻弦纹三道，在中间部位又刻弦纹五道。长36，圆径1.4厘米（图版一八，15）。

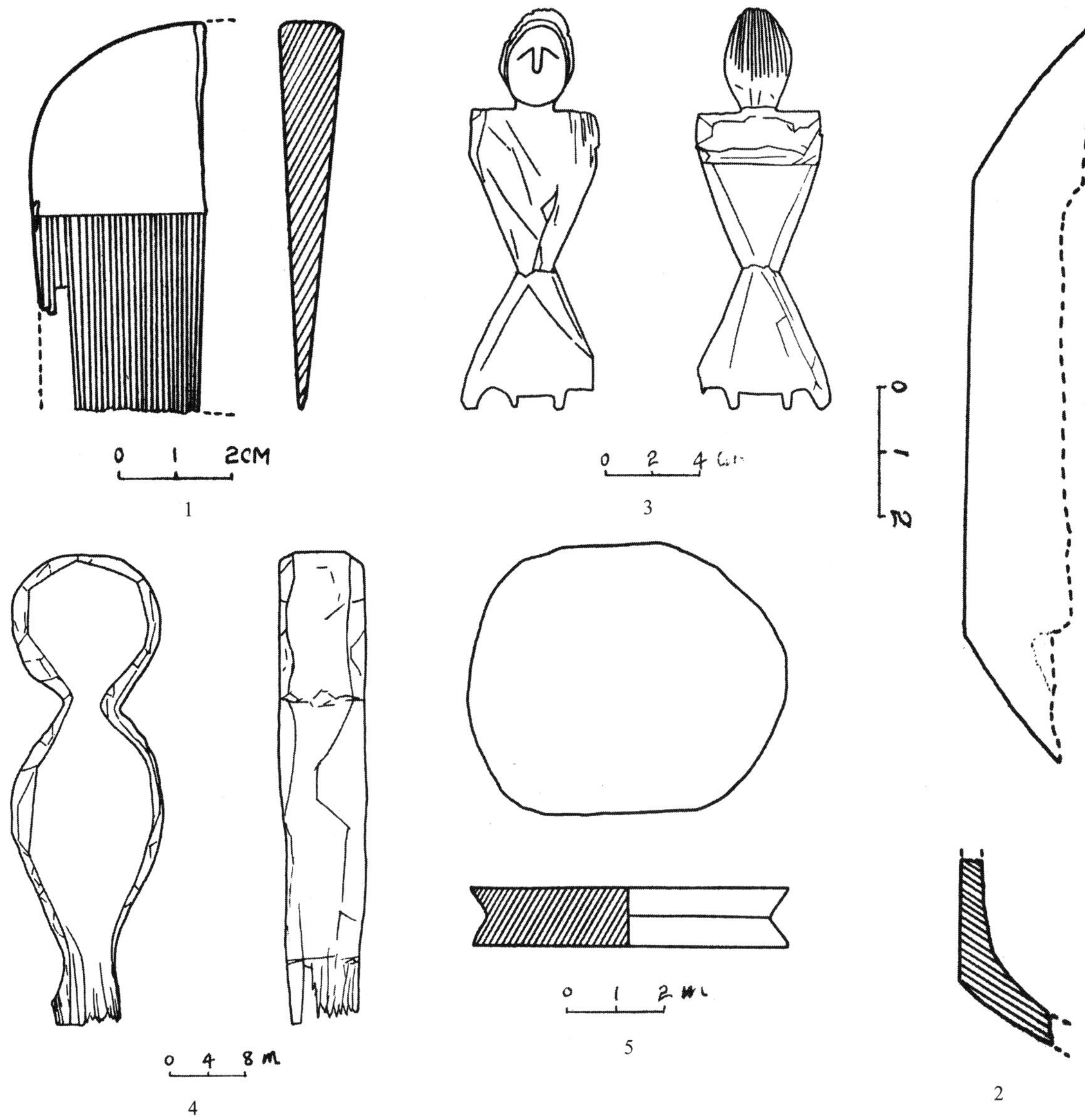

图一八 木梳、漆耳杯、木人、滑轮形木件

5. 小木件 1件。80LBT2:3，用一块小长木方，在一端的侧面刻有二小槽。槽宽0.5，通长8，宽1.7，厚1.4厘米（图版一八，16）。此种木件斯坦因1906年亦有搜集，他认为是用来摩擦生火的，编号LA. Ⅴ . ⅱ .1（《西》第435页）。

6. 鸟形小木件 1件。80LBT:16，用红柳枝削成一个粗线条的鸟形。长11.5，最宽1.5，厚1厘米（图版一八，17）。

7. 墨点梭形木件 1件。80LBT:2，有四个面，每面均呈梭形，在三个面的中间段较宽部位点上墨点，由一点至三点，墨点之间用墨线连接，另一面为空白。长13，中宽0.65厘米（图版一八，18）。

（四）铜器

按用途可分为镞、戒指、镜、饰件、器件、釜、鼎、溶注和铜渣等类。戒指中附金、银戒指各1枚。

甲、铜镞

共15件，均青铜质。按形状可分为实体三棱镞、广翼三棱镞、扁体镞和小铜镞。

1．**实体三棱镞** 11件，又可分为三式：

Ⅰ式 5件。有三棱，三棱前聚成锋，锋端比较圆钝，下端有铤，铤作六角形，通长最长2.9，最短2.1厘米。斯坦因在1906年亦有采集，但他没有与以下两式分开：编号LA.009，LA. Ⅲ. 001（《西》第429、433页）。标本80LBC：80②，通长2.9，身长2.4，铤长0.5，每边翼宽1.15厘米（图一九，1；图版一九，1）。80LBBFO：13Ⓒ，通长2.7，身长2.1，铤长0.6，每边翼宽0.9厘米，铤尾有圆孔，可以纳干（图一九，2；彩版七，1；图版一九，2）。

Ⅱ式 5件。形同Ⅰ式，锋端比较尖锐，在铤尾存残有干，通长最长3.5，最短2.8厘米。斯坦因1906年有采集，编号LA.0017，LA. Ⅷ—Ⅸ .005（《西》第428、439页）。标本80LBBFO：13Ⓑ，通长3，身长2.4，铤长0.6，每边翼宽1厘米（图版一九，3）。80LBC：80①，通长2.9，身长2.6，铤稍短，仅有80LBBFO：13Ⓑ的一半，长为0.3，每边翼宽1.1厘米（图一九，3；彩版七，2；图版一九，4）。

Ⅲ式 1件。80LBC：80③，形同Ⅰ式，但尖端很尖锐，在镞身的一侧面中部有一三角形凹槽，凹的三角与镞尖相一致，铤呈六角形，翼稍有点内斜收。通长3.1，身长2.5，铤长0.6，翼宽1厘米（图一九，4；图版一九，5）。斯坦因1906年亦有采集，编号LA.0082（《西》第430页）。

2．**广翼三棱镞** 2件。尖端及翼极锋利，三翼广薄，中空呈圆筒状，可以纳干，翼间凹入，有孔。80LBC：82①，翼长2.6，两翼间宽1.7，中空孔径0.7厘米（图版一九，6）。80LBC：82②，翼长3，两翼间宽1.4，中空孔径0.6厘米（图一九，5；图版一九，7）。

3．**扁体镞** 1件。80LBC：81，形似梭镖，扁体有脊，刻面呈菱形，尖端圆钝。镞身与铤直接相连，在镞身转为铤部处稍向内收。通长2.2，尾部厚0.4，身宽0.9厘米（图一九，6；彩版七，3；图版一九，8）。

4．**小铜镞** 1件。80LBC：148，镞身呈六棱形，前收成锋，比较锐利；铤与干相连，呈圆柱形，通体小巧精致。通长3.3，身长1.1，铤干长2.1厘米（图一九，7；图版一九，9）。

乙、戒指

共17枚，按其戒面与戒身形状可分押花、镶嵌饰物、普通形、环形、竹节形、八角形等六种。

1．**押花戒指** 6枚。戒面均呈椭圆形。标本80LBC：83⑤，戒面中刻一禽嬉于水面，戒径2，戒面幅长1.6，宽1.2厘米（图一九，8；图版一九，10）。80LBC：83②，戒面中刻一株草叶纹，戒径2.1，戒面幅长1.7，宽1.3厘米（图一九，9；图版一九，11）。80LBC：83④，戒面中刻一桃心，外围两椭圆圈，戒径1.7，戒面幅长1.1，宽1厘米（图一九，10；彩版八，2；图版一九，12）。

2．**镶嵌饰物戒指** 2枚。戒面呈椭圆形，中空有凹槽，可嵌入宝石、玉髓、料珠之类装饰品。斯坦因1906年和1914年亦有采集，编号LA.00118（《西》第431页）、LA.098（《西》第221页）。80LBC：84②，圆径2，戒面幅长0.8，幅宽0.4厘米（图版一九，13）。

3．**普通形戒指** 3枚。这种戒指戒面比较简单，不需镶嵌饰物。标本80LBC：84①，戒面呈菱形，菱形中部有一横脊，圆径1.8，面宽0.8厘米（图版一九，14）。此种戒指斯坦因1914年亦有采集，编号LA.016（《亚》第220页）。

4．**环形戒指** 4枚。戒面是利用戒身的适当部位压成扁菱形而成。戒身装饰一些锯齿状的纹饰。戒径最大为2，最小为1.6厘米。标本80LBC：85①，戒径为2，戒面菱形长0.6，宽0.4厘米（图版一九，15）。80LBC：85②，戒径为1.6，戒面菱形长宽同前（图版一九，16）。

5. 竹节形戒指　1 枚。80LBC：86B，戒身由九个竹节组成，上视略似九棱，不分戒面与戒身，内环呈圆形，圆径 1.7，每节长 0.6，宽 0.25 厘米（图一九，11；彩版九，1；图版一九，18）。

6. 八棱形戒指　1 枚。80LBC：86A，由八个菱形交互连接组成。内环正视呈圆形，外环呈八棱形。圆径 1.5，每棱长 0.6，宽 0.4 厘米（图一九，12；图版一九，17，为正视图）。

附：金戒指　1 枚。80LBC：194，戒身里面呈圆形，外面呈齿状。戒径 1.4，环宽厚各 0.1 厘米（彩版一〇；图版一九，19）。

银戒指　1 枚。80LBC：87，戒面呈菱形框，上嵌绿松石。戒身饰绳纹，扁平状。戒径 1.8，环宽 0.25，厚 0.1 厘米（图一九，16；彩版九，2；图版一九，20）。斯坦因 1906 年在他编号 LB 的地方亦采集到银戒指，编号 LB. Ⅰ—Ⅲ. 005（《西》第 441 页）。

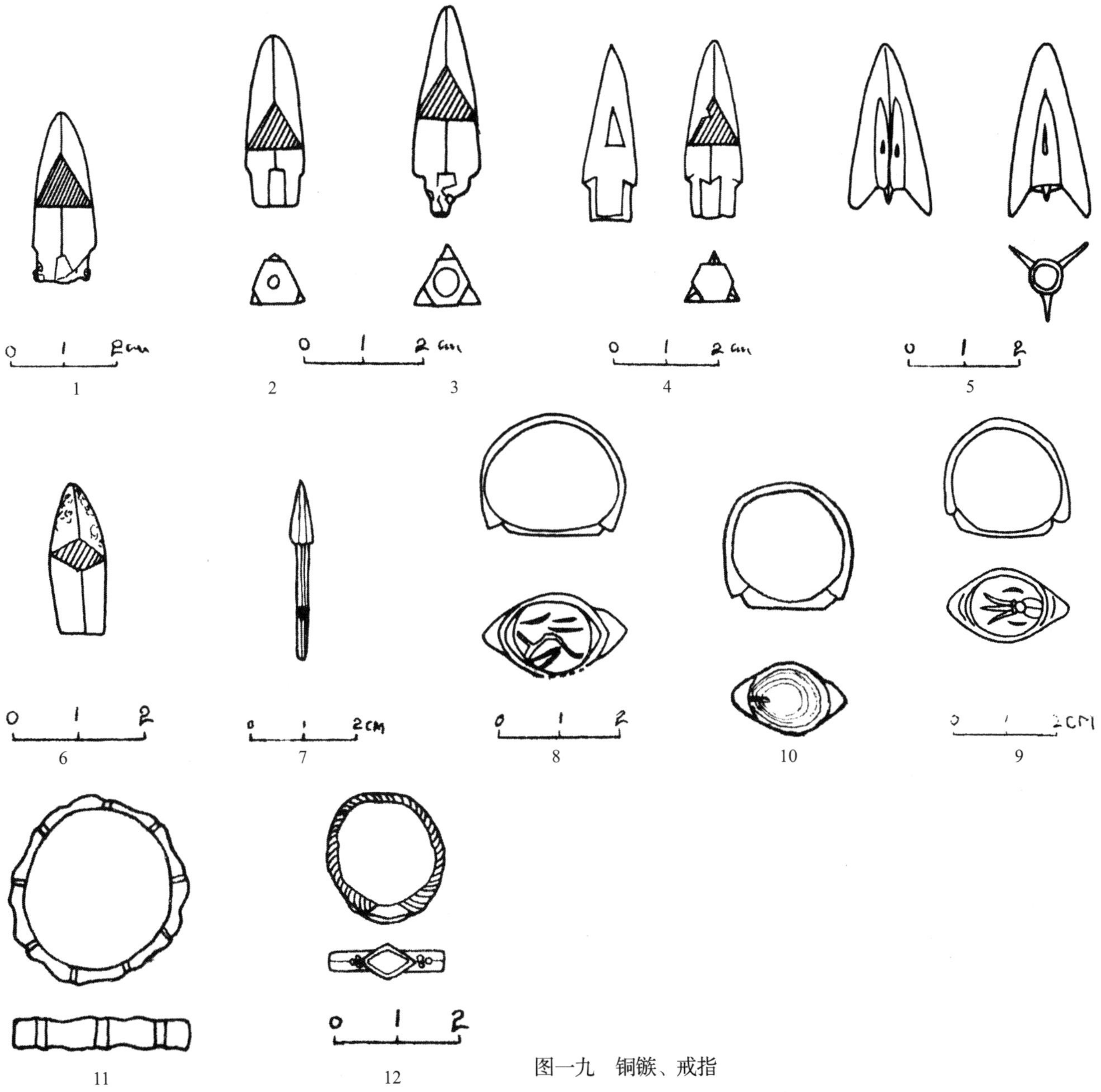

图一九　铜镞、戒指

丙、铜镜

共9件，均青铜质，皆残。按其残存所显示的形状，大致可分为六式：

Ⅰ式　1件。80LBBFO：15，镜形体较小，残存约三分之一。镜背中间有圆钮，围绕钮有三圈圆圜纹，半径3，边厚0.1厘米（图二〇，1；图版一九，21）。

Ⅱ式　1件。80LBC：93⑤，残存边缘一部分。镜背边较宽，紧靠边的内凹部分是一周羽状纹。残长3.7，残宽2.2，边宽1.3，边厚0.4，内凹部分厚0.15厘米（彩版八，1；图版一九，22）。

Ⅲ式　3件。均残存边沿一小部分。宽边，沿为圆边，边内斜，最宽的1.8，最狭的1.2厘米。标本80LBC：93④，残存边宽1.6，残长4.1，边厚0.1—0.2厘米（图版一九，23）。

Ⅳ式　2件。残存边缘一小部分。外斜边，靠里边有一圈阳三角纹。80LBBFO：14，残长2.5，厚0.2，残宽1.5厘米，阳三角纹带宽0.4厘米（图版一九，24）。80LBC：93②，残长、宽各2.2，阳三角纹带宽0.5厘米（图二〇，2；图版一九，25）。此种铜镜残片斯坦因1906年亦有采集，编号LA.0027，从图版看似为圆边（《西》第428页）。

Ⅴ式　1件。80LBC：93⑥，残存靠近中部一小块，由小竖线组成一个圆圈纹，圆圈内较薄，圈外较厚，在圆圈外又围以数道单线圆圈。残长2.6，残宽1.7，厚0.1—0.2厘米（图二〇，3；图版一九，26）。

Ⅵ式　1件。80LBC：93⑦，残存临近中心部分的一小块，似两花瓣相交处，残长1.7，残宽1.2，厚约0.15厘米（图二〇，4；图版一九，27）。

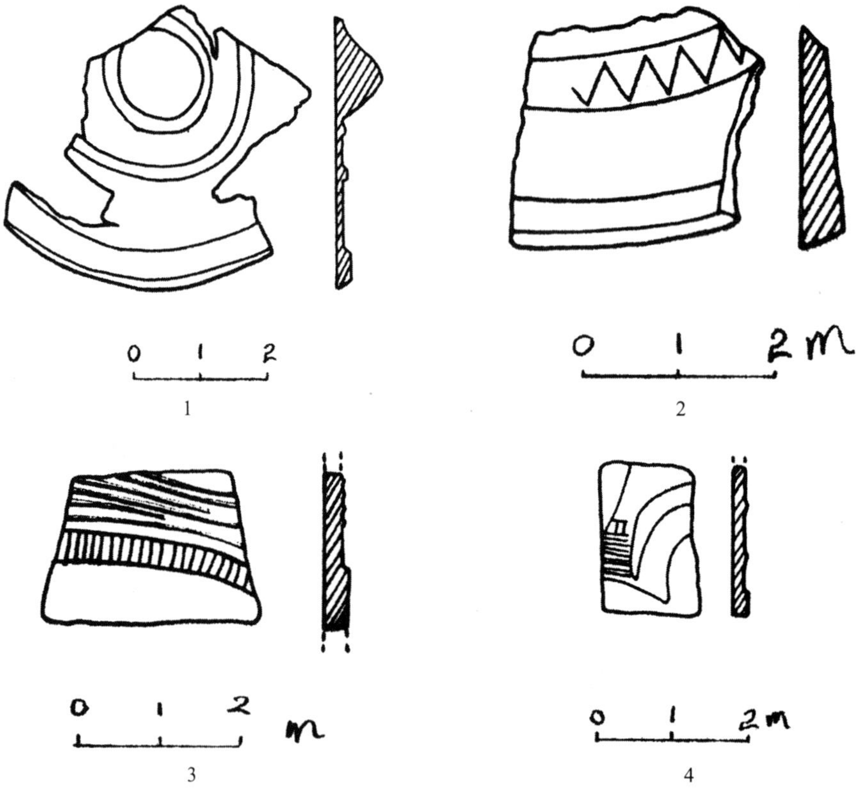

图二〇　铜镜

丁、铜饰件

共46件。按其形状和用途可分十七种，有扣、钉、小铜帽、钮环、环、发钗、环式带扣、小扁铃、花形、方花形、桃心形、鼓形、梯形、半桃形等饰件，以及镂孔饰件和小铜人。

1. 铜扣 12件，可分笠形扣和笠形小扣两式：

Ⅰ式 笠形扣6件，似圆斗笠形，有鼻，其中完整者3件。标本80LBC：121，斗笠保存较好，但鼻已残。笠径1.6，笠高0.6厘米（图版二〇，1）。80LBC：118，笠径1.3，笠高0.4，鼻长0.9厘米（图版二〇，2）。

Ⅱ式 笠形小扣6件。形似圆斗笠，笠径较小，有鼻，其中完整者2件。斯坦因1906年亦有采集，编号LA.00106（《西》第430页）。标本80LBBFO：18，笠径0.6，笠高0.3，鼻较短为0.4厘米（图二一，1；图版二〇，3）。80LBC：119，笠径0.6，笠高0.3，鼻较长为0.6厘米（图版二〇，4）。

2. 铜钉 8件。按其形状可分方笠形钉、圆头钉、圆笠形钉、笠形铆钉。

① 方笠形钉 1件。80LBC：127，方笠，中突起，实心，腿残，边宽1.6，笠高0.6厘米（图二一，2；图版二〇，5）。

② 圆头钉 1件。80LBC：133，头呈圆球形，有腿，腿方柱形，已部分残断。头圆径0.8，腿残长0.8厘米（图版二〇，6）。斯坦因1914年亦有采集，编号LA.066（《亚》第220页）。

③ 圆笠形钉 3件。头呈圆笠实心，有腿。标本80LBC：122为2件，笠径1，笠高0.3，腿残存一小部分约0.6厘米（图版二〇，7）。80LBC：132，笠较小，腿较长，腿已弯曲，笠径0.5，笠高0.3，腿长2厘米（图版二〇，8）。

④ 笠形铆钉 3件。标本80LBC：130，钉面呈笠形，单腿，腿尾有铜片，腿尾有被铆砸的痕迹。笠径0.7，笠高0.2，腿长0.6厘米（图版二〇，9）。

3. 笠形小铜帽 2件。80LBC：128，帽似斗笠，空心，中有孔。帽大者径1.1，高0.3，孔径0.25厘米；帽小者径0.9，高0.3，孔径0.1厘米（图版二〇，10）。

4. 钮环 1件。80LBC：120，上端为一环，下端由三绺曲纽在一起，通高1.4厘米（图版二〇，11）。

5. 铜环 6件。均红铜质，呈圆环形，死口。按其大小可分三式：

Ⅰ式 3件，小环。标本80LBBFO：20A，圆径1.1，环径0.1厘米（图版二〇，12）。

Ⅱ式 3件，中环。标本80LBBFO：20B，圆径1.7，环径0.15厘米（图版二〇，13）。

Ⅲ式 1件，圆环较大。80LBC：92，死口，圆径4.8，环径0.65厘米（图版二〇，14）。

6. 环式带扣 1件。80LBC：131，圆形环上有一活动的舌，环身呈四棱形，为活口，活口交接处较小，舌可以扣衣带。圆径1.6，环身宽0.2—0.35，舌通长1.9，舌宽0.3，厚0.05厘米（图版二〇，15）。

7. 铜发钗 1件。80KBC：94，红铜质，利用一根两端较细、中间较粗的铜钎弯折而成。钗通长11.5，叉尖径0.1厘米（图版二〇，16）。

8. 扁铃 2件。按其形体可分为两式：

Ⅰ式 80LBBFO：16A，铃身轻薄中空，两足外敞，上端有桥形耳鼻，通高2.5，两足宽3.5，肩宽2，鼻高0.9厘米（彩版一一；图版二〇，17）。

Ⅱ式 80LBBFO：16B，铃身呈方扁体，中空，上端有小鼻。身高2.1，宽2.4，身厚0.1厘米（图二一，3；彩版一一；图版二〇，18）。

9. 花纹饰件 3件。标本80LBC：124，呈花状，有七瓣，中心鼓似花蕊。蕊背有鼻，可以穿束。体薄如纸。直径2厘米（图版二〇，19）。

10. 方花形饰件 3 件，其中 2 件残。标本 80LBBFO：21，呈方形，分四瓣，中稍拱有孔，每个花瓣中有叶脉。花形长 1.4，宽 1.3，厚 0.1 厘米（图版二〇，20）。

11. 桃心形饰件 1 件。80LBC：143，呈桃心形，有五圈，中间有小圆孔，薄如纸。长 1.8，宽 1.2 厘米（图版二〇，21）。

12. 桃形饰件 1 件。80LBC：141，似桃形，面低平，下端残断，残断中部方形口，残长 3.4，宽 2.5，厚 0.05 厘米（图版二〇，22）。

13. 梯形饰件 1 件。80LBC：126，上视整个面呈梯形，梯形中部凸出又呈方形，方形中有圆孔，体薄。上宽 2.3，下宽 1.9，孔径 0.4 厘米（图版二一，1）。

14. 镂孔饰件 1 件。80LBC：142，呈方形，残损一角，镂孔似  状，体薄，边有小圆孔可以缀饰。残长 2.3，宽 1.8 厘米（图版二一，2）。

15. 活舌饰件 1 件。80LBC：136，一端卷曲，一端平伸，卷曲处有模印“”纹饰，可能是捆束衣物的环上的舌。平伸部分长 2.9，卷曲部分直径 0.6，舌身宽 0.35，厚 0.2 厘米（图版二一，3）。

16. 鼓形饰件 1 件。80LBC：123，呈圆鼓形，中空。鼓高 1.1，腹径 1.8 厘米（图版二一，4）。

17. 小铜人 1 件。80LBC：88，青铜质，呈武士状，两手叉于腰际，两腿分立，高 2.8，宽 1.2 厘米（彩版一二；图版二一，5）。

戊、铜器件

共 27 件。按其用途和形状可分为铃、镊、匕、刀、小盘、针、顶针等十七种，均属日常生活用器件。

1. 铃 6 件，红铜质。分大小两种：大者 1 件，80LBC：114，平面呈桃心形，体薄，腹下部急收成尖状，急收部位两侧开口，中空有舌，桃心面中部有圆孔，顶上有拱鼻。铃宽 2.6，铃厚 1.1，鼻高 0.6 厘米（图二一，4；图版二一，6）。小者 5 件，呈卵圆形或圆形，腹中空，下有口，上有拱鼻，腹中有子粒，摇有响声。斯坦因 1906 年亦有采集，编号 LA.00103—00105（《西》第 430 页）。标本 80LBC：116A，圆高 1.1，鼻高 0.4 厘米；116B，圆高 0.8，鼻高 0.3 厘米；116C，圆高 1，鼻高 0.4 厘米（图二一，5；图版二一，7）。

2. 小铜镊 1 件。80LBC：89，制作精致，青铜质，钳形，镊刃内扣，镊身长方形，饰有斜方格花纹，镊柄上有活动箍，可以上下收放。通长 5.4，镊身宽 0.8，柄长 3.1，柄宽 0.2 厘米（彩版一三；图版二一，8）。

3. 小匕 1 件。80LBC：145，红铜质，残存匕的柄部，接近匕部较扁宽部位占有方格菱形纹，残长 7.1，柄宽 0.35—0.8，柄厚 0.2 厘米（图版二一，9）。

4. 小刀 1 件。80LBC：146，青铜质，刀身扁平，刃口一端斜截，长 5.6，宽 0.7，刀背厚 0.1 厘米（图版二一，10）。

5. 小圆盘 1 件。80LBC：140，呈圆盘状，中心有小圆孔，薄如纸，青铜质。盘径 3.8，圆孔径 0.2 厘米（图版二一，11）。

6. 小秤盘 1 件。80LBC：91，红铜质，呈卵圆形，中间较凹下，四边向上敞，边上有小圆孔，可以束绳，体薄如纸。长 5.3，宽 3.6 厘米（图版二一，12）。

7. 针 3 枚。80LBC：144，青铜质，其中 A 为最长一枚，扁尖形，带鼻，长 6.3，宽 0.2，厚 0.05 厘米；另两枚 B、C 为圆锥形，完好的一枚长 4.7，直径 0.1 厘米；残断的一枚长 3.5，直径 0.15 厘米（图版二一，13）。青铜针斯坦因 1914 年亦有采集，编号 LA.017（《亚》第 220 页）。

8. 顶针 2 枚，其中 1 枚残，红铜质。标本 80LBC：90 完好，圆形，死口，口有焊接痕迹，面有四道针窝，直径 1.8，宽 0.7，厚 0.05 厘米（图二一，6；彩版一四；图版二一，14）。

9. 小练 1 件。80LBC：117，红铜质，由 0.1 厘米粗细的小铜丝扭成长圆形，然后再互相连接而成。每个长圆形长 1.5 厘米（图版二一，15）。

10. 小钩 1 件。80LBC：95，钩身细长，钩尖锋利，通长 11.5，钩身粗的一端径 0.2 厘米（图版二一，16）。

11. 带环小器件 1 件。80LBC：150，一根长圆体铜条，铜条两端较细，向下弯曲，中间较粗，在粗的部位上方焊有一小死环。通长 5.4，环径 0.6 厘米（图版二一，17）。

12. 残碗片 1 件。80LBC：139①，红铜质，残存口部一小块，敞口，平沿，沿外饰一周凸带纹，模制，沿宽 0.2，腹厚 0.05 厘米（图版二一，18）。

13. 新月型长柄器件 1 件。80LBC：147，青铜质，一端似新月，一端为长柄，体轻薄。通长 4.2，柄长 3，柄最宽为 0.4，厚 0.1 厘米（图版二一，19）。

14. 残铜件 1 件。80LBB：14，铸铜一块，用途不明，略呈三角形，三角中有一隆脊。长 4.3，宽 3.5，厚 0.2，隆脊高 0.7 厘米（图版二一，20）。

15. 带钉铜片 1 件。80LBC：134，在一长条形的薄铜片两端各钻一个孔，孔中钉入小铜钉，钉尾部有方形小垫片，可以铆在器物上。铜片长 4.8，宽 0.8，铜钉长 0.8 厘米（图版二二，1）。此种带钉铜

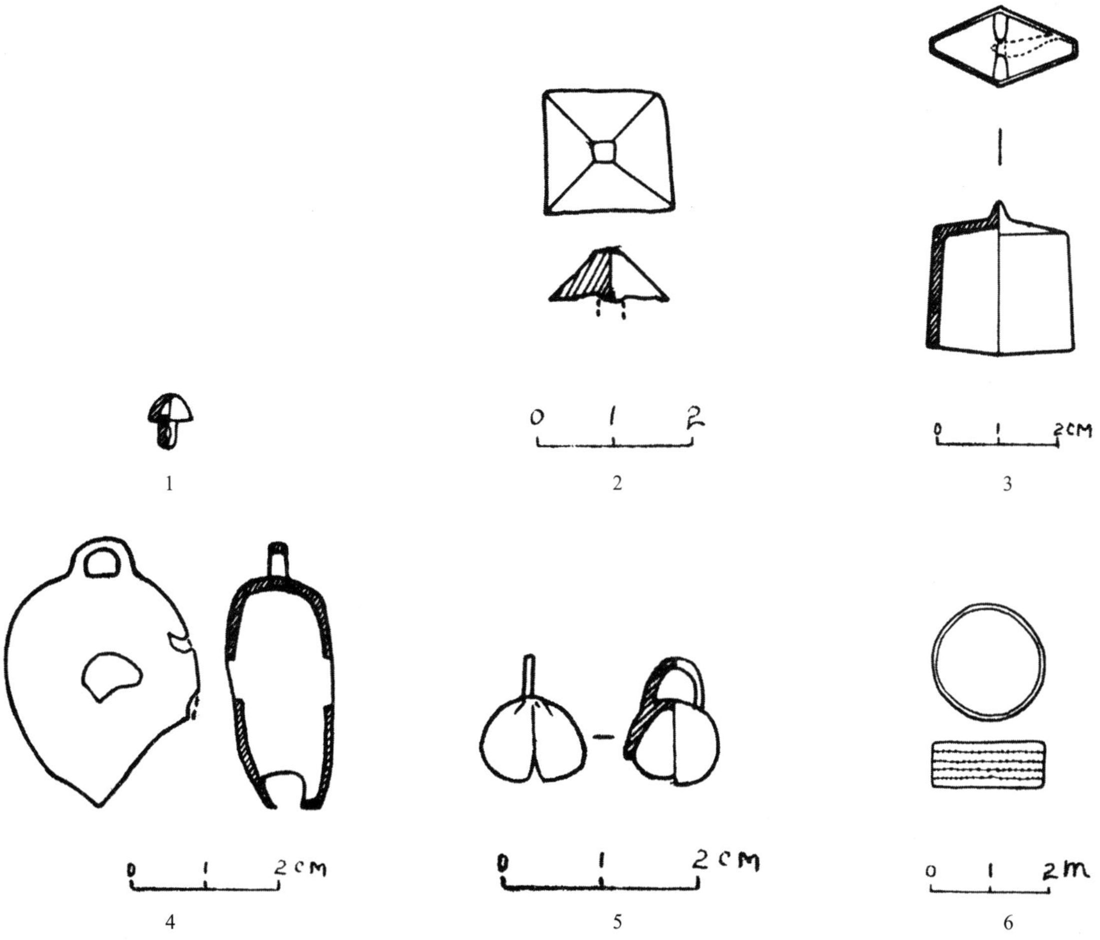

图二一　铜扣、铜铃、顶针

片斯坦因 1906 年、1914 年亦曾获得，编号 LA.0026，LA.00123（《西》第 428、431 页），LA.035—036（《亚》第 220 页）。

16. 残铜柄 1 件。80LBC：135，呈喇叭形，残长 4.6，柄端直径 1.1，厚 0.1 厘米（图版二二，2）。

17. 布币形器件 1 件。80LBC：138，青铜质，呈布币形状，上端有方框，方框中有活舌，舌已残断；下端有两内收方足。通高 5.1，最宽处 2.8，厚 0.25 厘米（图版二二，3）。

18. 方形残器件 2 件。残存两个方框，青铜质。80LBC：137A，方框长 2.1，宽 1.3，厚 0.3 厘米；B 方框长 1.5，残宽 0.9，厚 0.15 厘米。

己、铜釜

1 件。80LBXN：1，在古城近郊西南采集，直口，折肩，大鼓腹，圜底，壁薄如纸，肩上有对称的两纽耳。口径 17，高 21 厘米（图二二，1；图版二二，4）。

庚、残铜鼎

2 件，残存数块。80LBB：15 一件，残存口腹部一块和腿一只，在古城北郊建筑遗址采集，敛口，侈唇，外折肩，内折腹，壁很薄；腿略弯曲，长 19，径 3 厘米（图版二二，5）。

辛、溶注

1 件。80LBC：151，直口，腹微鼓，圜底，溶注中存在铜锈。高 4，口径 2.6 厘米（图版二二，6）。

壬、铜渣

1 块。80LBF2B：3，有粉状锈斑块（图版二二，7）。斯坦因 1906 年亦有采集，编号为 LA.0047（《西》第 428 页）。

（五）铁器

按其用途可分为镞、刻刀、月牙小刀、钉和其他残铁器等类。

甲、铁镞

共 12 枚，依形状可分四种：

1. 三棱镞 6 枚，均为三棱形带翼镞，棱间凹下，前收成锋，铤身相连。可分三式：

Ⅰ式 2 枚，镞身较大，铤成圆柱形。80LBC：154 ①，残长 6，锋宽 1.8，镞身长 4.5 厘米（图二二，2）；② 残长 5，锋宽 1.5，镞身长 3.8 厘米（图版二二，8）。

Ⅱ式 3 枚，镞身较小。标本 80LBC：155 ①，残长 4.5，锋宽 1，镞身长 4 厘米（图二二，3）；② 残长 3.6，锋宽 1，镞身长 3 厘米（图版二二，9）。

Ⅲ式 1 枚。80LBC：158，镞身狭长，体型轻小，铤身相连，但可明显分开。通长 9.8，镞身长 4.4，铤长 5.4，锋宽 0.8 厘米（图二二，4；图版二二，10）。斯坦因 1906 年亦有采集，编号 LA. Ⅷ—Ⅸ .008（《西》第 439 页）。

2. 四棱镞 2 枚。镞身较长，有四棱，平面似梭镖形。标本 80LBC：156 ①，在镞身 1.3 厘米处最宽，再向前收四棱成锋，向后微收成体，铤细长，通长 7，镞身长 4，镞身最宽处 0.8，铤长 3 厘米（图二二，5；图版二二，11）。

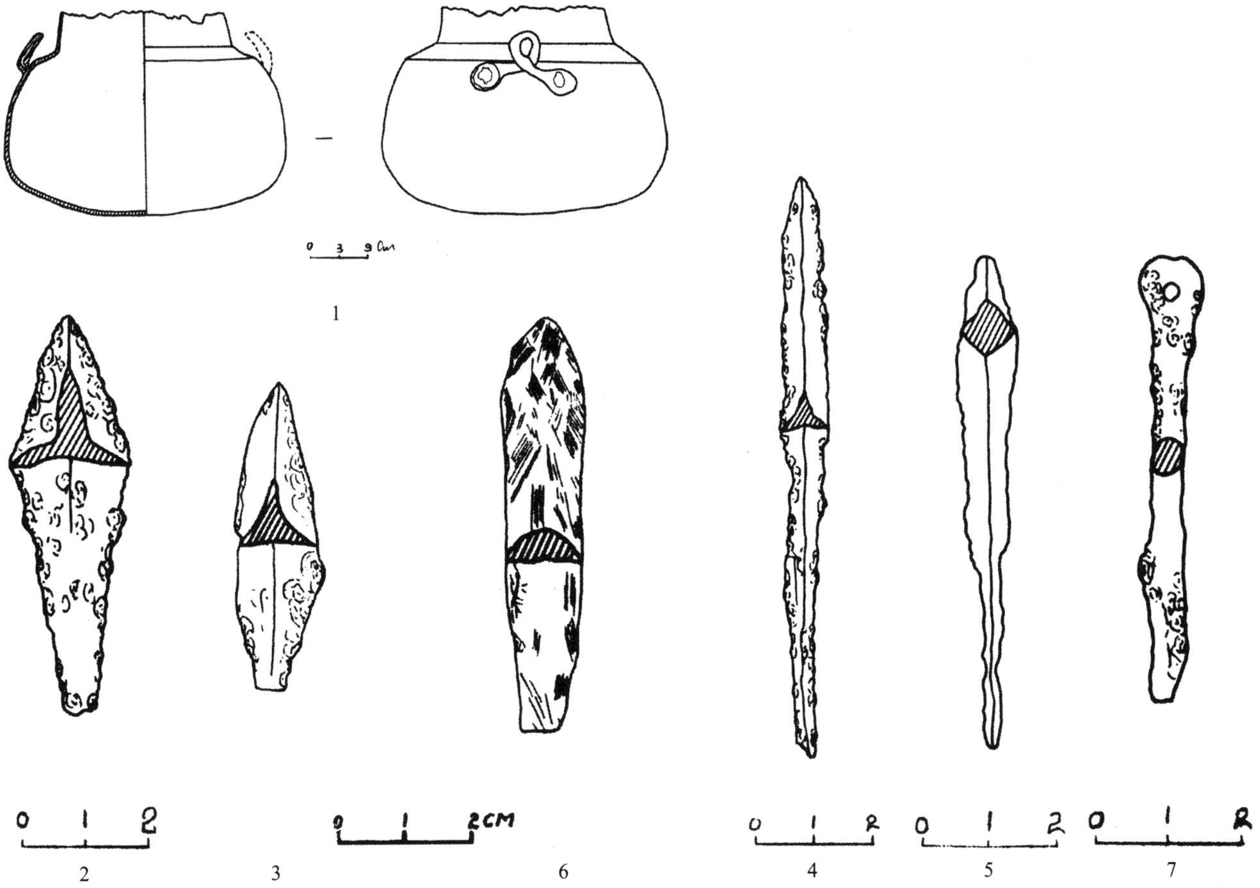

图二二　铜釜、铁器

3. 扁翼铁镞　2枚。镞身扁平，尖较圆钝，两翼后收与铤相连，铤呈圆柱形。标本80LBC：157①，残长6，翼宽1.1厘米（图二二，6；图版二二，12）。

4. 扁平铁镞　2枚，镞身扁平，铤部呈方形，可以纳入木柄，依其刃部可分二式：

Ⅰ式　1枚。80LBC：160①，圆刃，通长8，刀身长4，刃宽1.9厘米（图版二二，13①）。

Ⅱ式　1枚。80LBC：160②，平直刃，通长5.5，刀身长3.5，刃宽1.6厘米（图版二二，13②）。

乙、刻刀

2枚，斜刃。80LBC：161①，通长4.7，刃身长3，斜刃宽1厘米（图版二二，14①）；② 刃部残损一角，通长5，刀身长3.2，斜刃宽1.1厘米（图版二二，14②）。

丙、月牙形小刀

1件。80LBC：159，刀身呈月牙状，刀背较厚，一端残损，通长7.5，刀身宽1，刃背厚0.2厘米（图版二二，15）。

丁、钉

共23件，按其式样可分四种：

1. 板桥形钉　3件。在一长条形铁片的两端，各纳入一个长方体的尖头铁钉，呈板桥形状。铁片长约8.2—8.5，宽约2.5—2.7，钉长5—6.5厘米。标本80LBC：163，铁片长8.2，宽2.7，钉长6.5厘米

（图版二二，16）。

2．带鼻钉 1件。80LBC：169，钉身呈圆柱形，一端有鼻，鼻扁平有圆孔，一端尖锐。长5.8，钉身径0.6厘米（图二二，7；图版二二，17）。

3．方头钉 18件。标本80LBC：162，体呈方尖状，残长3.6—5.1厘米（图版二二，18）。

4．带钩钉 1件。80LBC：168，钉头附加弯钩，钉体扁长已残，残长4.1厘米（图版二二，19）。

戊、残铁器

共10件，其中有铁片、铁钩、箍、环、竿、棒以及残盆口沿、铁渣等物。

1．铁片 1件。80LBC：166，长方形，一端残，一端中部有方形孔，较薄，残长5，宽1.5厘米（图版二三，1）。

2．铁钩 1件。80LBC：170，扁体，呈弯钩状，头端已残，但可见圆孔痕迹，可能有鼻，残长8.1，扁体宽0.3—0.6厘米（图版二三，2）。

3．小箍 1件。80LBC：167，平面呈圆角长方形，箍扁体，体宽0.6，厚0.2厘米（图版二三，3）。

4．小铁环 1件。80LBC：171，呈圆圈形。圆径2.4，环体直径0.5厘米（图版二三，4）。

5．铁竿 1件。80LBC：218，竿体细长，体的一面有脊，一端呈尖状锋锐，一端已残，残长12，体宽0.7厘米（图版二三，5）。

6．残铸铁块 1件。80LBC：172，碎成两块，似为锅的腹部，腹上有凸带纹，厚0.7厘米（图版二三，6）。

7．圆棒 2件，均残断。80LBT：10，残为四节，呈圆柱体，圆径2.2，四节通长37厘米，图版照片为残断中之一节（图版二三，7）。80LBC：164，残断为二节，圆径2.2，两节通长10.4厘米。

8．残铁盆口沿 1块。80LBC：165，平沿，敛口，沿宽1.1，壁厚0.3厘米。

9．炼铁渣 1块。80LBF2B：6，出土于三间房民居B房子中（图版二三，8）。

（六）铅器

有纺轮和梭形器。

甲、纺轮

共20件。可分两种：

1．扁圆形纺轮 13件，体呈扁圆形，中间有孔。此种纺轮斯坦因1906年获得7枚，编号为LA.0068、0097—98、00109、00114、00117、00137（《西》第429、430、431页）。我们依其大小可分为两式：

Ⅰ式 圆径较小，共11件。标本80LBC：152九件，圆径1—1.6，厚0.1—0.3，中间孔径0.2—0.3厘米（图版二三，9）。

Ⅱ式 圆径较大，有2件。80LBC：219①，直径1.6，厚0.3，孔径0.3厘米；②直径1.65，厚0.4，孔径0.3厘米（图二三，1；图版二三，11）。

2．截锥体纺轮 7件。标本80LBC：153，一面尖小截锥，一面平整，中间有孔。圆径1.2—1.5，厚0.4—0.6，孔径0.3—0.4厘米（图版二三，10）。斯坦因1906年、1914年均有采集，编号LA.0018（《西》

第 430 页)、LA.026(《亚》第 220 页)。

乙、梭形器

1 件。80LBT：4，呈梭形，但两端较小为圆头，中部较宽厚，最厚处 0.4，最宽处 1，两端厚 0.1，两端宽 0.3，通长 5.6 厘米(图版二三，12)。

(七)玻璃残器

有 6 件，除 1 件可以分辨为残罐的口腹部外，其余 5 片均是残片，但各具特点、各有颜色。

1. **残玻璃罐** 1 件。80LBC：180A，残存口肩腹的一部分，半透明，灰白色，直口，圆唇，唇下有凹带纹两条，短颈，斜肩，肩上有一凹带纹，曲腹，腹外壁有不规则的凹凸装饰，口沿残宽 5.6，沿厚 0.4，腹厚 1—2 厘米(图二三，2；图版二三，13)。

2. **菱形纹玻璃残片** 1 件。80LBC：180B，残存三角状一块，半透明灰白色，里壁略带弧形，外壁饰凹弧状菱形纹。残长 4.5，残宽 2.6，厚 0.25—0.4 厘米(彩版一五，下；图版二三，14)。

3. **玻璃残片** 4 件，其中 80LBC：180C 两件。小块为器的腹部，半透明，淡红色，外壁阴刻两弧形相背向纹饰，厚 0.25 厘米；较大的一块为器的口沿，半透明草绿色，直口，内斜腹，紧靠里壁口沿下有两条凸带纹，厚 0.25 厘米(彩版一五，上；图版二三，15)。80LBBFO：30 两件，一件为半透明蓝色，似小杯的口沿，沿为圆唇，厚 0.15 厘米；另一件为绿色透明、似小杯的腹部，厚 0.15 厘米。斯坦因 1906 年和 1914 年在城中亦获得玻璃残片多片，编号 LA.0062、0064 淡黄或淡绿色半透明，LA.0071—0075 等淡绿、淡黄色透明或半透明(《西》第 429 页)，以及 LA.031、037、091 等淡黄色透明残片等(《亚》第 220 页)。

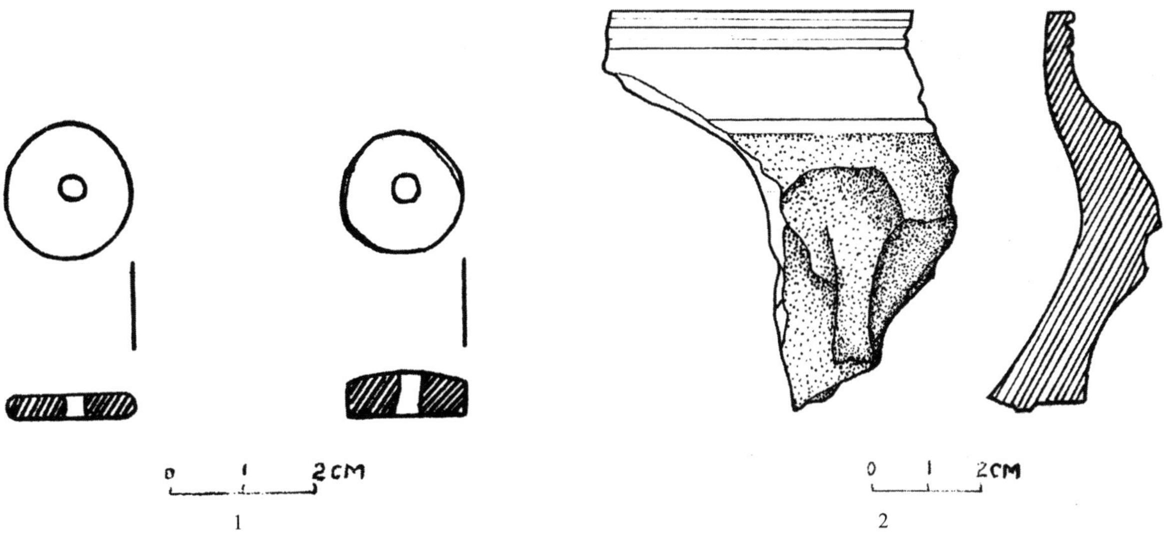

图二三 铅纺轮、玻璃器

(八)纺织品

按其质地分为丝、毛、棉、麻四大类，在毛织品中除毛布、毛毯以外，还有毛毡、毛绳、毛辫带等物。

甲、丝织品

共8件，依织制情况分为锦、绢、绝三类。

1．锦 共3件，有三种：

（1）波纹锦 1件。80LBF1：10，在三间房东间清出。绛色底显墨绿色波纹，残长7，残宽4厘米。每平方厘米经102根，纬22根（图版二四，1）。

（2）残彩锦 1件。80LBF1：11，墨绿色底显金黄色花纹，由于残损过剩，纹饰图案不清，残长3.5，残宽3.2厘米，每平方厘米经120根，纬16根（图版二四，2）。

（3）锦绢缀饰 1件。80LBT1：2，锦一块呈长三角形，锦面蓝底显两条黄色带纹，由黄绢镶边，尖端缀两条枣红色小绢带，两足各有一条黄绢带，三角形高5，下宽3.5厘米，锦每平方厘米经18根，纬36根（图版二四，3）。

2．绢 共4件。依其颜色和经纬线可分四种：

（1）墨绿色绢 1件。80LBF3：15，残一小块，出土于三间房北边一间被清理的房子里，呈三角状，平纹十字交叉，比较细密，每平方厘米经36根，纬68根（图版二四，4）。斯坦因1906年在三间房东头间也清出了一块，编号LA. Ⅱ . ⅱ .001（《西》第433页）。

（2）黄绢 1件。80LBF1：4，残存一小块，质地疏松，平纹十字交叉，每平方厘米经37根，纬51根（图版二四，5）。斯坦因1906年在他编号为LA.1的一间房屋挖掘中获得了一卷未使用过的黄绢，经他测定，他认为中国丝织品在两汉时期的标准定度为2尺2寸，编号为LA. Ⅰ .002（《西》第374页）。

（3）天蓝色绢 1件。80LBF1：5，残存一小长方条，平纹十字交叉，每平方厘米经26根，纬46根。

（4）大红色绢 1件。80LBBFO：3，残存一小方块，质地比较疏松，平纹十字交叉，每平方厘米经32根，纬51根。

3．斜纹绝 1件。80LBF1：9，质地疏松，分两种织制，一半为底线蓝色与黄色十字交叉，表面显斜黄条纹，每平方厘米经16根，纬14根；另一半为纬线较密，表面不显斜黄条纹，每平方厘米经、纬各16根（图版二四，6）。

乙、毛织品

共39件，依其织制和用途的不同，可分为毛布、毛毯、毛绳、毛辫带和毡制品。

1．毛布 共2件。

（1）方格毛布 1件。80LBT1：3，棕色和素色十字相交，织成方格，每个方格约0.5厘米，捻向Z，每平方厘米经15根，纬13根（图版二四，7）。

（2）蓝色毛布 1件。80LBF3：11，斜纹，捻向Z，每平方厘米经10根，纬20根（图版二四，8）。

2．毛毯 共4件。附破毛袋1件。按其织造和颜色可分为粗毯、褐毛毯、素色毯、棕色毯。斯坦因1906年亦搜集许多标本，颜色十分艳丽，可参见编号LA.Ⅵ. ⅱ. 0045、0046等（《西》第438页）。

（1）粗毯 1件。80LBT1：12，经线用素色，纬线用褐色，经纬线都比较粗松，每支线粗约0.2厘米，纬线编织的间隔约2—2.5厘米（图版二四，9）。

（2）褐色毯 1件。80LBT1：5，以褐色为主，杂以素色毛，经线细小结实，纬线两股相交，把经线包裹在内，织造粗糙厚重（图版二四，10）。斯坦因1906年他在LA. Ⅳ的一间房子中亦有搜集，编号

LA. Ⅳ .003（《西》第 433 页）。

（3）素色毯 1 件。80LBF3∶14，经线以细小结实的褐色粗毛绞成，纬线双线绞合，毛质柔和，把经线包裹在内，显得毯体厚重。

（4）棕色毯 1 件。80LBT1∶17，经纬交织不固定，有的一上一下，有的一上二下，也有的一上三下，织得比较疏松。

附：破毛袋 1 件。80LBT3∶7，主要以褐色或素色毛布织成，用旧毛布、毛毯补了又补。宽 50，残高 47 厘米（图版二四，11）。

3. 毛绳 共 17 根。其中以三间房西一号探坑和三间房西南民居 A 房子收集最多，前者出土 8 根，后者出土 7 根。这些毛绳用两股或三股毛线组合，一般都不长，最长的为 25，最短的为 10 厘米，最粗的为 0.6，最细的为 0.2 厘米。80LBT1∶8，一组有八根，毛质比较粗糙，均由两股毛线组合，绳径 0.2—0.5 厘米，最长的 23，最短的 10 厘米（图版二四，12）。

4. 毛辫带 共 12 根。其中三间房西垃圾坑出土最多，计 5 根；在 F3 清理出 3 根。这些毛辫带一般用两根至六根棕褐色或白色的毛绳并排起来，再用一根毛绳来回横穿串编而成。每根毛绳由两股至四股毛线交相纽合。80LBT∶8 一根，系用六根棕色、白色的细毛绳并排，再用一根细绳来回横向穿串而成；每根细绳由四股组合，显得粗壮结实，残长 27，宽 6，厚 2.4 厘米（图版二四，14）。80LBT1∶9 一根，系用四根棕白色毛绳并排，再以细绳一根来回横向穿串而成，比较疏松，在四根并排的毛绳中，中间两根由三股毛线绞合成绳，两边两根由两股毛线绞合成绳，因此显得中间粗厚，两边较薄。残长 37，宽 3，厚 5 厘米（图版二四，13）。80LBF2A∶9 一根，用棕色和白色两股毛绳相纽成绳，再将两绳相并排，然后以毛绳来回横穿串连而成。带宽 0.6，残长 14 厘米。80LBF3∶9 一根，用两根白色细软的毛绳并排，再以一绳横向穿串，毛绳系两股组合，残长 42，宽 1.5，厚 0.6 厘米，在一端打有一结。

5. 毡制品 3 件。其中 1 件为毡袜，另 2 件为破毡片。

（1）毡袜 1 件。80LBF3∶8，经过多次补缀，只剩袜统的一部分，统宽 18，残长 26 厘米（图版二五，1）。

（2）破毡片 2 件。标本 80LBF3∶4 一件，系由三块毡片用细毛线补缀成一大块，质地柔软厚实，残长 31，残宽 21，厚 0.3 厘米（图版二五，2）。斯坦因 1906 年亦有搜集，编号 LA. Ⅵ . ⅱ .0037，0042（《西》第 438 页）。

丙、棉织品

共 6 件，按其织造的疏密，可分为棉布和棉纱布两种。

1. 棉布 共 4 件。一般为平纹十字交叉，但经纬线有疏密不同。斯坦因 1906 年亦有采集，但他没有说明每平方厘米的经纬线，编号 LA.00149（《西》第 432 页）。标本 80LBF1∶8 一件，素色布，织造比较均匀，捻向 S，每平方厘米经 18，纬 15 根（图版二五，3）。80LBF3∶10 一件，亦为素色布，虽经补缀但布面显得平整，捻向 Z，每平方厘米经纬线各 16 根（图版二五，4）。80LBT2∶2 一件，大红色布，织造紧密，捻向 Z，每平方厘米经 14，纬 19 根。

2. 棉纱布 2 件。平纹十字交叉，显得比较稀疏。80LBF1∶3 一件，大红色，捻向 Z，每平方厘米经 16，纬 14 根（图版二五，5）。80LBT1∶6 一件，素色，捻向 Z，每平方厘米经 10，纬 12 根。

丁、麻织品

共 5 件，可分麻编的草鞋和麻绳两种。

1．麻草鞋　2件。底、鼻、耳全以麻绳编织。80LBC：199一件，脚跟残损，底残长22，脚掌宽10，脚心宽9，底厚0.6厘米（图版二五，6）。80LBF3：6，脚跟已磨穿，用皮革一块补结，脚掌亦用皮革补订，底长28，脚掌宽10.5，脚心宽7.5，脚跟宽8.5，底厚0.6厘米（图版二五，7）。此种麻鞋斯坦因1906年在三间房西垃圾堆坑中亦有搜集，编号LA. Ⅵ . ⅱ .0025（《西》第437页）。

2．麻绳　2根，用罗布麻分两股纽合而成。80LBF2A：10，出三间房西南民居A房子的下层，残长45，经0.5厘米。80LBC：225，比较粗，绳径1.5，残长12厘米（图版二五，8）。

附：草辫垫　1件。80LBC：202，呈圆形，用芨芨草捆扎成束，团成圆饼状，再以草茎扎结而成。直径约11.5，厚1.8厘米（图版二五，9）。

（九）骨器、皮革制品

甲、骨器

共6件。按其用途可分梳、鞘、骨片和骨雕动物饰件四种。

1．骨梳　1件。80LBC：177，梳背呈半圆形，齿稀疏，剖面呈楔状，梳背与齿之间阴刻一××××××带状纹饰。背高3.7，背宽5.9，背厚0.6—1.2厘米，齿长2厘米（图二四；图版二五，10）。

2．骨鞘　1件。80LBF3：1，呈长方扁平形，利用一块整骨，中间挖空，经打磨而成，一角稍残。长12.1，宽2.9，厚0.9厘米（图版二五，11）。

3．骨片　3件。均呈长方形，有两块的一端残，另一端钻有一圆形小孔。80LBC：176①，利用动物骨角经打磨成长方形，因长年干燥而龟裂变形，长7.5，宽3.6，厚1.3厘米（图版二五，13）。80LBC：176②，一端残，残长8，宽3.2，厚1.2，一端孔径0.4厘米（图版二五，12）。80LBC：176③，较窄长，一端残，残长6.8，宽1.7，厚0.6，另一端有小孔，孔径0.3厘米。

4．骨雕动物饰件　1件。80LBF2B：2，呈扁卵形，两面均阴刻有似马的动物纹饰，刀法刚劲简练，剖面中间有一圆孔，可以穿系。长2.8，宽2.2，厚1，孔径0.5厘米（彩版一六；图版二五，14）。

乙、皮革制品

共3件。其中小孩革履1只，残羊皮件和皮绳各1件。

1．小孩革履　1只。80LBT2：4，履底牛皮，履邦羊皮，用细毛绳缝合，履底长12，前掌宽6，后跟宽5厘米（彩版一七；图版二六，1）。

2．残羊皮件　1件。80LBT：11，似三角形，有两边见缝合的针脚痕迹，针距均匀，残长9.5，残宽7.3厘米。

3．皮绳　1根。80LBF1：1，出土于三间房东头间，牛皮质，比较柔软，作缀缝用，长18，宽、厚各0.2厘米。斯坦因1906年也在这里搜集有一根皮绳，编号LA. Ⅱ. ⅱ.002（《西》第433页）。

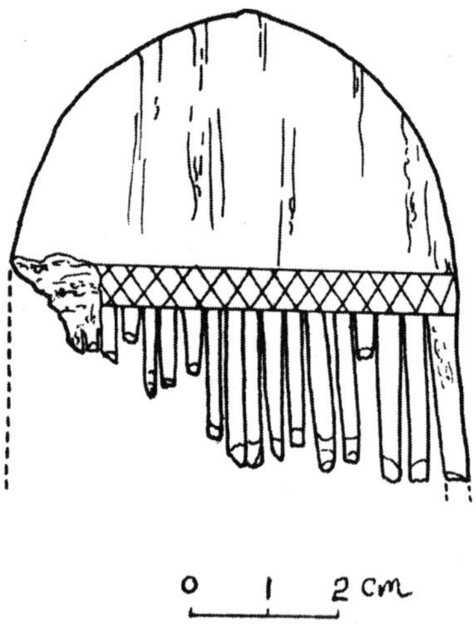

图二四　骨梳

（十）贝、蚌、珊瑚、料珠及其他饰件

1. 海贝 共4枚，面部各有一个凹口，背部各有一椭圆形的大孔。大者长2.3，小者长1.4厘米。斯坦因1906年亦有搜集，他认为是货币贝，编号LA.00143（《西》第431页）。80LBC：76①，长2.3，宽1.8厘米；②长1.4，宽1厘米（彩版一八；图版二六，2）；③长1.7，宽1.1厘米；④长1.6，宽1.2厘米（彩版一八；图版二六，3）。

2. 小海螺 1件。80LBC：77，通长1.8，宽1.3，高1厘米（彩版一八，上左；图版二六，4）。

3. 蚌饰件 共4件。80LBC：222一件，圆形饰件，残小半块，呈扁圆状，长3.5，宽1.4，厚0.4厘米（图版二六，5）。80LBC：78两件，环形饰件，其中一件环面较宽，环的一面阴刻有斜道纹，残存环长2.1，环身宽0.5，厚0.4厘米；另一件环面较窄，素面无纹，残存环长1.8，环身宽0.2，厚0.2厘米（图版二六，6）。此种环形饰件斯坦因1914年亦有采集，他说环面上饰有莲花瓣纹，编号LA.028（《亚》第220页）。80LBC：223一件，残呈扁平长方形，残长5.3，残宽1.3，厚0.2—0.4厘米。

4. 珊瑚 2件。呈枯树枝状，白中略带淡红色，表面有光泽，标本80LBC：79①一件，圆径最大处约1厘米（彩版一九；图版二六，7）。

5. 肉红鸟草纹玉髓戒指面饰 1件。80LBC：224，呈椭圆形，肉红色玉髓质，透明，打磨十分光滑，戒面阴刻一只小鸟站在一株小草旁，小鸟竖颈阔步，神采奕奕，是一件精工雕刻的细作。长1.1，宽0.9，厚0.2厘米（彩版二〇；图版二六，8）。

6. 料珠 3串。这些料珠都是在城中采集，其中以城东北大佛塔南边的建筑台地下采集最多。80LBC：75①，以肉红玉髓质料为主，半透明；在其中两棵菱形和一棵长方形绛紫色的料珠上，饰有水波纹的饰花（图版二六，9）；②多为圆形，均较小，透明、半透明或不透明，颜色有翠蓝、墨绿、绛紫、草绿、金黄、银白、粉白等种（图版二六，10）；③形状较杂，有圆形、椭圆、扁圆、圆筒、金瓜、菱形、长方形等，其色彩有深蓝、翠兰、墨绿、草绿、浅黄、土黄、靛青、墨黑、银白、金黄、灰绿等色（图版二六，11）。类似这些料珠，斯坦因1906年、1914年亦曾采集，如编号LA.00132、00136（《西》第431页）、LA.021—23、LA.030等（《亚》第220页）。

（十一）动物骨、角等物

有牛、羊角、蹄、头和马毛。

1. 黄牛角 共4只，含脂肪质，长13—19厘米，稍弯曲。标本80LBC：175①，长19厘米（图版二六，12）。

2. 黄牛蹄 1件。80LBC：174，残存牛蹄的一半，长9，宽4.3厘米（图版二六，13）。

3. 山羊角 3只，含钙质，较尖长，稍弯曲。标本80LBC：173①，长20厘米（图版二六，14）。

4. 绵羊角 1只。80LBC：226，角上有一道道似水波浪纹，残长17厘米（图版二六，15）。

5. 羊下颚骨 1块。80LBF2B：7，出于三间房西南民居的B房子，系当时人食后的遗弃物。

6. 马毛 1束。80LBF2A：7，出三间房西南民居A房子的探坑下层（图版二六，16）。

（十二）粮食作物及其他

粮食作物中有糜子、小麦和裸大麦，此外有桃核和水道中的小水螺壳。

1. 麦秸、麦粒 在古城北北东的小佛塔甬道墙壁上采集有三段麦穗轴，编号为80LBBFO：4，这些穗轴是作为涂抹在墙壁上的粘结纤维材料用的，至今仍十分新色。经提请四川农学院鉴定，其中有两段为裸大麦，裸大麦粒上还附有比较完整的颖、外稃和内稃（图版二七，1、3）；另一段竟保留有一朵很完整的圆锥小麦花，鉴定者认为："这朵小麦花是目前世界上最古老的小麦花。"（参见附件：《楼兰出土的大麦、小麦及小麦花的鉴定材料》；图版二七，2）。

2. 糜子 在古城内佛塔东约32米处一个小台地的乱木材下试掘采集，编号为80LBC：201，经新疆农业科学院作物研究所鉴定为糜子（图版二七，4），学名叫黍，是一种耐干旱的作物，至今新疆农民仍有种植，称为"黄米"。在糜子收集标本中又经四川农学院颜济教授等鉴定发现，尚有裸大麦，即青稞（图版二七，5）。

3. 糜子壳 出自三间房西南民居A房子探坑的上层，壳呈暗黄色（图版二七，6）。

4. 炭化糜子 出自三间房西南民居A房子探坑的下层，已炭化呈饼状。

5. 桃核 古城中采集，80LBC：200，有七粒，其中最大的一个长2.9，宽2；最小的一个长1.5，宽1.1厘米（图版二七，7）。

6. 水螺壳 古城水道中采集，80LBC：203，形体小，通长2.1厘米（图版二七，8）。

（十三）钱币

共收集139枚，其中完整者135枚。比照洛阳烧沟汉墓（参见中国科学院考古研究所编辑《洛阳烧沟汉墓》第十章钱币，第215—229页，科学出版社1959年版）和满城汉墓出土钱币（参见中国社会科学院考古研究所、河北省文物管理处编《满城汉墓发掘报告》钱币，第207—212页，第331—333页，文物出版社1980年版）以及传统钱币研究，可分为榆荚半两、西汉五铢、小五铢、西汉剪轮五铢、莽币、东汉五铢、东汉剪轮五铢等七种。

1. 榆荚半两 1枚。80LBC：96，红铜色，方孔圆圜，正背两面均无内外郭，篆文"半两"二字尚能分辨，钱径0.8，穿宽0.3，内厚0.08厘米，重0.3克。钱文、钱形与洛阳烧沟汉墓出土的半两钱第Ⅲ型中拓本第6种相近。洛阳烧沟汉墓发掘报告认为："半两第Ⅲ型则为文帝半两。"（《洛阳烧沟汉墓》，第223页）。因此推定此钱为汉初的榆荚半两（图二五，1；图版二八，1）。

2. 西汉五铢 5枚。红铜色。比照满城汉墓出土钱币，可分属于该墓的第Ⅱ型和第Ⅲ型，属第Ⅱ型者现编为Ⅰ式，第Ⅲ型者编为Ⅱ式：

Ⅰ式 2枚。钱面有外郭，背有内外郭，五字交叉两笔缓曲，上下两横较长，铢字的金字头作带翼的箭镞形，朱字头方折，下笔亦方折；篆文工整。标本LBBFO：10②，钱正面穿上有一横郭。钱径2.4，穿宽1，外郭厚0.15厘米，重3克（图二五，2；彩版二一，左；图版二八，2）。

Ⅱ式 3枚。钱面有外郭，钱背有内外郭，五字交叉两笔弯曲较Ⅰ式为甚，铢字的金字头作三角形，

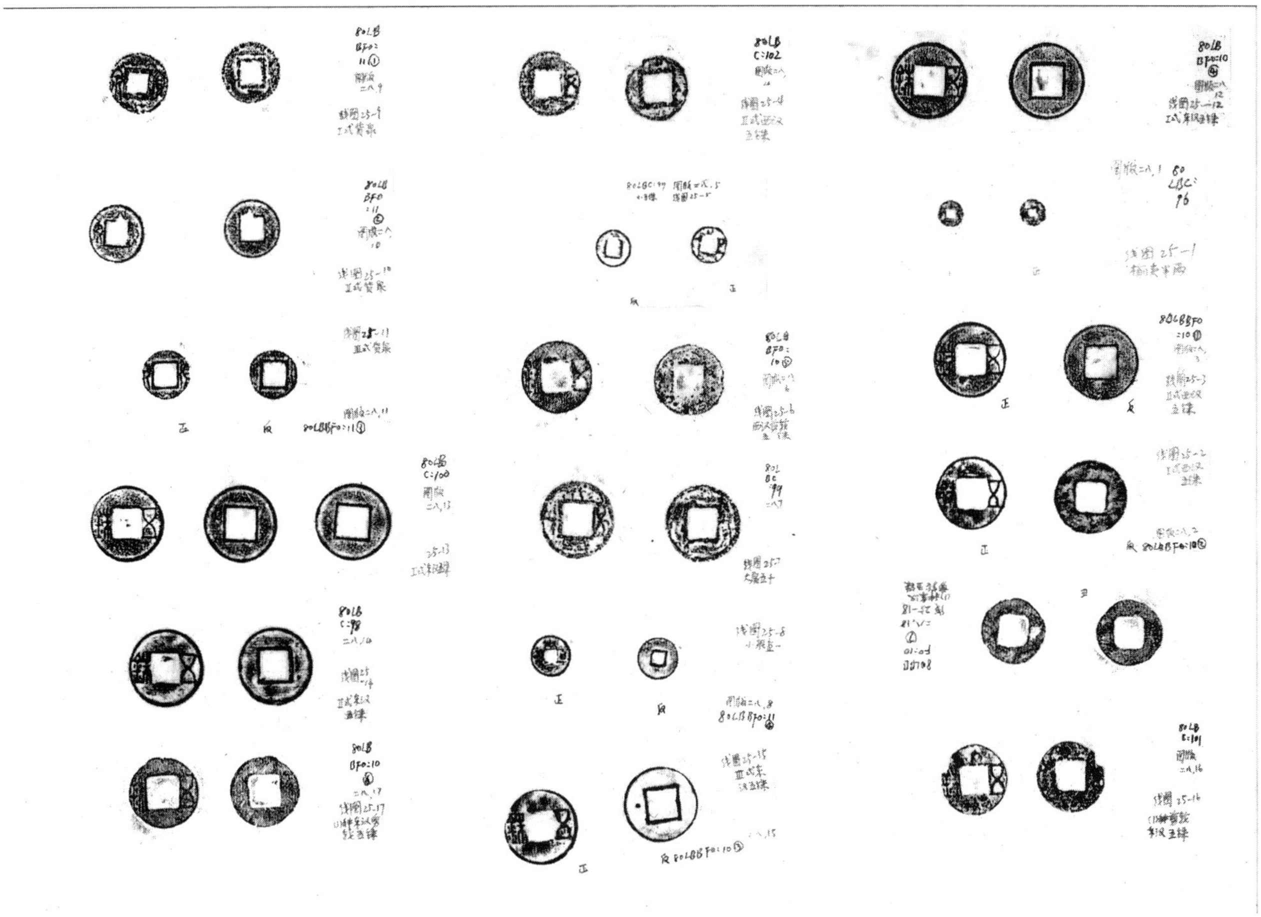

图二五　两汉钱币拓片

朱字头方折，下笔微圆折。标本 80LBBFO：10 ①，钱径 2.5，穿宽 1，外郭厚 0.1 厘米，重 2.15 克（图二五，3；彩版二一，右；图版二八，3）。80LBC：102，锈蚀比较严重，在五字背面的肉上又铸一五字，钱径 2.1，穿宽 1，外郭厚 0.1 厘米，重 2.25 克（图二五，4；图版二八，4）。

3. 小五铢　1 枚。80LBC：97，红铜色，属宣帝时期制造，钱体精小，钱面外郭较显，钱背有内外郭，五字交叉两笔弯曲，和上下两笔相接处略向内靠，铢字铸造模糊，钱径 1.2，穿宽 0.5，外郭厚 0.1 厘米，重 0.5 克（图二五，5；图版二八，5）。

4. 西汉剪轮五铢　2 枚。紫铜色。比照洛阳烧沟汉墓出土钱币第Ⅱ型中的磨郭五铢，应属西汉剪轮五铢。钱面外郭磨去，内郭不见，钱背内外郭皆无。五字交叉两笔甚弯曲，铢字如同西汉五铢Ⅱ式。标本 80LBBFO：10 ⑤，钱径 2.35，穿宽 1，内厚 0.08 厘米，重 2 克（图二五，6；图版二八，6）。

5. 新莽钱币　新莽的钱币名目和品种繁多，特征也很显著。这次采集的有 7 枚，分三种：大泉五十、小泉直一和货泉。均圆圜方孔。

（1）大泉五十　2 枚，钱面和钱背均有内外郭，郭较宽厚，正方形穿，穿的上下有篆文“大泉”二字，右左有“五十”二字。红铜色，钱体虽有铜锈，但仍显出铸工是精良的。标本 80LBC：99，钱径 2.5，穿 1，外郭厚 0.1 厘米，重 2.5 克（图二五，7；图版二八，7）。

（2）小泉直一　2 枚。钱体较小，但做工精良，钱面和钱背均有内外郭，穿的上下右左，有篆文“小泉直一”，钱文不太清晰，红铜色。标本 80LBBFO：11 ④，钱径 1.3，穿宽 0.4，外郭厚 0.1 厘米，重 0.6

克（图二五，8；图版二八，8）。

（3）货泉　3枚。按其铸造又分三式：

Ⅰ式　1枚。80LBBFO：11①，钱面和钱背无外郭，而内郭显著宽厚，穿的右左铸篆文“货泉”二字，字形肥胖，钱径2，穿宽0.8，肉厚0.1厘米，重2.2克（图二五，9；图版二八，9）。

Ⅱ式　1枚。80LBBFO：11②，钱面钱背有内外郭，穿的右左有篆文“货泉”二字，字的笔画较细，穿的右上角缺一小块，钱径1.9，穿宽0.8，外郭厚0.12厘米，重1.25克（图二五，10；图版二八，10）。

Ⅲ式　1枚。80LBBFO：13③，钱面和钱背无外郭而有内郭，内郭较宽广，穿的右左有篆文“货泉”二字，但因磨去外郭和肉的一部分，二字的三分之一也被磨去，钱径1.6，穿宽0.8，肉厚0.1厘米，重1.25克（图二五，11；图版二八，11）。

6. 东汉五铢　10枚。均紫铜色，比照洛阳烧沟汉墓出土的钱币，属该汉墓的第Ⅲ型和第Ⅳ型，应是东汉时期的五铢钱币。又可分为三式：

Ⅰ式　3枚。与烧沟第Ⅲ型特点相近。钱的两面有内外郭，穿呈正方形，长宽各为1厘米，穿的右左有篆文“五铢”二字，笔划粗细合适，字显得较宽大，金字头如一三角形、四点较粗长，朱字的头是圆折的，下笔也圆折。标本80LBBFO：10④，朱字的头略高于金字，钱径2.5，穿宽1，外郭厚0.1厘米，重2.5克（图二五，12；图版二八，12）。80LBC：100，钱外郭不均，右边较宽，左边较窄，五字较纤细，朱字的头与金字头平齐，各种数据同前一枚（图二五，13；图版二八，13）。

Ⅱ式　6枚。具备烧沟第Ⅳ型特点。钱两面均有内外郭，“五铢”二字笔划粗宽，显得短胖，铢字的朱头与金字头平齐，金字头呈三角形，四点较粗长，朱字头和下笔均圆折。标本80LBC：98，钱肉平齐，钱径2.5，穿宽1，郭厚0.1厘米，重3.2克（图二五，14；图版二八，14）。

Ⅲ式　1枚。80LBBFO：10③，与第Ⅱ式特点相同。钱面的外郭不均，右边较宽而左边较窄，钱背五字后面肉上有一圆点，是带记号的钱。钱径2.4，穿宽1，郭厚0.1厘米，重2.3克（图二五，15；图版二八，15）。

7. 东汉剪轮五铢　共109枚，这些五铢，从其剪轮情况可分为六种，由剪外郭开始直至剪得几乎只剩一个内郭方框。在六种中除最末一种不见五铢字形外，其余五种或显全部，或显多半，或显一半，或显一小半，从其字形特点看，均具有洛阳烧沟第Ⅲ型第Ⅳ型五铢二字的特点，因此把这些五铢依其剪轮大小和剩字多少分排为五种。第六种是在第五种剪轮无法剩字的情况下铸造的，尽管无字，但依其类推，它们应是五铢钱最难铸的情况下产生的，有的甚至小到只有一个鹅眼般大小。楼兰出土木简有绝对年代记载最晚的是前凉“建兴十八年”，相当于公元330年，由东汉至前凉，其间经曹魏、西晋，曹魏虽复行五铢，但沿用的仍是汉五铢钱，西晋和前凉沿用的也是汉魏五铢。我们把楼兰出土的这些剪轮五铢按其类型分别加以排比，可以看出东汉钱币浇铸的一个大致脉络。洛阳烧沟汉墓报告认为：磨郭（即剪轮）和綖环（楼兰此次调查未见发现）钱，过去的古钱学家根据《宋书》及《魏书》的记载，认为是南北朝时期的货币，其实“磨郭钱的出现是在墓1037（建宁三年）之前，到建宁三年以后的数量增多起来”（《洛阳烧沟汉墓》第225—226页）。建宁三年，即东汉灵帝年号，相当于公元170年，在这以前已经出现，在这之后数量增多，可见东汉末期已经行用。楼兰出土木简有曹魏嘉平、景元、咸熙年号，有西晋泰始、永嘉和建兴年号，曹魏、西晋在中原仍沿用汉代五铢钱，而远在边疆的楼兰当然不可能另铸钱币，因此我们把这些剪轮五铢的铸造时间上推至东汉应该是没有问题的。

（1）种　7枚。五字交叉两笔圆曲，铢字的金字头如三角形，朱字头圆折，朱字下笔也圆折，磨去了外郭，钱径2.2—2.3，穿宽1—1.1，肉厚0.08厘米，重1.25克。标本80LBC：101，钱径2.3，穿宽1厘

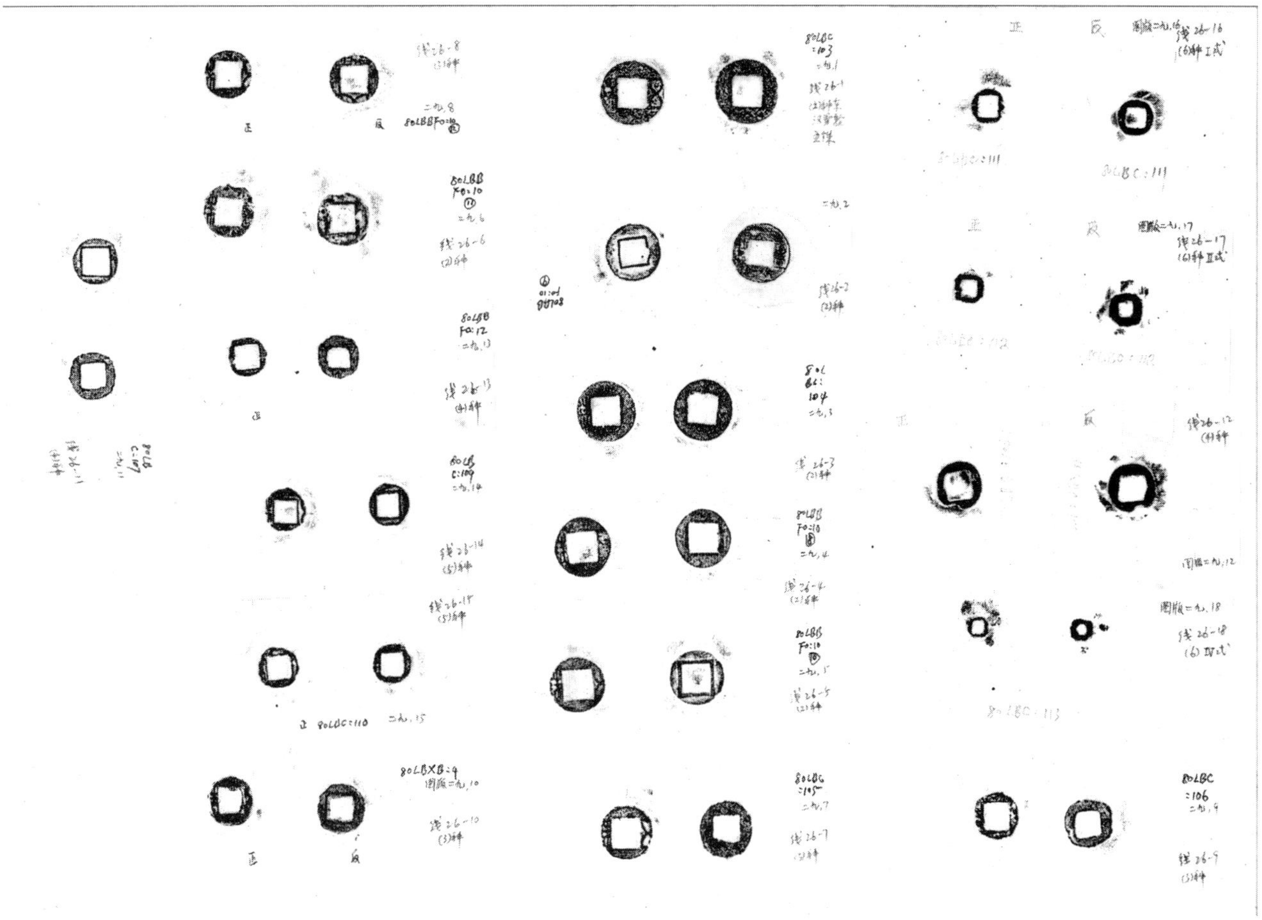

图二六　东汉剪轮五铢拓片

米（图二五，16；图版二八，16）。80LBBFO：10⑥，钱径 2.3，穿宽 1.1 厘米（图二五，17；图版二八，17）。80LBBFO：10⑦，磨郭不规整，不太圆，钱径 2.2，穿宽 1 厘米（图二五，18；图版二八，18）。

（2）种　21 枚。五铢二字磨去一小半，所剩部分的字形特点与（1）种相同。铸造比较粗糙，有的字形不显著。正面内郭不显，背面有的有内郭，有二枚外郭尚显一部分。钱径 1.7—2.1，穿宽 0.9—1，肉厚 0.06—0.1 厘米，重 1—1.5 克。标本 80LBC：103，钱径 2.1，穿宽 1，肉厚 0.06 厘米，重 1.25 克（图二六，1；图版二九，1）。80LBBFO：10⑨，靠五字右边稍有一部分外郭，钱径 1.9，穿宽 0.9，肉厚 0.1 厘米，重 1.5 克（图二六，2；图版二九，2）。80LBC：104，钱径 1.9，穿宽 1，肉厚 0.06 厘米，重 1.25 克（图二六，3；图版二九，3）。80LBBFO：10⑧，钱径 1.85，穿宽 1，肉厚 0.08 厘米，重 1 克（图二六，4；图版二九，4）。80LBBFO：10⑩，背面有内郭，钱径 1.8，穿宽 1，肉厚 0.08 厘米，重 1 克（图二六，5；图版二九，5）。80LBBFO：10⑪，背面有内郭，钱径 1.7，穿宽 0.9，肉厚 0.08 厘米，重 1.25 克（图二六，6；图版二九，6）。

（3）种　16 枚。五铢二字分别磨去一半，剩下一半，字形特点同（1）种。有的字迹比较模糊，正面均无内郭，有的背面有内郭。钱径 1.55—1.7，穿宽 0.9，一般肉厚在 0.08—0.1 厘米，有的肉薄如纸，重 0.75—1.2 克。标本 80LBC：105，背面有内郭，钱径 1.7，穿宽 0.9，肉厚 0.1 厘米，重 1.2 克（图二六，7；图版二九，7）。80LBBFO：10⑫，钱径 1.6，穿宽 0.9，肉厚 0.08 厘米，重 1 克（图二六，8；图版二九，8）。80LBC：106，剪凿不太圆，钱径 1.6，穿宽 0.9，肉厚 0.08 厘米，重 0.75 克（图二六，9；图二九，9）。

80LBXB：4，钱径 1.55，穿宽 0.9，肉薄如纸，重 0.75 克（图二六，10；图版二九，10）。

（4）种　9 枚。显五字或铢字的一小部分，钱肉已磨去大部分，钱面有的有内郭，钱背均无郭。钱径 1.4—1.5，穿宽 0.8—1，肉厚 0.08—0.1 厘米，重 0.6—1 克。标本 80LBC：107，内郭显著，钱径 1.5，穿宽 0.9，肉厚 0.08 厘米，重 1 克（图二六，11；图版二九，11）。80LBC：108，钱径 1.5，穿宽 1，肉厚 0.08 厘米，重 0.6 克（图二六，12；图版二九，12）。80LBBFO：12，内郭显著，五铢二字几乎不见，钱径 1.4，穿宽 0.8，肉厚 0.1 厘米，重 0.75 克（图二六，13；图版二九，13）。

（5）种　16 枚。穿宽一般在 0.8 厘米，五字与铢字，虽剪轮较多，但仍有一小部分。有的钱面显内郭，钱背均无郭。标本 80LBC：109，有内郭，钱径 1.4，穿宽 0.8，肉厚 0.08 厘米，重 0.8 克（图二六，14；图版二九，14）。80LBC：110，有内郭，钱径 1.3，穿宽 0.8，肉厚 0.08 厘米，重 0.75 克（图二六，15；图版二九，15）。

（6）种　40 枚。穿相对缩小，钱面也相对减小，均无文字，内郭与肉不分，大者钱径 1.2，穿宽 0.7 厘米，重 0.4 克，小者钱径 0.7，穿宽 0.5 厘米，重 0.1 克。按其缩减程度又可分为 4 式：

Ⅰ式　15 枚。标本 80LBC：111，钱径 1.2，穿宽 0.7，肉厚 0.08 厘米，重 0.4 克（图二六，16；图版二九，16）。

Ⅱ式　13 枚。标本 80LBC：112，穿较小而肉显得较宽，钱径 1，穿宽 0.55，肉厚 0.1 厘米，重 0.3 克（图二六，17；图版二九，17）。

Ⅲ式　8 枚。标本 80LBC：227，穿宽同Ⅱ式，钱径比Ⅱ式稍小，为 0.9 厘米，肉比Ⅱ式要薄，为 0.05 厘米，重 0.2 克。

Ⅳ式　4 枚。标本 80LBC：113，小成鹅眼，钱径 0.7，穿宽 0.5 厘米，厚约 0.08 厘米，重 0.1 克（图二六，18；图版二九，18）。

1906 年斯坦因在楼兰遗址所搜集到的中国钱币，根据《西域考古图记》LA 发现的钱币一览表统计，共有 199 枚，其中五铢 76 枚、剪轮五铢 64 枚、鹅眼钱 52 枚、货泉 6 枚、小泉直一 1 枚。经过他的一番研究认为：从剪轮五铢到鹅眼钱，这种半辅助性钱币是不断减小的，这一过程开始的时间远比一些中国钱币学家称之为“鹅眼”钱的使用时代在南朝宋废帝期间（公元 465 年）要早，至少可以上溯到东汉的最后一个皇帝献帝在位期间的公元 189—220 年（《西域考古图记》第 385 页）。1914 年他再次来到 LA 遗址，又搜集到钱币 56 枚，其中五铢和剪轮五铢 32 枚、鹅眼钱 21 枚、货泉 3 枚。他对这些剪轮五铢和鹅眼钱再次重复了他在 1906 年的观点，他说：“这一情况证实了我在《西域》一书中提出的论点，这些被经过大大剪边的钱币作为半辅助性的流通货币，要比某些中国古钱学家认为的要早。”（《亚洲腹地考古记》第 217 页）

附：贵霜钱币 1 枚，编号 80LBC：228。古城三间房西南民居附近采集。圆形无孔，直径 2.7，厚 0.3 厘米，重 16.3 克。钱面似单人骑骆驼图案，钱背平整无纹饰（彩版二二；图版二八，19）。

四、出土木简、纸文书及其考释　附佉卢文残木牍

楼兰遗址出土汉文木简、纸文书先后共有五批：第一批是 1901 年斯文·赫定挖获的 155 件，这部分文书由孔好古解读，于 1920 年在斯德哥尔摩出版了德文本《斯文·赫定在楼兰所获汉文文书与其他发现》(以下简称“孔”，其中木简简称“木”，纸文书简称“纸”）一书；第二批是 1906 年斯坦因挖获的 219 件，这部分由沙畹解读，1913 年牛津出版了法文本《斯坦因在东土耳其斯坦沙漠中发现的汉文文书》（以下简称“沙”）一书，这部分文书又由我国学者罗振玉、王国维进行考释，收录在《流沙坠简》(1914 年版）一书中；第三批是 1909 年日本大谷探险队成员橘瑞超在 LK 遗址掘获的汉文文书，计 44 件（此据林梅村编《楼兰尼雅出土文书》统计，文物出版社 1985 年版），这部分文书的影印本最早刊载于 1915 年日本国华社出版的《西域考古图谱》一书中；第四批是 1914 年斯坦因第二次来楼兰挖获的文书 93 件，这部分文书由沙畹学生马伯乐解读，收录在 1953 年伦敦出版的法文本《斯坦因第三次中亚探险所获汉文文书》(以下简称“马”）一书中，这部分文书的木简部分于 1931 年由我国学者张凤集录在《汉晋西陲木简汇编》一书中；第五批是我们这次调查所得的汉文文书计 65 件。这些文书的出土，不言而喻对于研究我国魏晋时期的历史——特别是楼兰与西域的历史，以及我国书法发展史等均具有重要的学术价值。

现将这些文书表列如下：

挖获者	统计来源	文书数目			有纪年文书数	纪年文书上下限年代	备注
		总数	木简	纸文书			
斯文·赫定	孔好古	155	120	35	15	嘉平四年（252） 永嘉四年（310）	
斯坦因	沙畹	219	173	46	19	景元四年（263） 建兴十八年（330）	其中有二枚为 LB 号
斯坦因	马伯乐	93	51	42	9	泰始二年（266） 泰始五年（269）	其中包括 LC、LE、LF、LM 出土
橘瑞超	林梅村编《楼兰尼雅出土文书》	44	5	39	1	泰始五年（269）	LK 出土
本次调查		65	63	2	4	泰始二年（266） 泰始五年（269）	
合计		576	412	164	48		

根据上表统计，楼兰所出汉文文书共计 576 件，其中木简 412 枚，纸文书 164 件，在这些文书中有绝对年代的上起曹魏嘉平四年（公元 252 年），下迄前凉建兴十八年（公元 330 年）(关于文书年代论述参见侯灿《论楼兰城的发展及其衰废》一文第三部分，其中文书统计数应以本次为准；又前凉年号参见侯灿《前凉年号新考辨》，载《新疆社会科学》1982 年第 2 期），这些汉文文书除本次调查所得的外，都

是根据已经公开出版发行的资料统计的。但是，随着我国开放政策的实施，近几年以来，我国学者又不断至欧洲寻访所藏西域文献，1984 年至 1985 年北京大学荣新江同志出访欧洲，在英国图书馆东方写本与图书部所见，编号为 Or.8211/1—3326 号、Or.8212/1—1927 号都是斯坦因在我国新疆和河西走廊所获入藏的文书，在这些文书中据他查对，前者沙畹在《斯坦因在新疆沙漠中所获汉文文书》一书中刊布了 Or.8211/1—991 号，其他 Or.8211/992—1351 和 1683—3326 号也主要是汉文文书；后者马伯乐在《斯坦因第三次中亚探险所获汉文文书》一书刊布了 Or.8212/200—855 号汉文文书，但仍有许多文书没有公布（参见荣新江《欧洲所藏西域出土文献闻见录》一文，载《敦煌学辑刊》1986 年第 1 期），在这些没有刊布的文书中，据荣新江同志相告还有不少楼兰出土的汉文文书。

下面仅就本次所得，结合以往在此所出已经公开刊布的木简纸文书，分类诠释如下：

（一）释官

有官职的木简 3 枚：

简 1a □□　张□长史　圀　　　（正面）

b 部都督督部遣遣遣　　　（背面）（图版三〇，1a、b）

编号 80LBT：001，长 15.3，宽 1.1，厚 0.2 厘米

简 2　督巩研　十　　（图版三〇，2）

编号 80LBT：003，长 11.3，宽 1.3，厚 0.25 厘米

简 3　▨督王员等　　（图版三〇，3）

编号 80LBT：020，长 10.2，宽 1.5，厚 0.3 厘米

（□表示所缺字数可知或其字无法释读者；字外加方框是表示该字残缺一部分，或字迹虽模糊但可认定者；▨表示所缺字数不明者。）

简 1 两面书写，a 面第一、二字字迹模糊不能释读，第四字字迹虽然清楚，但是草书不能辨认。在楼兰地区出土有西域长史或长史，有张姓或有名字的有如下几简：

孔木 No.107（LA. Ⅱ. ⅱ）：

出 长史白书一封诣敦煌府蒲书十六封具
　 十二封诣敦煌府二诣酒泉府二诣王怀阚颀 |||

沙木 No. 751（LA. Ⅵ. ⅱ. 0200）：

因王督致

西域长史　　张君坐前

　　　　　　元言疏

沙木 No.752（LA. Ⅵ. ⅱ. 015）：

西域长史承移今初除月廿三日当上路从上邽至天水

马木 No. 187（LA. Ⅳ. ⅴ. 021）：

……长史君教（马伯乐将“长”字释“掾”，张凤以“□”空上，下注“疑掾”。查原图版此字残缺右半，从所剩左半笔划推敲，应释为“长”。）

马木 No. 209（LA. Ⅵ. ⅱ. 022）：

……长史鸿移

此外，斯坦因在《古代和田》（*Ancient Khotan.* Oxford, 1907. 以下简称“和”）一书的附录Ⅱ中所载，他在尼雅所得一枚木简，编号为 N. ⅩⅤ. 85，简中段剩有“长史苞下”数字。

简 1 所出地点与沙木 No.751 和 752，马木 No.209 同在一个地方，即楼兰城中三间房官署西的大垃圾堆中，孔木 No.107 出自三间房官署的东头间，只马木 No.187 出在大垃圾堆的西北部。从简 1 的第四字字迹观察，这位姓张的长史，既不名承，又不叫君和鸿，当然更不是苞了。关于西域长史一官的设置，王国维在《流沙坠简》中的考证说：“后汉前凉皆置西域长史，见于史传。至魏晋，此官书阙无考。惟《魏志・仓慈传》之长吏，余序（指《流沙坠简》）此书时疑为长史之讹。以此简（即沙木 No.752）证之，知魏晋间已置西域长史矣。”《后汉书・西域传》记载：“自建武至于延光，西域三绝三通。”东汉之初仿西汉之制，以都护统西域，不久而罢。和帝永元三年（公元 91 年）班超原以将兵长史平定西域，遂以超为都护，不久又罢。直至安帝元初六年（公元 119 年）以索班为行敦煌长史出屯伊吾，数月后被北匈奴攻没，班勇遂建议遣西域长史出屯楼兰，“西当焉耆、龟兹径路，南强鄯善、于寘心胆，北扞匈奴、东近敦煌”。（《后汉书・班勇传》）延光二年（公元 123 年）遂以勇为西域长史，将兵五百人出屯柳中（今鄯善县鲁克沁），次年正月，班勇至楼兰，以鄯善归附，特加三绶。至此西域不复置都护，而以长史之职摄行都护之事。东汉之末朝政衰微，中原多事，朝廷不遑远略，就连敦煌之地也旷无太守达二十年，而西域长史亦当于此时废弃。据《三国志・魏书・张既传》记载：曹魏禅继势力中兴，于黄初元年（公元 220 年）始置凉州，以安定太守邹岐为刺史。又据《三国志・魏书・阎温传》记载：以尹奉为敦煌太守。又据《三国志・魏书・文帝纪》记载：黄初三年（公元 222 年）鄯善龟兹于阗各遣使贡献，西域遂通，置戊己校尉。但西域长史之置，不见于经传，唯《三国志・魏书・仓慈传》记载说：“仓慈字孝仁，淮南人也。……太和中（公元 227—233 年）迁敦煌太守。……慈到，抑挫权右，抚恤贫羸，甚得其理。……西域杂胡欲来贡献，而诸豪族多逆断绝……胡常怨望，慈皆劳之。……由是民夷翕然称其德惠。数年卒官，吏民悲感如丧亲戚，图画其形，思其遗像。及西域诸胡闻慈死，悉共会聚于戊己校尉及长吏治下发哀。”王国维认为，此“长吏二字，必长史之讹”。从而他推定：“恐西域长史一官，自黄初以来，即与戊己校尉同置。”（参见《观堂集林・流沙坠简序》第三册，第 831 页）日本学者长泽和俊在王氏观点基础上作了进一步研究，他在《所谓晋对西域的经营》一文中，对斯坦因所主张的中国在楼兰的屯田始于晋泰始年间的说法表示否定，他说：“经过严密验证此地出土的残简的结果，则可认为是从魏代连续经营下来的。魏在楼兰地方设置屯戍可认为是黄初三年（公元 222 年），大概这一年也设置了西域长史。”（参见《江上波夫教授古稀记念论集・历史篇》，第 99—100 页）

关于前凉的西域长史，王国维也进行了一番研究。他在《流沙坠简序》中说：“至前凉时西域长史之官始见于史（《晋书・张骏传》——原注），而《魏书・张骏传》则又称为西域都护。传言骏分敦煌晋昌、高昌二郡，西域都护、戊己校尉、玉门大护军三营为沙洲，以西胡校尉杨宣为刺史（《晋书・地理志》亦引此文，错乱不可读——原注）。案张骏时，西域有长史，无都护。都护二字必长史之误，或以其职掌相同而互称之。斯氏于此地所得一简云：‘今遣大侯究犁与牛诣营下受试。’称长史所居为营下。又斯氏于尼雅北古城所得木简，有‘西域长史营写鸿胪书’语。此又《魏书·张骏传》之三营，其一当为西域长史之证也。此三营者，戊己校尉屯高昌，玉门大护军屯玉门，而西域长史则屯海头，以成鼎足之势。”此海头是王氏据李柏文书而论的，当西域长史在迁海头之前，应驻屯于楼兰，关于此一问题，请参侯灿《李柏文书出土于LK说》一文。

长史之官，本于汉朝。据《通典》卷二十一《职官三》记载：西汉文帝二年（前178年）置丞相长史，“盖众史之长也，职无不监”。西域长史，本西域都护递变而来，主要执掌军事，屯垦戍边。魏晋时期，州刺史多带将军开府，则州与府各置僚属，州官理民，别驾治中以下皆是；府官理戎，长史、司马等官皆是。西域之地名义上直属中央，实际是由凉州刺史管辖，因此它既不同于州，又不同于将军的开府，故以长史、司马设治。关于司马之职，在楼兰出土的木简纸文书中亦有所见。

a面长史之下是一“敕”字，虽此字稍有缺损，但仍可辨识，作告诫或命令解。这枚简面虽最上两字无法识读，但其下部所书，意思还是比较明确的。意思是：张某长史要告诫或命令属下什么事情。

简b面是一习字简，书不成语。简中第一第五字，比照王国维《流沙坠简·簿书》第三十三简中有“当告部曲”的部字，与此字书法完全相同，应释为“部”。此简编号为沙木No.857（LA. Ⅵ . ⅱ .0121），沙畹未能释出。1901年斯文·赫定也在这个大垃圾堆中掘获有一简，孔好古编号为孔木No.12，书法与沙木No.857完全相同，孔好古释“部”为“既”，与简文文意不通；又孔木No.10中有“即日前领（？）”，其“领（？）”字书法与“部”字亦完全相同，但孔氏对领字尚未肯定，本字应从王氏。简中第六、七、八、九字，在孔木No.30中有“报已遣”，其“遣”字书法与六、七、八、九字相同，此应从孔释为“遣”。简中第二第三两字，根据笔意应释为都督。有都督之字的简还见于马木No.213（LA. Ⅵ . ⅱ .028），亦出于此大垃圾堆中。简曰：

　　泰始三年以来□
都督　曹节度所下杂文
　　书本事

这是一枚检署之简，所谓检署，是将性质相同或相类的文书，捆扎在一起，在这类文书上所挂的封签。犹如我们现在入档公文夹上所标的说明。都督二字横书，都督二字之下简的两侧各开有一个楔形缺口。关于都督一官，据《通典》卷三十二职官十四所载：东汉建安中魏武为相，始遣大将军督之，而袁绍分沮授所统诸军为三都督；魏武征孙权还，又使夏侯惇督二十六年；魏文帝黄初三年（公元222年）始置都督诸州军事或领刺史，晋受魏禅则都督诸军为上，监诸军次之，督诸军为下；太康中都督知军事，刺史理人，各用人焉，惠帝末乃并，任非要州则单为刺史。这一些话把都督或督一官的原委说得比较清楚了，但魏晋时期楼兰地区何时设置都督，是时置时废或一直设置，史籍无载，已出土木简纸文书又无法向我们表明，就是这枚封检，虽然上面写有“泰始三年以来”的字样，但并不能向我们说明，泰始三年之前这里就没有设置此官，也不能说“泰始三年以来”之后设置了此官。这枚封检只能向我们表明：泰始三年以来的某一段时间里楼兰确曾设置了此官。

都督又称为督，上揭《通典》已很明确，只是在晋受魏禅的一段时间里都督诸军为上、督诸军为下，但其官在本质上没有区别，只是在职权大小上有些差异。简2所称“督巩研”，简3所称“督王员”，巩研与王员是督的姓名。在楼兰所出木简中有督的木简还有沙木No.725（LA. Ⅵ. ⅱ. 014），简云：

“□月七日诣督，泰始四年闰月六日己巳言。”马木 No.231（LA. Ⅵ. ⅱ. 049）简云：“▨四枚□假督王佩部失亡。”这两枚木简都出自三间房西大垃圾堆中。“诣督”，诣者往也至也；“假督”，假者代行或兼管之官也。

至于都督（或督）与西域长史（或长史）的关系如何？西域长史上文已涉及，其职务主要是屯垦戍边，管理戍守屯垦的吏士；而都督，据《通典》所述则主要在于统军，统军范围据笔者推测有可能是西域诸国。

日本学者长泽和俊在《魏晋楼兰屯戍考》（载《史观》第 92 册，1975 年）一文中认为：“西域长史同时又称为都督……同类简中又称作督。”都督或称为督是对的，但西域长史是不能同时又称为都督或督的。如果是那样的话，则长泽氏文中所引，也即本文前面所引沙木 No.751 木简的“因王督致西域长史张君坐前”便无法解释。王督者，即督王某也。“因王督致”者，是请王督送也。如果它们是“同时又称”，那么王督和张长史岂不成了一个人？何况这王督与张长史的姓还不相同呢！

（二）释地

有地名的简 5 枚：

简 4 敦煌▨ （图版三〇，4）

编号 80LBT：011，长 4.6，宽 1.2，厚 0.3 厘米

简 5 ▨与敦煌（？）胡三▨ （图版三〇，5）

编号 80LBT：039，长 7.8，宽 1.4，厚 0.25 厘米

简 6a ▨侯于慰犁▨

b ▨言状当弓箭▨ （图版三〇，6a、b）

编号 80LBT：028a，长 9.7，宽 1.1，厚 0.2 厘米

简 7 冀刘君长缮□

武都人张建▨ （图版三〇，7）

编号 80LBT：042，长 8.5，宽 2，厚 0.3 厘米

简 8 ▨威远▨ （图版三〇，8）

编号 80LBT：006，长 3.8，宽 1.3，厚 0.01 厘米

简 4 敦煌二字行书，字迹清楚，下缺。简 5 上下两端均缺，上第一字释“与”，此字见于东晋永和九年（公元 353 年）王羲之《十七帖》，为《中国书法大字典》臼部所收。第二字释“敦”，据甘肃博物馆吴礽骧、徐乐尧同志相告，敦煌马圈湾汉代烽燧遗址出土一千二百一十七枚木简中常见。第三字可能释“煌”，但吴礽骧、徐乐尧同志释“德”，北京大学裘锡圭先生，美国密西根大学教授、兰州大学名誉教授张春树先生释“煌”。如释为德，即敦德，敦煌更名为敦德，是在王莽时期，则从大垃圾堆中共出其他木简文书看，时间可能偏早，因此我们倾向于后者释“煌”。第四字第五字释“胡三”，当是一人的名字。

敦煌，是西汉屯戍重地，地处河西走廊西端，西汉武帝元鼎六年（前 111 年）分酒泉郡置，治所在今敦煌县城西党河的西岸上，西界有玉门关和阳关，是两汉魏晋时期中原与西域往来的门户。在楼兰城

中的大垃圾堆中出土与敦煌有关的还有纸文书一件，沙纸 No.918（LA. Ⅵ . ⅱ）文书云：“敦煌具书畔毗再拜。”这是一位名叫畔毗的人从敦煌写来的一件文书，可见敦煌与楼兰两地的关系密切。

简 6a 上下两端皆残，“侯于慰犁”，侯当为军侯或曲侯。黄文弼先生 1930 年在楼兰东北部的土垠遗址掘获有“都护军侯”简一枚，此简虽属西汉晚期之物，都护一职已为东汉以后的西域长史所摄行，但长史之下应有军侯或曲侯。据《后汉书・百官志》载：“其领军皆有部曲。大将军营五部……部下有曲，曲有军侯一人，比六百石。曲下有屯，屯长一人，比二百石。……又有军假司马、假侯，皆为副贰。”西域长史虽没有加官为大将军，但已领军开府置僚属。1906 年斯坦因在楼兰城中的大垃圾堆所获木简中有一枚简，据王国维释文为“当告部曲军假司马□康”(此简见沙木 No.857，沙畹未能全释)。可见楼兰亦有部曲，还有军假司马作为副贰。慰犁为尉犁，两汉时期是西域小国，《汉书・西域传》记载：“尉犁国，王治尉犁城……户千二百，口九千六百，胜兵二千人……西至都护治所（今轮台县东南着果特古城）三百里，南与鄯善、且末接。”《后汉书・西域传》云：“延光中，(班）超子勇为西域长史，复讨定诸国。(焉耆王）元孟与尉黎、危须不降。永建二年（公元 127 年），勇与敦煌太守张朗击破之，元孟乃遣子诣阙贡献。”尉犁地望在今库尔勒市西南、楼兰城的西北，距楼兰直线距离约 340 公里，据《三国志・魏书》卷三十引《魏略・西戎传》记载：“中道西行尉犁国、危须国、山王国皆并属焉耆。”魏晋时期，尉犁虽曾一度为焉耆所并，但它仍居“丝绸之路”中道上的重要地段，在尉犁出现军侯或曲侯，这是可以理解的。

简 b 面上下两端亦缺文，从所剩的五个字观察，仍与戍守有关，简曰：“言状，当弓箭…… ”言状者言告情况，弓箭者乃军需之物也。

简 7 应是一枚检署之简，但它与前举马木 No.213（LA. Ⅵ. ⅱ. 028）都督检署之简，形式有所不同。据劳榦先生对延居汉简检署形制的研究，他说检署形制有二：一为与常简相同者；另一为宽博而短者。“其与常简同者为封函之检署，而宽博而短者，盖书囊之检署也。”(参见《居延汉简・考释之部》，1960 年台北版）都督检署之简应是“书囊之检署”，而本枚木简应属“与常简相同之封函之检署”。木简称“冀刘君长缮□”，冀者大也，尊称之词，刘君长名缮□；“武都人张建□”者，是封函人所写的籍贯和姓名。也就是说，这枚封函简是由张建□呈送给刘君长的。武都为郡名，西汉武帝时置，治所在今甘肃省南部成县的西南。

简 8 是一块原从木简上削下的刨花，木皮很薄，只剩下“威远”二字，可能为地名。但从《汉书・地理志》《后汉书・郡国志》和两《汉书・西域传》以及《晋书・地理志》和《西戎传》等志传中均查不到这个地名。

（三）簿书

可归为簿书类的木简有 8 枚：

简 9 ☐泰始四年四月六日壬戌言　　（图版三〇，9）
编号 80LBT：017，长 9，宽 1.3，厚 0.1—0.3 厘米

简 10 泰始四年四月☐　　（图版三〇，10）
编号 80LBT：035，长 12.5，宽 1.3，厚 0.2 厘米

简 11 当 ☐　　（图版三〇，11）

编号 80LBT：043，长 4.5，宽 1.5，厚 0.2 厘米

简 12　☐州郡书当得文书　（图版三十，12）
编号 80LBT：047，长 9.2，宽 1.3—1.4，厚 0.2—0.3 厘米

简 13　☐□十月八日簿中为四　（图版三一，1）
编号 80LBT：044，长 8，宽 1—1.2，厚 0.2 厘米

简 14　☐若水少得度驰还不☐　（图版三一，2）
编号 80LBT：008，长 9.3，宽 1.3，厚 0.1—0.3 厘米

简 15　奉前郡来时各有私饷验官录□藏　（图版三一，3）
编号 80LBT：015，长 19，宽 1.25，厚 0.2 厘米

简 16　汝□行史一人少□作当如何　（图版三六，1）
编号 80LBF3：2，长 23，宽 1.5—2.1，厚 0.4 厘米

简 9、简 10 年号年月清楚，简 9 带有隶书笔意，简 10 则为草书。从其书写格式看简 9 与沙木 No.725（LA. Ⅵ. ⅱ. 014）相同，只是简 9 缺了上半段，沙木 No.725 云："月七日诣督，泰始四年闰月六日己巳言。"从其书体看与简 9 笔意相同，简 9 为"泰始四年四月六日"，沙木 No.725 为"泰始四年闰月六日"，查陈垣《二十史朔闰表》泰始四年闰八月，此两简相差时间为四个月，想在这四个月中书写此两简者似为一人耳。又，沙木 No.727（LA. Ⅵ. ⅱ. 0116）一简为草书，简云："泰始五年正月廿日壬申言。"此简与简 10 草书亦相类同，四月至次年正月仅八个月，书体类同也是巧事。从这两枚木简的书写格式看，当是上言什么事情，应属簿书一类。

泰始是西晋武帝的年号，使用了十年，泰始四年当公元 268 年，楼兰城中泰始年间的木简纸文书出土甚多，斯文・赫定和斯坦因均有获得。

简 11 只剩一小段简头，存一个"当"字，顶头书写，书法流畅，"当"字的最末一笔拉得很长。类似这样的简斯文・赫定和斯坦因均有掘获，如孔木 No.12、沙木 No.857（LA. Ⅵ. ⅱ. 0121）。不过孔好古把"当"字释成"书五"二字是与文意不合的。沙畹和王国维均释"当"，应从"当"。比照孔木 No.12 和沙木 No.857，在"当"字之下应有言告的事情，从其语气应属上对下的文书，故归属簿书一类。

简 12"☐州郡书当得文书"，这是一枚中央朝廷下至州郡的文书。书体为楷书，个别字中还含有隶书笔意。《文心雕龙》云："汉初定仪则，则命有四品：一曰策书，二曰制书，三曰诏书，四曰戒敕。敕戒州郡，诏诰百官，制施赦命，策封王侯。"这四种形制魏晋相袭，如其中诏书斯文・赫定所得楼兰文书中有"二年正月戊寅诏 / 咸熙二年十一月癸"（孔纸 No.16.1）。又"月壬戌诏书除郎中 / □□承（？）泰始二年二月癸"（孔纸 No.16.2）。咸熙为曹魏元帝年号，咸熙二年即公元 265 年，泰始为西晋武帝年号，泰始二年即公元 266 年。斯坦因在楼兰城中所获文书中亦有诏书，如沙纸 No. 902（LA. Ⅱ. ⅱ）云："诏书已召□ / 彼文书。"斯坦因 1901 年在尼雅所获木简中诏书更是多见，如和木 N. ⅩⅤ. 328 与 N. ⅩⅤ. 75 云"西域长史营写鸿胪书到如书罗捕言会十一月廿日如诏书律令"，和木 N. ⅩⅤ. 348 云"写下诏书到罗捕言会三月卅日如诏书"，又如和木 N. ⅩⅤ. 73"于阗王写下诏书到奉"等。这一枚木简有可能是一件诏书开头的后半句习用语。

简13“☐□十月八日簿中为四”，虽文书语意欠明，但其中明书为“簿中”，当属簿书一类无疑。

简14上下两端皆残损，中剩“若水少得度，驰还不□”。简文意思还比较明确，其意是说：所经之处如果水不多，可以渡得过去，那么应当赶快回来。驰，《说文》曰：“大驱也。”车马急驱谓之驰。1901年斯文·赫定在三间房西厢的废墟中见到了大车轮子（参见《1899—1902年中亚考察的科学成果》卷二，第633页），楼兰城中是应当有车马的。“若水少得度”，也表明在楼兰附近的河流中有时也是有大水的。如孔木No.15就有“水大波深必泛”的记载。

简15、简16是草书或行书，所释各字语意欠通，有待博雅君子进一步考证，此暂归于簿书中。简16出自紧靠三间房东北侧的房间前，编号为F3。

（四）名籍

此类简有2枚：

简17　兵卫芒　兵☐
兵孙定　兵马☐　（图版三一，4）
编号80LBT：030，长6.1，宽1.7，厚0.2厘米

简18　□郭和儿·兵部芒□　（图版三一，5）
编号80LBT：033，长8.8，宽1.15，厚0.2厘米

此类木简在斯文·赫定和斯坦因掘获木简中亦不少见，如孔木No.61“卫芝（？）/尽十日”。此“芝”字孔好古释文虽未肯定，但查原简图版，应是“芒”字，与简17的“兵卫芒”的“芒”写法相同。从“卫芒/尽十日”书写格式观察，当系廪给木简，也许与简17的卫芒，同是一人。又如孔木No.67“兵胡金□”，孔木No.68“兵赵得”等。斯坦因所得木简中有沙木No.847（LA. Ⅵ. ⅱ. 013）“兵吴鼠兵郭得受兵常沙□”，沙木No.848（LA. Ⅵ. ⅱ. 048）“兵房虎春”，沙木No.849（LA. Ⅵ. ⅱ. 0159）“兵朱生”等。这些木简所书应是楼兰戍守的士兵名籍。

（五）屯戍

反映吏士屯垦戍守的木简有10枚，大致可分为四组：垦种、牧养、做工、戍卫。

简19　☐□□十亩　（图版三一，6）
编号80LBT：016，长7.8，宽1.9，厚0.3厘米

简20　□下禾□□—□床□　（图版三一，7）
编号80LBT：038，长11.7，宽1—1.5，厚0.2厘米

简21　☐已栽　（图版三一，8）
编号80LBT：045，长5.2，宽1.5，厚0.3厘米

简22　右二人牧牛验☐　（图版三一，9）

编号 80LBT：021，长 7，宽 1.5，厚 0.1 厘米

简 23 右二人兵假吏马贞牡驴一头齿八岁☐

（图版三一，10）

编号 80LBT：032，长 15.2，宽 1.2，厚 0.3 厘米

简 24 ☑七匹计前☐ （图版三一，11）

编号 80LBT：004，长 6.2，宽 1.1，厚 0.1—0.15 厘米

简 25 ☑作☐驼它—匹六☐

☑匹☐☐☐少☐☐☑ （图版三一，12）

编号 80LBT：022，长 7.9，宽 1.7，厚 0.1—0.3 厘米

简 26 ☑织府使卒☑ （图版三一，13）

编号 80LBT：056，长 7，宽 1.7，厚 0.2 厘米

简 27 ☑动静 （图版三二，1）

编号 80LBT：009，长 5，宽 1.1—1.2，厚 0.2 厘米

简 28 ☑动静后白 （图版三二，2）

编号 80LBT：031，长 5.9，宽 1.1，厚 0.15 厘米

简 19、20、21 为垦种，简 22、23、24、25 为牧养，简 26 为做工，简 27、28 可能为戍卫。

简 19 上端残损，前面字迹不清，只余下部“十亩”尚可识读。简 20 字迹也比较模糊，尚可识读者有“下禾”“床”。简 21 只剩“已栽”二字。这三枚简都与农事有关。在楼兰城中出土木简比较全面反映农事垦种的有沙木 No.753（LA. Ⅵ. ⅱ. 0107）一枚，两面书写：

大麦二顷已栽廿亩下床九十亩溉七十亩

将张佥部见兵廿一人 小麦卌七亩已栽廿九亩

禾一顷八十五亩溉廿亩莇五十亩

（以上简面）

大麦六十六亩已栽五十亩下床八十亩溉七十亩

将梁襄部见岳廿六人 小麦六十三亩溉五十亩

禾一顷七十亩莇五十亩溉五十亩

（以上简背）

木简中“床”字，沙畹释“庄”有误，床就是糜子，学名为黍，至今新疆的农民仍在种植，农民称为黄米。据南宋初年人郑刚所撰《西征道里记》中说：“西人饱食面，非床犹饥。将家云，出战糗粮，干不可食，嘴床半掬，则津液便生，余物皆不咽。”明李时珍《本草纲目》中亦说：“黍乃稷之粘者，亦有赤、白、黄、黑数种。”笔者在楼兰城中大佛塔东面约 32 米处，在一堆散乱木材下发现有一大堆堆积的糜子，糜子呈黄色，糜子中还夹有大麦粒，大麦也是一种比较耐旱的粮食作物，由此可见糜子和大麦不但适宜于这个地区广泛种植，而且适宜于吏士戍守的战时生活。此简简背“大麦六十六亩”，沙畹释文为“七十七亩”，查原图版应为“六十六亩”。这枚木简包括了简 19、20、21 的内容。

简22“右二人牧牛验”，大概楼兰地区屯种的牧牛是需要经过官验的，如沙木No.755（LA.Ⅵ.ⅱ.0153）简云：“□因主簿奉谨遣大侯究犁与牛诣营下受试。”简中说犁与牛都要到长史营下进行检试。简23的文意是说有兵二人借吏名叫马贞的人牡驴一头，驴有八岁齿。牡，说文曰：“畜父也。”牡驴，也就是公驴。简24上端缺损，只余“七匹计前”数字，以匹计算者当为马、骡、驼等大牲畜。简25字迹潦草模糊，从可识读的文字看，当属登记牲畜的木简，简中有“驼它一匹六岁”。驼它，即骆驼，不仅是楼兰，也是西域特产，素有沙漠之舟的誉称。《汉书·西域传》云：鄯善国本名楼兰，地沙卤少田，有驴马，多橐它。橐它即驼它。从这组简中所知楼兰牧养的大牲畜有牛、驴、驼它和马、骡等物。

简26上下两端皆缺损，余“织府使卒”四字。织府应为织造作坊，使卒当是做工的戍卒，役而用之谓为使。织府二字的出现，说明楼兰屯戍区已有纺织作坊的设置。据《汉书·西域传》记载：楼兰去阳关千六百里，去长安六千一百里。从这样远的地方运来这些屯戍吏士的衣着，当然是很费劲的。就地制造这些东西，既省物又省力，又适合地方特点的需要，当然是一种好办法。

简27上端缺，剩下端“☐动静”二字，简28上端亦缺，余下端“动静后白”四字。两简均行书兼草体，其“动”字笔迹比较清楚。“动”下一字当释为“静”，此字见东晋王羲之《十七帖》、《淳化阁帖》，为《中国书法大字典》青部所收。“动静”也就是情况。简28第三字当释为“后”，此字见《快雪堂帖》，也为《中国书法大字典》彳部所收。“动静后白”者，也就是说情况后告。此二简可能为戍卫的报告。

（六）廪给

粮食廪给的简有6枚，都是屯垦吏士吃粮的收支记录：

简29a 出麦五十九斛四斗五升拎乞☐

b □百一十三☐ （图版三二，3a、b）

编号80LBT：018，长7.5，宽1.2，厚0.2厘米

简30a ☐斛□斗三升捌

出小麦五斛四斗二升☐

b 十一月十一日左朗胡☐

□□四斛四斗☐ （图版三二，4a、b）

编号80LBT：048，长6.2，宽2.2，厚0.1—0.2厘米

简31a 入床六斛七斗二升禀将晋□

等二人：日食一斗二升起十月十

b 百人 （图版三二，5a、b）

编号80LBT：051，长9.8，宽1.6，厚0.3厘米

简32 部兵李平威 同 泰始□年十月十一日☐

日尽十一月十日 唐暁☐

（图版三二，6）

编号80LBT：050，长19，宽1.6，厚0.2—0.6厘米

简33 ☐兵欧阳珎赵□

▨□人一斛二斗入□　□　　　　（图版三二，7）

编号 80LBT：1，长 11，宽 1.3，厚 0.1—0.2 厘米

简 34　泰始四年七月廿日□□□椽▨

□□□□付史□▨　　　　（图版三二，8）

编号 80LBT：040，长 10.4，宽 1.5，厚 0.3 厘米

简 29 下端被烧缺损，简 30 右上角和下端残。这两简属支出登记，明书“出麦”“出小麦”。简 31 和 32 经笔者缀合，茬口相投，同属一简，为一出纳登记，既有支出又有收入，明书“入床”多少多少，“廪将晋□部兵李平威等二人人日食”多少多少。简 33、34 上下两端皆残损，但从所剩部分推知，亦属出纳登记。这种出纳登记比较完整的形式，在斯文·赫定和斯坦因所获木简中都有，如孔木 No.50，此简两面书写：

a. 出 床四一斛七斗六升给廪将尹宜部兵胡支
　　 鸾十二人：日食一斗二升起十月十一日尽十一月十日　同

泰始二年十月十一日仓曹史申傳监仓史翟同

□　　　阚携　付书史　林阿

b. □□掾阚凌

孔好古将“床”字误释为“廪”字，“将尹宜部”脱释为“将尹部”，又简文中间偏长的“同”字误释为“☰”。

又如沙木 No.728（LA. Ⅵ. ⅱ. 188），此简亦两面书写：

a. 入 麸二斛八斗当麦一斛四斗廪削工伍佰铃下马下
　　 李卑等五人日食八升起六月十一日尽十七日　同

泰始四年六月十一日受仓曹掾曹颜

吏令孤承付

b. 功曹史赵伦　主簿梁鸾　录事掾曹　监量掾阚　伍佰穆成　消工郭受
　　马上穆取
　　领下张丰

沙畹将“入”字误释为“出”字，“麸”误释为“麸”，简中部的“同”字未释。比照这两枚简格式基本相同，所异者不过一为前一简顶格所书写“出”，后一简所书为“入”，这一出一入经笔者核算，皆为支出，前一简所书十二人，每人每日食一斗二升，食三十天，当为四十三斛二斗，而实际支出的则为四十一斛七斗六升，还差一斛四斗四升，也许当时粮食比较富裕，差一些尾数也不算什么；后一简所书五人食，每人每日食麸八升，食七天，则正好为二斛八斗。二为前一简签署的官吏只有四人，后一简签署的官吏有六人，而且领粮者也要签押。看来后者的发放制度是很严的，每人日食八升麸，只相当于四升麦，如果与泰始二年每人每日食床一斗二升比较，显然粮食供给是紧张的。由此看来泰始四年当是粮食收成不好，官府加强了发放控制，这种官吏加强粮食控制的手续，并不能表明此种简式书写有何本质区别。

（七）器物

此类简约有8枚：

简35 ☐八枚 （图版三二，9）
编号80LBT：007，长6.1，宽1.3，厚0.25—0.4厘米

简36 承 ☐ （图版三二，10）
编号80LBT：010，长5.6，宽1.1，厚0.5厘米

简37 ☐百廿八斤☐ （图版三二，11）
编号80LBT：012，长5.8，宽1.2，厚0.2—0.3厘米

简38 ☐为六百卌☐ （图版三二，12）
编号80LBT：060，长4.5，宽1.2，厚0.15厘米

简39 ☐吏赵辩弓箭未具☐ （图版三二，13）
编号80LBT：023，长7.7，宽1.1—1.2，厚0.2厘米

简40 铠杖自副皆令☐ （图版三三，1）
编号80LBT：058，长8.3，宽1，厚0.2厘米

简41 ☐风破穿裂 （图版三三，2）
编号80LBT：059，长9.3，宽1.1，厚0.2厘米

简42 ☐得毡曲毡 （图版三三，3）
编号80LBT1：1，长11，宽1.1，厚0.2厘米

简35、37以枚、斤计量，当属器物，简38虽计量单位不明，可能亦为器物。在斯文·赫定、斯坦因所获木简中以枚计量者，器物甚多，如鼓（孔木No.106）、皮兜鍪、角弓、箭、木桐、大戟、盾、皮丰兜鍪（孔木No. 104）等，又如驼他带、毳索（沙木No.778，LA. Ⅲ. ⅰ. 4）、胡臿合（沙木No.779，LA. Ⅲ. ⅰ. 7）、胡铁小锯（沙木No.780，LA. Ⅵ. ⅱ. 186；沙木No.781，LA. Ⅲ. ⅰ. x）、大钻（沙木No.787，LA. Ⅲ. ⅰ. 9）、连囊（沙木No.788，LA. Ⅵ. ⅱ. 0145）、斧（沙木No.791，LA. Ⅵ. ⅱ. 0128）等，这些都是屯戍吏士的常用之物。简36只剩一个“承”字，按其书写简式当是“承前”累计之物，此种简式在斯坦因所获木简中不乏所见，如沙木No.775（LA. Ⅵ. ⅱ. 0106）有“承前故绝弩绾六□”，沙木No.776（LA. Ⅵ. ⅱ. 0105）有“承前囚钎二具”，沙木No.780（LA. Ⅵ. ⅱ. 186）有“承前胡铁小锯钋十六枚”，沙木No.782（LA. Ⅵ. ⅱ. 0168与0166）有“承前桔梗八两”等等。

简39上下端皆缺损，“吏赵辩弓箭未具”，赵辩之名在斯文·赫定与斯坦因所获木简中计有四见，时间明确者始见于泰始五年十一月五日（孔木No.102），当时署衔的职务是从掾位，又见于泰始六年五月七日（沙木No.736，LA. Ⅵ. ⅱ 044），署衔的仍是从掾位，其余还有两见：沙木No.737（LA. Ⅲ. ⅰ. 34）署衔为监藏掾；沙木No.750（LA. Ⅱ. ⅴ. 2）署衔仍为从掾位，但这两枚简年代不明。看来这位叫赵辩的人在泰始年间担任过从掾位和监藏掾之职，总称为“吏”。

简 40 下端残缺，上端完整，简曰“铠杖自副皆令☐”。铠者，《说文》曰：“甲也。”徐灏笺：“《周礼・司甲》。郑玄注：‘甲，今时铠也。’疏曰：‘古用皮，谓之甲；今用金，谓之铠’。”刘熙《释名・释兵》：“甲亦曰铠，坚重之名也。”杖者，持者，可持而击之，亦当兵器之物。副通负，此作自带解。“皆令”以下缺文。此简的文意是说：铠甲和木杖自己携带，皆令……

简 41 上缺，剩“☐风破穿裂”，风字不释，破穿裂，当是坏得不成样子。

简 42 上端缺损，“得毡曲毡”。毡，为西域特产，用毛做成。曲毡，可能是毡中之一种。此简出三间房西厢西南侧第一号探坑。

（八）买卖

属于此类简有 4 枚：

简 43　赎胡女舍☐
律令　（图版三三，4）
编号 80LBT：037，长 10，宽 1.7，厚 0.2 厘米

简 44　☐佃田　（图版三三，6）
编号 80LBT：026，长 4.7，宽 1.5，厚 0.05 厘米

简 45　☐谷取还　（图版三三，5）
编号 80LBT：034，长 6.8，宽 1.5，厚 0.2 厘米

简 46　以六月十三日市□□如十即一□☐　（图版三三，7）
编号 80LBT：025，长 10.3，宽 1.2，厚 0.2 厘米

简 43 下端残损，存上部“赎胡女舍 / 律令”，这是一枚关于奴婢买卖的简。《史记・酷吏列传》载杜周曰：“前主所是著为律，后主所是疏为令。”所谓律令，是根据封建统治阶级的意志以皇帝名义所规定的律例条令。在魏晋时期奴婢的使用和买卖比较广泛地存在着，朝廷对于这些奴婢自然是有管理规定的。《三国志・蜀书・杨戏传》载《季汉辅臣赞》注引《襄阳记》中说：三国时人“使奴执耕稼，婢典炊爨”。《魏书・食货志》亦云：“奴任耕，婢任绩。”大概当时的奴隶是从事农业生产的，婢女是进行家内生活劳动的。胡女，是指当地的西域土著女子。这枚简是说：按照朝廷的规定赎回西域土著女子名叫舍的人。这位土著女子既然被赎买回来，当属婢女无疑。楼兰地区虽为屯戍区域，但这里的官吏，由于当时社会风气所使然，他们不一定不使用和买卖奴婢。在斯文・赫定所获木简中就有奴婢买卖的记载，如孔木 No.27・2 云“卖之敦煌域外奴”等。简 44，是一块从原简上削下的刨花，可识读者为“佃田”。佃田的出现，说明楼兰地区除了戍卒的耕垦外，官吏还进行租佃剥削。租佃者，也可能是属于奴隶身份的佃客。据《宋书・王僧达传》记载：东晋初年王僧达自言有“婢仆十余，粗有田入，岁时是课，足继朝昏”。这些话是说：王僧达有奴婢十余户，租佃给他们的田地收入，除了每年的租赋课税外，还可以保持每日的生活。楼兰的佃田可能也与此相差无几。

简 45 上端残损，余下端“谷取还”三字；简 46 上部可释者“以六月十三日市”，其下部字迹潦草模糊。从此二简可释读的文意看，“谷取还”与“市”，当与借贷或买卖有关。

（九）杂释

除以上所释木简外，尚有一部分字句残损、文意难于理解或字迹非常模糊、无法辨识的木简，归为杂释一类，计有 17 枚：

简 47 与简 48a　□义阳敕
b　□义阳字长修　（图版三四，1a、b）

此两简经文化部文物局古文献研究室胡平生同志缀合，茬口完全一致。简 47，编号 80LBT：041，长 16.8，宽 0.3—1.5，厚 0.4 厘米；简 48，编号 80LBT：027，长 8.2，宽 0.7，厚 0.4 厘米，均两面书写。a 面为行书，b 面为楷书，书法刚健有力，在 a 面或 b 面的“义阳”二字上，各有一半爿字，不识。

简 49　录召耽等☑　（图版三三，8）
编号 80LBT：049，长 5.8，宽 1，厚 0.2 厘米

简 50　□索当须□　（图版三三，9）
编号 80LBT：002，长 7，宽 1.1，厚 0.2 厘米
此简上下两端均被火烧残。

简 51　王（？）　（图版三三，10）
编号 80LBT：005，长 5.7，宽 1.8，厚 0.2—0.3 厘米
此简余两横一竖，第三横稍显，均粗笔，顶头书写，以下残损。

简 52　□关□□☑　（图版三三，11）
编号 80LBT：046，长 6，宽 1.5，厚 0.3 厘米

此简上下两端均残损，在“关”字上方两侧削有楔形缺口各一个，然后用麻绳缠绕三转，“关”字下有两字字迹不清。

简 53a　☑虎木（？）言木（？）言
b　实杨海　（图版三三，12a、b）
编号 80LBT：052，长 12.8，宽 0.8—1，厚 0.2 厘米

简 54　□宜假（？）右卒　（图版三四，2）
编号 80LBT：053，长 7.3，宽 0.4—0.7，厚 0.6 厘米

简 55　□不在□　（图版三三，13）
编号 80LBT：054，长 4.5，宽 1.4，厚 0.2 厘米

简 56　□　（图版三三，14）
编号 80LBT：057，长 3.3，宽 1.1，厚 0.05 厘米

此简是从原简上削下的刨花，只剩一个字的半爿。

简 57　☑□□当□□遇　（图版三四，3）

编号 80LBT：029，长 5.4，宽 0.9，厚 0.2 厘米

简 58 （字迹模糊不清） （图版三四，4）

编号 80LBT：5，长 17.7，宽 1.1，厚 0.3 厘米

简 59 （字迹模糊不清） （图版三四，5）

编号 80LBT：013，长 15，宽 1.2，厚 0.3—0.5 厘米

简 60 （字迹模糊不清） （图版三四，6）

编号 80LBT：014，长 7.8，宽 1，厚 0.2 厘米

简 61 （正面只剩字迹的三分之一，颇难识读；背面有字迹模糊不清）

（图版三六，2a、b）

编号 80LBT：019，长 16.7，宽 0.7—1，厚 0.5 厘米

简 62 （字迹模糊不清） （图版三四，7）

编号 80LBT：024，长 4.7，宽 1.3，厚 0.1—0.2 厘米

简 63 （两面书写字迹模糊） （图版三六，3a、b）

编号 80LBT：036，长 5.1，宽 1.3，厚 0.2 厘米

此简上端从削有楔形缺口处断折。

（十）纸文书

有 2 件，均麻纸，质地粗糙结实，其中一件两面书写：

纸 1a 六月廿九日王宾军□顷者趣别

临诀（?）□：不知何□□不登□□□

1b 二十二年苦不能□致到楼兰敕髀角□语□

吾浣易衣裳□情交往岂当惜不相□□□

故□至念用每心书不示意在□会□

（图版三五，1a、b）

编号 80LBF1：7，长 14，宽 4 厘米

此纸行书兼草书，出三间房东小间。折成四折，再卷成小卷，小卷两端还在器物上抹擦过。从文意看似为一封书信。

纸 2 诣（?）□□善罗□寄驼物绔□知物

□绥六□□知物也具实善

（图版三六，4）

编号 80LBT：061，长 22.5，宽 6.5 厘米

此纸出三间房西大垃圾堆中，揉成团。从文意看可能也是一封书信。

此外，我们还在三间房西的大垃圾堆中获得佉卢文木牍残片一枚（图版三五，2），这枚残片编号80LBT：055，长9.3，宽1.2，厚0.2—0.5厘米。经提请文物局古文献研究室林梅村同志解读，他以拉丁文转写如下：

第一行（Sam）me maṣe 43 divaṣe 10 tam（kalammi）Saloya［下残］

第二行……ma……

释读成中文为：

第一行兹于三年七月十日，是（时）沙罗耶（下残）

第二行……

他认为这一枚残片是一件木牍上的右上角的一小部分，这种木牍是用来记事或记账的，故有纪年纪日。这件木牍和以前由斯坦因在尼雅发现的，经A·M波叶尔等人解读的604号文书内容同属于一类。

在楼兰城中斯文·赫定和斯坦因均搜集到一些佉卢文书，斯文·赫定搜集的数目不清，未见著录，斯坦因搜集的共有48枚，他把这些文书与同尼雅等地的佉卢文书提供波叶尔等人解读，全部著录在《斯坦因爵士在新疆发现的佉卢文书集释》（*Kharosthi Inscriptions Discovered by Sir Aurel Stein in Chinese Turkestan*. Oxford, 1920.）一书中。

以上从对楼兰新出土的木简、纸文书的考释，使我们进一步地得出以下几点认识：

1. 曹魏西晋时期，在楼兰遗址不但设置了长史，而且设置了都督，长史的主要任务是管理戍守屯垦，而都督之职有可能是统帅和管理西域诸国的军队。

2. 魏晋时期的纪年年号简频出和中央朝廷的诏令文书，表明了曹魏西晋时期对经营西域的重视，楼兰与当时的中原王朝有着不可分割的隶属关系。那种认为西晋时期中原王朝无力对西域进行经营的看法，是没有事实根据的。

3. 楼兰地区的吏士，除了日常的生产活动如耕垦、牧养、做工、戍卫之外，他们也从事一些买卖活动，其中有的官吏也使用奴婢、租佃土地。

4. 楼兰出土木简纸文书再次表明，我国的书法在魏晋时期正处于隶书、楷书、行书、草书并行的阶段，书写材料上也处于交替使用简牍与纸张的发展阶段。

五、城郊墓葬发掘

在古城工作的同时，我们派出小分队在城的附近寻找古墓地，在古城东北部，距古城直线距离约4.8公里处，我们新发现墓葬群一处。墓葬在一个平台地上，这个平台地较附近其他风蚀地貌的小台地要高大些，目标比较显著，我们把这个墓地命名为“平台墓地”，编号为MA（本应编号为AM，因当时原始记录已编号下去，室内整理为避免编号混乱，故仍沿用原始号为MA。孤台墓地用MB亦同）；在平台墓地东北约两公里，距古城直线距离约6.9公里处，我们找到了1914年斯坦因挖掘过的墓地，斯氏命名为LC。这个墓地在一柳叶形的高台地上，较其附近风蚀台地更为高大突出，所以我们取名为“孤台墓地”，编号为MB；此外，我们还在古城西北部，距古城直线距离约22公里处，找到了墓地一处，残剩墓葬一座，编号为XMB。现将发掘情况分别叙述如下：

（一）平台墓地（图二七；图版三七，1）

墓葬分布在长43米、宽24米、高出地面约6米的台地上，由于顺东北风势，台地由东北向西南延伸，类似一个“亚”字形。有墓葬七座，其中MA4和MA5因在上风口，被强劲的东北风掏蚀，暴露在外，已不辨墓葬形制，只出有少量遗物，其余五座在台地的东南部，墓表不见封土堆，反而因墓坑填土疏松而在墓表呈现出比四周略低的圆坑或椭圆形浅坑。这五座墓葬，按其形制分为两种：一种长方形土坑竖穴墓，又可分为两式：单身葬和丛葬。另一种为斜坡墓道方形土坑竖穴墓（参见古墓清理登记表）。

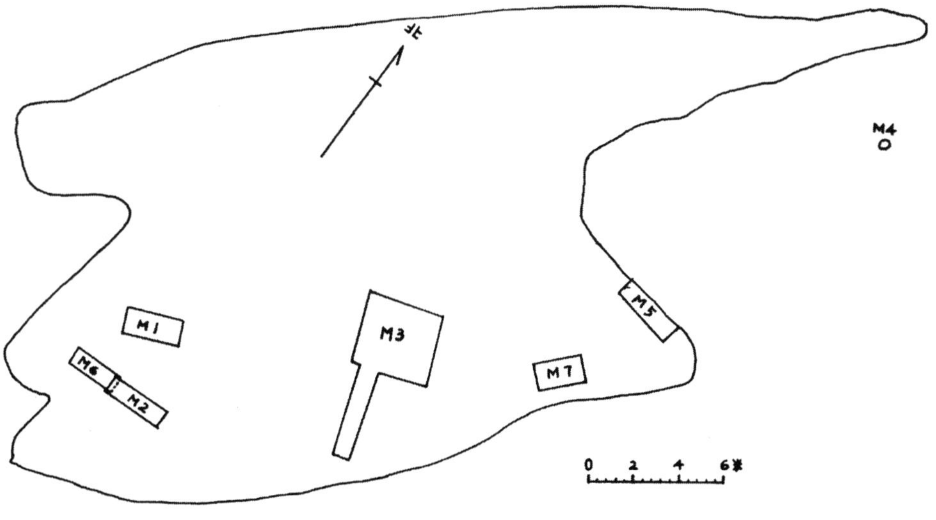

图二七　楼兰平台墓地平面图

楼兰城郊平台墓地古墓清理登记表

（单位：米）

墓号	长方形土坑竖穴墓（长 × 宽 × 深）	斜坡墓道土坑竖穴墓		方向（度）	人骨架	随葬器物	备注
		墓道（长 × 宽）	墓室（长 × 宽 × 深）				
MA1	墓口 ？×1.04 墓底 2.38×0.9×0.63—0.88			58°	中年男 1	灰陶杯 1	沿墓室直立一排木桩，木桩上横编苇草
MA2	1.2×0.5×0.45—0.5			89°	小孩 1	木案 1、 木板 4、 残铜镜 1、 绢 1	脚部打破 MA6
MA3		上口 3.8×0.7—0.94 下口 4.12×0.7	墓口 3.6×3.6 墓底 3.32×3.26×1.72	336°	中年男 2、 中年女 1、 不明 2	灰陶罐 1、 双耳红陶罐 1、 豆形陶灯 1、 骨弧形器 4	
MA4				?	中年女 1	红陶杯 1、 铜耳饰 1	严重风蚀
MA5	3×？×1			?	不明	灰陶杯 1、 铁镞 6、 残铁器 3	风蚀
MA6	2.3×0.58×0.8			89°	壮年女 1	红陶杯 1、 灰陶罐 1、 铁耳饰 1	被 MA2 打破
MA7	墓口 2.24×1.34 墓底 2.06×1.26×1.5			34°	小孩 3、 中年男 2、 中年女 2	红陶杯 1、 连弧纹陶杯 1、 小石杯 1、 五铢钱 2、 残铜镜 2、 骨耳饰 2	

1．长方形土坑竖穴墓

此种墓葬，墓道与墓穴连在一起，因无棺椁难以区分。属于①式单身葬的有 MA1、MA2、MA6 墓，其中 MA2 为一小孩墓打破了 MA6 墓，MA6 为一中年女性墓。②式丛葬墓，只有一墓，编号为 MA7，人骨架七具。

（1）单身葬墓

80LBMA1 墓　在平台墓地的南部，东南距 MA2 墓约 2 米，东距 MA3 墓约 8 米，墓向方位 58°。呈长方形，墓坑中用黄沙土填充，比原生土疏松。墓的东北部被扰乱，因此这部分墓口宽度不详；西南部保存较好，墓口宽 1.04 米；墓底宽 90 厘米，底长 2.38 米，底深 63—88 厘米（图二八）。

从西南部保存情况看，无棺椁葬具，只是在墓底顺墓壁打下一排直立木桩，木桩距离疏密不等，最密的相距 3 厘米，最疏的相距 18 厘米；木桩大小也不一，最大的直径 14 厘米，最小的直径 5 厘米；木桩长的 60 厘米，露出墓底 50 厘米；短的 50 厘米，露出墓底 40 厘米。在木桩靠近人骨架的一面，用苇草束成一小把一小把的苇束，再将苇束扎成苇帘，用绳索捆在木桩上（图版三七，4）。分析其用途，可能是安葬死者时用来挡沙土，或用着葬具的。

人骨架头东北脚西南，仰身直肢，胸骨以上被扰乱，头骨移放在心房部位，左肩骨和右肱骨均在头骨处，死者为一中年男性（图版三七，2）。

出土器物，只见有灰陶小杯1件，编号为80LBMA1：1（图三〇，1；图版三八，5）。器形不大规整，质地夹沙粗陶，敛口，圆唇，口呈椭圆形，直斜腹，小平底，手捏制，口径7.5，底径4，高3.1厘米。出土时在人头骨的左上方。

80LBMA2墓　位于平台墓地的南部，西北距MA1墓约2米，脚部打破了MA6墓（图版三七，3），墓向方位89°。呈长方形，墓坑很浅，长1.2米，宽50厘米，深45—50厘米。坑中用黄沙土回填，不见葬具，只见一方形木案反扣在人头骨和颈部上，木案在接缝处已破成两块，其中靠头顶部的一块右上角已露出地面。头下枕有朽木，竖放着的四块，横放着的两块，最上面一块也露出地面。朽木经国家文物局文保科技所碳-14测定，树轮校正年代距今为2040±90年（以1950年为起点），约当两汉相交的时期。

人骨架头东脚西，仰身直肢，面向稍偏北，未见扰动。头部缠裹素绢一块。死者是一小孩（图二九）。

出土器物有：

木案1具，编号80LBMA2：1（图版三八，2）。由两块木板相拼合，反扣在人头颈部，木案合缝处有三个小圆孔，孔径1，深4厘米，孔中有小木枝插入。案的四边有高出的棱边，边高0.5，边宽1.5—2厘米。出土时两块已分裂，其中一块长54，宽15，厚3厘米，另一块为54×14×3厘米。案背面靠两端有腿榫眼4个，眼长2.2，宽1厘米，呈椭圆形。

素绢1件，编号80LBMA2：2。出土时包裹在小孩头部，双幅联缀，单幅长37，宽25厘米。平纹十字交叉，织工细密。在绢的两端各缀有素色丝带一条，每条长26，宽5厘米。

木板4块，编号80LBMA2：3。竖枕在人头骨下，已朽，标本经碳-14测定。

残铜镜1枚，编号LBMA2：4（图三〇，2、3；图版三八，3）。残宽5.4，残长6，厚0.2厘米。镜纽直径2.4，纽孔径0.5厘米。出土时置于小孩左肱骨外边，仅保留了镜纽一部分，从残存花纹看，以镜纽为圆心，围绕圆心作几何对称的四瓣花蒂，瓣尖向外，瓣间夹以篆书铭文，现存“子孙”二字，纽成半球形，蒂瓣外是一圆圈纹，圆圈外再作内向连弧纹饰。经提请中国历史博物馆俞伟超先生鉴定为“内向连弧柿蒂纹镜”，铭文应为“长宜子孙”四字，今缺“长宜”两字，其时代当在西汉末期。

80LBMA6墓　在平台墓地南部，北距MA1墓约1.6米，东与MA2墓相连（图版三七，3），墓向方位89°，亦为长方形。墓坑较浅，不见葬具，坑长2.3米，宽58厘米，深80厘米。墓的东部被MA2打破。人骨架头东脚西，面南，仰身直肢，骨架基本完整，死者为一壮年女性（图三一）。

出土器物有：

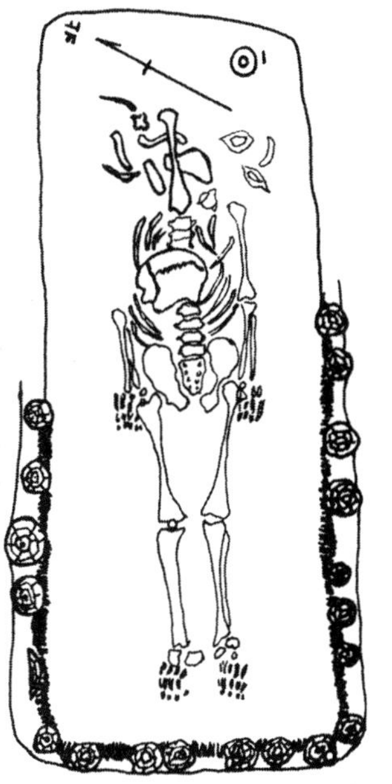

图二八　MA1墓平面图

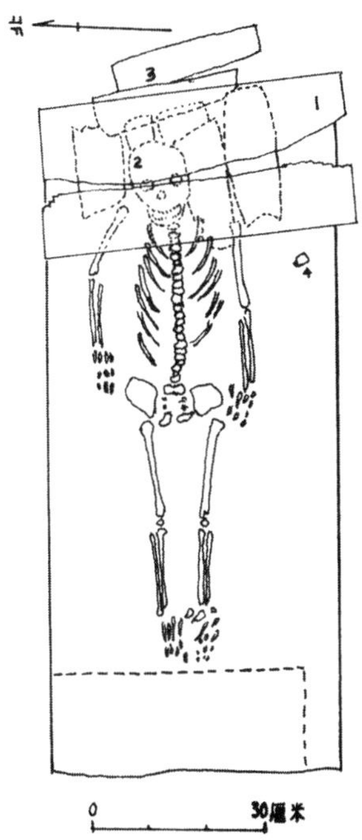

图二九　MA2墓平面图

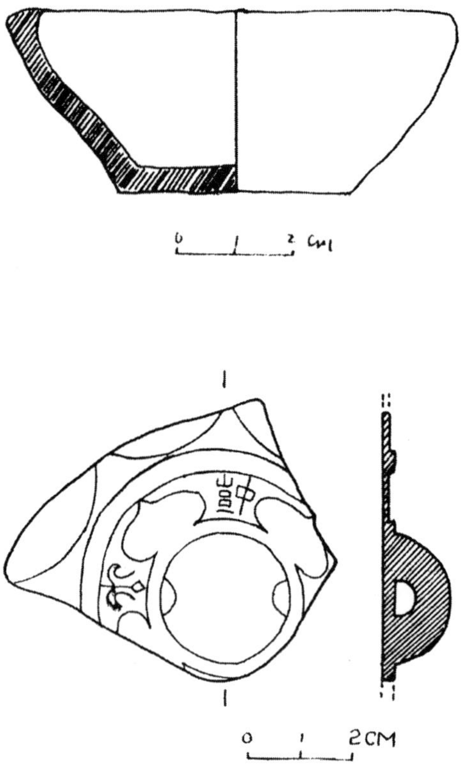

图三〇　MA1、MA2 墓出土器物图

铁耳环 1 件，编号 80LBMA6：1（图三二；图版三八，4）。用锻铁砸成，环圈直径 1.7，环茎径 0.2 厘米。出土时在人骨架的右耳侧。

红陶杯 1 件，编号 80LBMA6：2（图三二，2），夹砂粗陶，火候不高，器形不太规整，手捏制，敞口圆唇，小平底，直斜腹，口径 6，底径 4.9，高 3.2 厘米。出土时在人骨架面部左侧。

灰陶罐 1 件，编号 80LBMA6：3（图三二，3；图版三八，9），陶质较细，有轮旋痕迹，应为轮制，上有灰色陶衣。小口，尖唇，短颈，鼓腹，小平底。口径 4.6，高 9.4，最大腹径 11.5 厘米。出土时在人头顶上部。

（2）丛葬墓

80LBMA7 墓　位于平台墓地的东部，东北距 MA5 墓约 2.8 米，西距 MA3 墓约 4.6 米，东南距台地边缘约 80 厘米，墓向方位 34°，呈长方形，不见葬具，墓口长 2.24 米，宽 1.34 米，墓底长 2.06 米，宽 1.26 米，深 1.5 米。墓右壁稍带弧形。墓中葬有人骨架七具，除 B 具人骨架偏北、F 具不见肢骨不明方向外，其余五具基本上与墓室方向相平行，头东北脚西南；除 E 具人骨架是俯身直肢葬，F 具只有头盖骨不明葬式外，其余五具均仰身直肢葬，A、B、C、D 具面向上，头骨部位均高于肢体，G 具不见头骨，面向不明。在这七具人骨架中，A、D、F 为小孩，D 具最小，长为 60 厘米。B 具为中年男性，C 具、E 具为中年女性；G 具似为男性。从这些骨架的迭置层次看，A、D 为第一层，B 为第二层，C、G、E 为第三层。第一层两小孩的头部压在第二层中年男性的身右侧，第二层斜压在第三层一男两女的下肢和脚上。奇怪的是 G 具只有身肢骨，F 具又不见身肢骨，F 具的头骨压在 E 具背脊骨的右侧。这样的迭置情况说明这座丛葬墓，应是多次葬入的，第一层葬入时间当为最晚；F 具只有头骨，应属迁葬（图三三）。我们将 A 具和 B 具头骨提请中国社科院考古研究所韩康信同志鉴定，A 具为 7—8 岁的男孩，其人类学类型与欧洲人种地中海类型相似。B 具头骨为 35—45 岁男性，人类学类型仍为欧洲人种，形态上介乎地中海人种和帕米尔—费尔干类型之间，可能是地中海人种的变异类型（参见《新疆楼兰城郊古墓人骨人类学特征的研究》一文，载《人类学学报》1986 年第 5 卷第 3 期）。

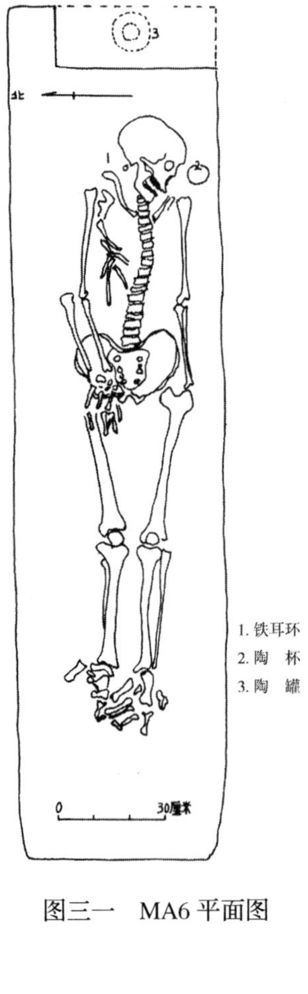

图三一　MA6 平面图

此墓随葬品不多，在墓室东南角摆有羊头骨五只，羊脊骨和腿骨一堆，其器物有：

带流单耳红陶杯 1 件，编号 80LBMA7：1（图三四，1；图版三八，8）。质地夹砂粗红陶，直口，圆唇，大平底，腹略鼓，桥形耳，从耳向流略微倾斜前伸，手捏制。流至底高 10，口径 11.5，腹径 14，底径 11，

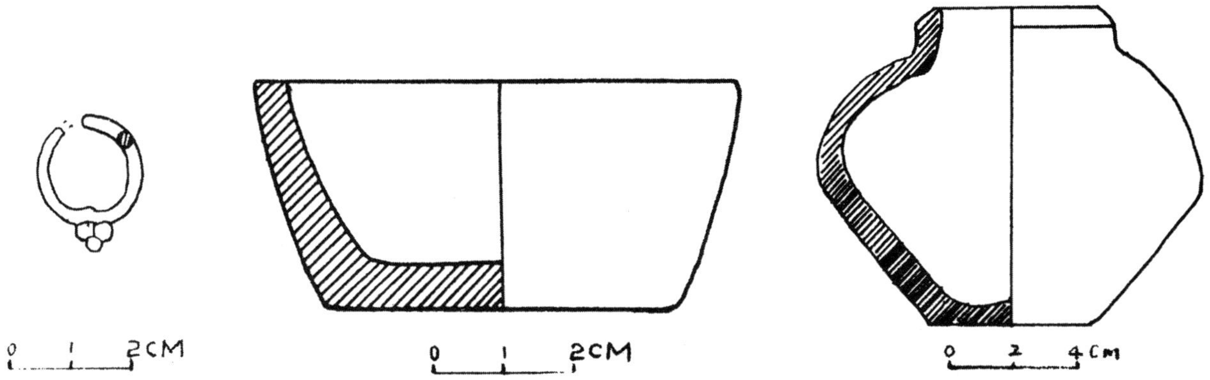

图三二 MA6墓出土器物图

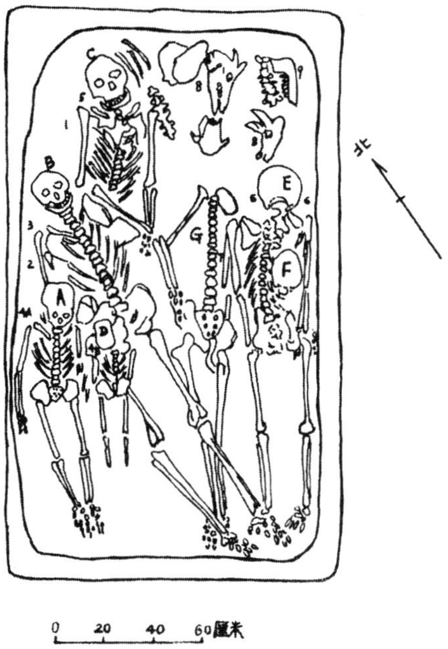

1.2 陶杯 3 石杯 4 五铢钱
5 残铜镜 6 耳饰 7 残铜镜
8.9 羊骨

图三三 MA7墓平面图

耳残，耳高5.5，耳宽3.3，耳径1.8厘米，流长3，流宽5厘米。底、下腹和流的下部有烟炱痕迹。出土时置于C具骨架右肱骨右侧。

连弧纹陶杯1件，编号80LBMA7：2（图三四，2；图版三八，6）。夹砂粗红陶，上腹部一周用泥条凸出七个弧形附加堆纹，腹下收成圜底，敛口，圆唇，手捏制。下腹部及器底有黑色烟炱，系实用器。高5.3，口径7厘米。出土时置于B具骨架右肱骨右侧。

小石杯1套，编号80LBMA7：3（图版三八，7）。由小石杯一个和一块略带窝形的小陶片组成。小石杯用一块坚硬的沙岩，在沙岩平面挖成一个半球形的深窝，底面呈不规则形，深窝中有朱红色颜料，窝径2，窝深1.3厘米。小石杯置于一小陶片上，陶片中亦有红色颜料。出土时置于B具骨架右肱骨上侧。

五铢钱2枚，编号80LBMA7：4A、B（图三四，3、4；图版三八，1）。钱币大小厚薄相同，重量有别。钱径2.5，孔径1，外郭厚0.15厘米，A枚重3.5克，B枚重3.1克，钱正面、背面皆有外郭，背面只有内郭，A枚正面穿上还有一横郭。A枚五字交叉两笔微有弧曲，铢字金字头呈三角形，朱旁头作方折，下笔微圆折，与满城汉墓Ⅰ型五铢钱相类（参见《满城汉墓发掘报告》，第208—210页，文物出版社1980年版）。B枚五字交叉两笔缓曲，铢字写法与A枚基本上相同，但朱旁下笔圆折，与满城汉墓五铢Ⅱ型钱相似。此二枚经俞伟超先生鉴定为西汉武帝后期五铢。出土时A枚在A骨架头骨右下侧，B枚在D骨架头骨右下侧。

小残铜镜1件，编号80LBMA7：5（图三四，5、6；图版三九，1）。素宽缘，缘宽0.8，缘厚0.3厘米，上有乳钉纹。残存一块三角形，残宽2.3，残长3.3厘米。据俞伟超先生鉴定，疑有“家常富贵”铭文，时间当在西汉中晚期间。出土时置于C具骨架头骨右下侧。

骨耳饰2枚，编号80LBMA7：6（图版三九，2）。耳饰上方各有一粒红色小料珠。骨耳饰呈等腰三角形，其中较长的一件黑色，用动物骨质打磨而成，腰间有白色向上的半弧形纹饰两道，高 1.6，底宽 1，上端厚 0.3，下端厚 0.15 厘米，上端侧有一圆孔，孔径 0.15 厘米，出土时在 E 具头骨右耳侧。较短的一件为灰色，腰间有白色向上的弧纹三道，高 1.2，底宽 0.9，上端厚 0.3，下端厚 0.2 厘米，上端侧亦有圆孔，孔径 0.15 厘米。出土时在 E 具骨架头骨的左耳侧。红色料珠圆径 0.4，孔径 0.1 厘米。

残铜镜 1 件，编号 80LBMA7：7（图三四，7、8；图版三九，3）。连弧形缘，弧形内向，弧宽 1.9—2.1，弧高 1 厘米，弧突出厚重；中有星云纹，残存三角形，残宽 2.9，残长 5.7，厚 0.4 厘米。据俞伟超先生鉴定，系“星云纹镜”，时代大约在西汉宣帝时期。出土时在 G 具骨架左肱骨处。

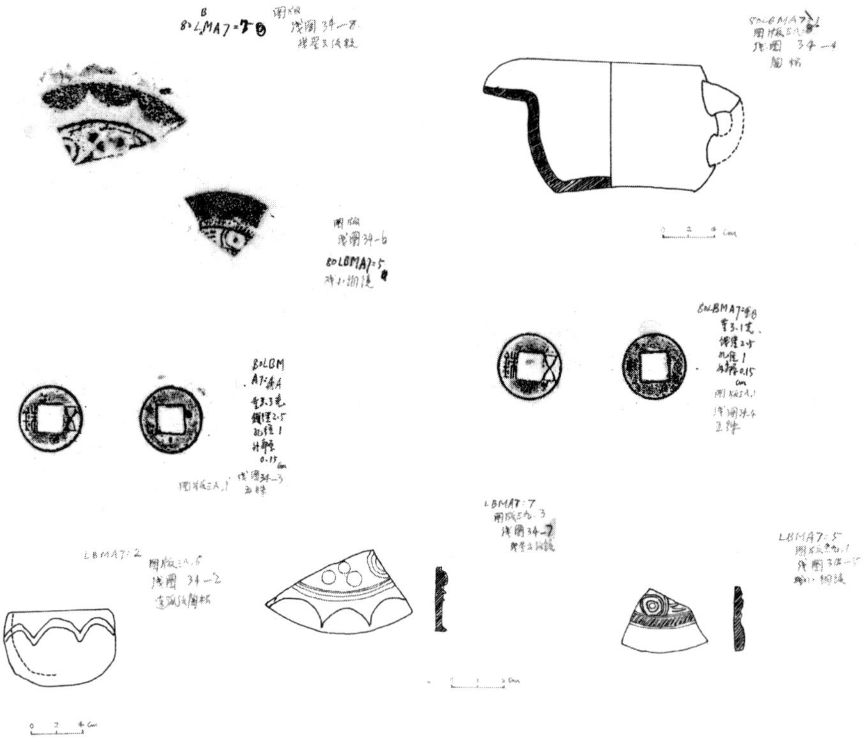

图三四　MA7 墓出土器物图

2. 斜坡墓道方形土坑竖穴墓

一座。编号为 80LBMA3，此墓位置在台地东部，是该台地中最大的一座墓葬，东距 MA7 墓约 4.6 米，西距 MA1 墓约 8 米，墓向方位 336°，墓道口朝南。平视墓口呈平行的斜方型，墓口长宽均为 3.6 米，墓底长 3.32 米，宽 3.26 米，墓口至墓底深为 1.72 米。墓壁北向稍带弧形，在墓壁西面北端下部有一土台，土台长 1.5 米，宽 44 厘米，高 20 厘米。墓壁南面西端有斜坡墓道，墓道上口长 3.8 米，下口长 4.12 米，前口宽 70 厘米，后口与墓门相连，墓门上口宽 96 厘米，下口宽 70 厘米。墓室中部有一柱洞，洞竖长 46 厘米，横宽 35 厘米，深约 1 米，洞中有朽木和木碳。在南墓壁中间部位的上部与墓口相连，亦有一竖长方形柱槽，竖长 94 厘米，宽 36 厘米，深 70 厘米。发掘过程中墓坑有散乱木材 16 根，木材最长的约 4 米，中已折断，短的亦有 2 米，直径最大的约 17 厘米，小的也有 8—9 厘米。墓坑中还有散乱的用芦苇编扎的苇帘。从这种迹象推测，墓室中的柱洞，可能原先栽有木柱，用来支撑墓顶横梁，横梁的南端当与南墓壁的柱槽相接，北面当与北墓壁相连，后因墓顶压力垮塌，发掘时墓坑中充满了土质疏松的黄沙土（图三五，1、2）。

此墓为一丛葬，有人骨架五具，从可以分辨的 A、B、D 三具人骨架来看，均为头北脚南，仰身直肢。其头向既与同墓地的 MA1、MA2、MA6 单葬墓不同，也与 MA7 丛葬墓有异。A、D 两具分别葬在墓室的

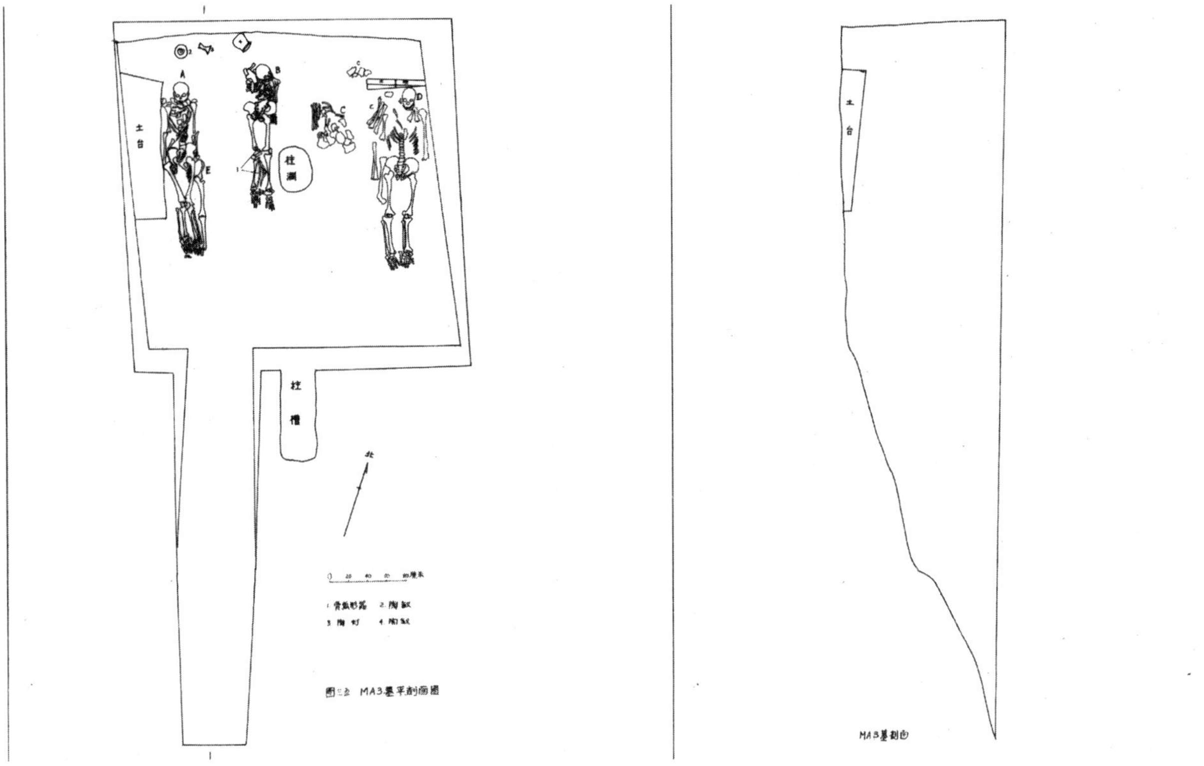

1　　2

图三五　MA3 墓平、剖面图

东西两边，面向上，皆为中年男性，D 具的骨架较为粗大；B 具葬在中部，面向东，为中年女性；C 具骨架散乱地堆在一起，性别难辨，其中肱骨、胫骨和腓骨各一根，置于 D 具骨架的左肩旁，还有几块碎骨置于这堆骨架的东北部约 40 厘米；E 具骨架被压置在 A 具骨架之下，也经扰动，性别不明。从骨架迭置和扰动情况观察，A、B 两具应属第一层，E、D 两具应属第二层，C 具则是迁葬。第一层应是最晚入葬的。

随葬器物不多，计有：

骨弧形器 4 件，编号 80LBMA3：1①、②、③、④（图三六，1；图版三九，4）。其中①②两件完整，③④两件已残。此弧形器利用较长肢骨做成，将其一边磨成水平面，另一边打磨成鱼背形，水平面

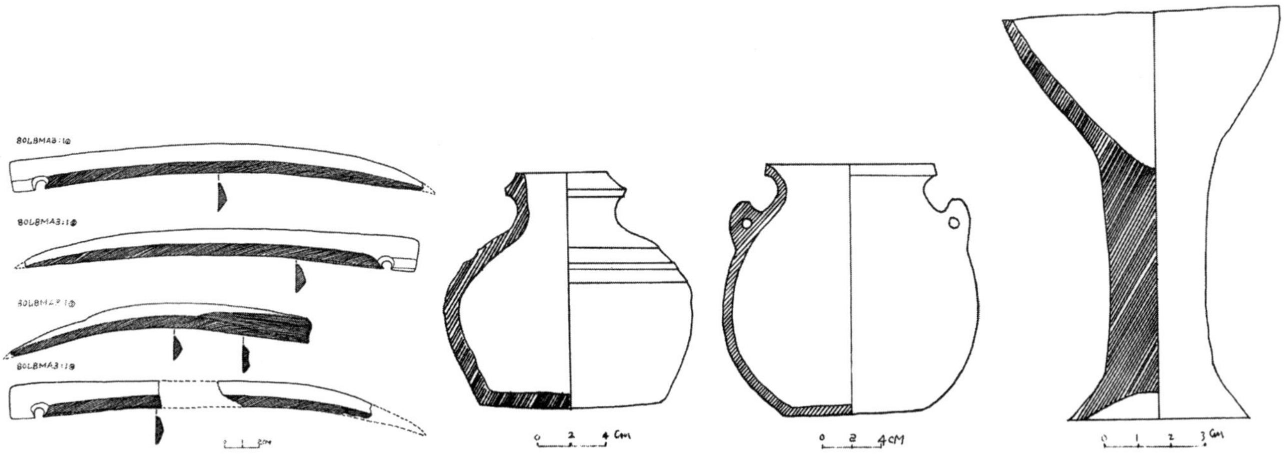

1　　2　　3　　4

图三六　MA3 墓出土器物图

一边磨得十分粗糙，鱼背形一边打磨得十分光滑；一端较宽大，向另一端平缓弧状收缩成尖形，在靠近宽大一端与弧尖方向一致的一边，有内向豁口，豁口宽 0.7，深 0.5 厘米。完整者①长 24，宽 16，厚 0.5 厘米；②长 22.5，宽 16，厚 0.5 厘米；残损者③残长 17.3，宽 1.5，厚 0.5 厘米；④残存两段，一段长 8.7，宽 1.5—2，厚 0.5 厘米，另一段长 9，宽 0.9—1.5，厚 0.5 厘米。出土时①③两件置于 B 具骨架膑骨上部，③④两件均在 B 具骨架两小腿骨之间，其中后者可以互相对合。

灰陶罐 1 件，编号 80LBMA3：2（图三六，2；图版三九，5）。夹细砂灰陶，小口，尖唇，短颈，鼓腹，大平底，肩腹部有轮旋痕迹。口径 5，腹径 14.4，高 13.5 厘米。出土时在 A 具人骨架头顶部。

豆形陶灯 1 件，编号 80LBMA3：3（图三六，3；图版三九，6）。质地夹粗砂灰陶，嘴带流，口碗中有使用黑垢，器厚重，手捏制，制造粗劣。通高 12，灯盏口径 8.5，口深 4.6，茎径 3 厘米，底呈平圆形，底中间凹入，底径 5.6 厘米。出土时倒置于 A 具人骨架头骨的东北部。

双耳陶罐 1 件，编号 80LBMA3：4（图三六，4；图版三九，7）。质地夹细砂红陶，敞口，尖唇，肩上有两桥形小耳，鼓腹，平底，通高 16.5，口径 11，腹径 17.2，底径 9 厘米。类似这种陶罐在民丰县北大沙漠中的东汉墓葬中亦有出土（参见新疆维吾尔自治区博物馆《新疆民丰县北大沙漠中古遗址墓葬区东汉合葬墓清理简报》，《文物》1964 年第 6 期）。出土时倒置在 B 具人骨架头部西北。

此外，平台墓地还有两座残墓：80LBMA4 和 80LBMA5。MA4 墓，位于台地最东北，墓葬已被强劲东北风吹蚀，与台地脱离，距台地东北缘约 4 米，残剩一中年女子头骨，头顶朝东，面向上，头骨右耳下出土铜耳饰 1 件，编号 80LBMA4：1，由铜丝扭成“8”形，丝茎不到 0.1 厘米，耳饰旁附有土红色小石珠三粒，珠径 0.3 厘米，中穿孔，孔径 0.1 厘米。在头骨的东北约 50 厘米处露出地面有单耳带流红陶杯一件，编号 80LBMA4：2（图三七，1），夹砂粗陶，流外侈，直口，圆唇，下腹部内收，平底，底稍小，桥形单耳，由耳至流稍向上倾斜前伸，手捏制，口径 7，流至底高 6.5，腹径 7.7，底径 5.3 厘米，耳高 3，耳宽 1.7，耳径 0.9 厘米。在紧靠此件陶杯的东南处，还有羊头骨一只。

80LBMA5 墓，位于 MA7 墓的东北，相距约 3 米，墓向西北东南，墓室长约 3 米，深约 1 米，其东北面因被疾风掏蚀暴露于外，宽度不详。可能是一座长方形土坑竖穴墓。经清理后，在墓室中部有人骨架一大堆，骨已碎朽，个体不明。在墓室西北部出土有：

铁镞 6 件，编号 80LBMA5：1（图版三九，8），镞身呈三棱形，扁翼，前收成锋，尾呈燕尾，中有尖椎状铤，可插入木箭杆，木质已朽，尖铤上还残有木质痕迹。按其尺码大小可分三式：Ⅰ式 2 枚，镞身长 5，两尾间宽 3，通长 8.9 厘米；Ⅱ式 2 枚，镞身 4.3，两尾间宽 2.4，通长 6.8 厘米（图三七，2）；Ⅲ式 2 枚，镞身 4.2，两尾间宽 2.2，通长 6.8 厘米（图三七，3）。

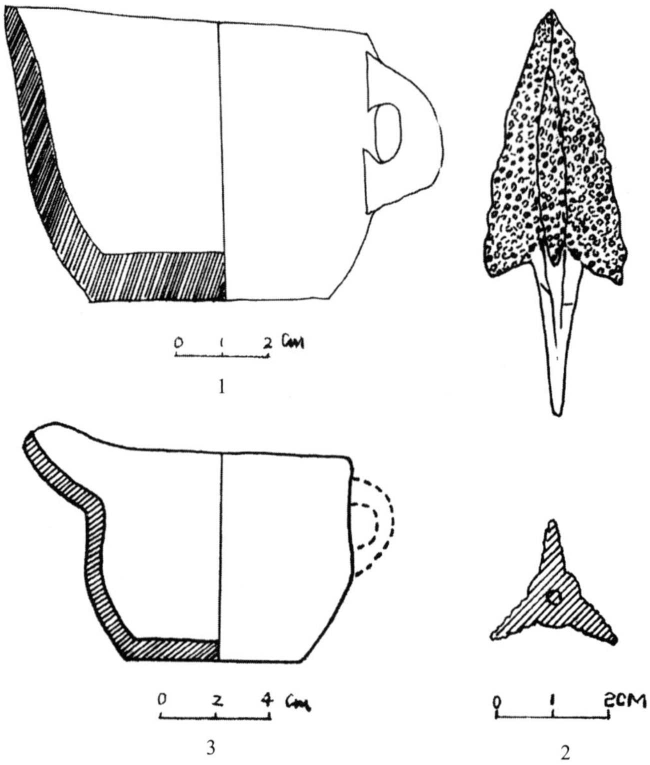

图三七　MA4、MA5 墓出土器物图

带流灰陶杯 1 件，编号 80LBMA5：2（图三七，4），夹细砂，口稍敞，圆唇，流外侈，小平底，下腹内收，耳部已残，由耳部向流上倾前伸，流至底高 8，口径 9，腹径 9.5，底径 6.4 厘米；流长 2.6，流宽 4.5 厘米。手捏制，与 MA7：1 带流单耳红陶杯相类。

残铁器 3 件，编号 80LBMA5：3，可以观察出形状的两件，其中一件（图版三九，9）由两个一端带环的铁件扣结起来，环是锻成的，铁件残长 8.9，环宽 2.5，环茎径 0.7 厘米；另一件残存一半，头呈扁圆状，扁圆径 2 厘米，身呈圆柱状，茎径 1 厘米，在扁圆下相距 1.5 厘米处，横铸有一小杠，杠残断。再一件已残朽不明。

（二）孤台墓地（图三八；图版四〇，1）

台地在一片柳叶形的高岗上，由比周围风蚀地面硬得多的饱含盐分的黏土结成，因东北风的长年吹蚀，顺风势呈东北西南走向，台地东北至西南长 43.4 米，西北至东南宽 15.7 米，高出地面约 8—9 米。在这块墓地上，1914 年斯坦因曾来此挖掘，据他在《亚洲腹地考古记》第七章第三节的叙述和对照他在该书卷 4 图版第 12 页上所绘的 LC 墓葬分布图来看，他说："这个高出周围地面约 35 英尺几乎没有受到风蚀的台地，无论在规模上、在特点上和伸延方向上都非常明显地不同于我所熟悉的雅丹地貌。正如图版 12 的平面图所表明，它从东北端到西南端的长度约有 56 码，它的基部的最大宽度约有 32 码。" 1 码等于 3 英尺，1 英尺等于 0.305 米。56 码应为 51.24 米，32 码应为 29.28 米。经查图版第 12 页上的 LC 平面图，按比例尺计算该台地长约 50.3 米，宽约 20.3 米。由此可见斯坦因所说的墓地数据不但与我们实测数据有差距，就连他的文字叙述和线图也存在着较大的误差。他又说："这些位于台地顶面的坟墓，全都插有粗糙的红柳杆作标志，正如后来的考察所查明，红柳杆是绕着墓穴或墓坑边缘插的。墓穴或墓坑的上面则层层叠叠覆盖着芦苇，芦苇则几乎是完全暴露在外面。"（引文均见该书第一卷，第 226 页）当我们来到这个墓地时，地面上既不见红柳杆，也不见芦苇层，所能见到的只是被斯坦因挖掘过的墓葬（图版四〇，2）。斯坦因挖掘极为草率，除了他在台地边缘由于除土方便挖出了几个长方形墓坑外，台地中的墓葬几乎都是在墓的中心部位掏凹坑，人骨架与随葬品均被他扰乱。经我们一一查点，他挖掘墓葬至

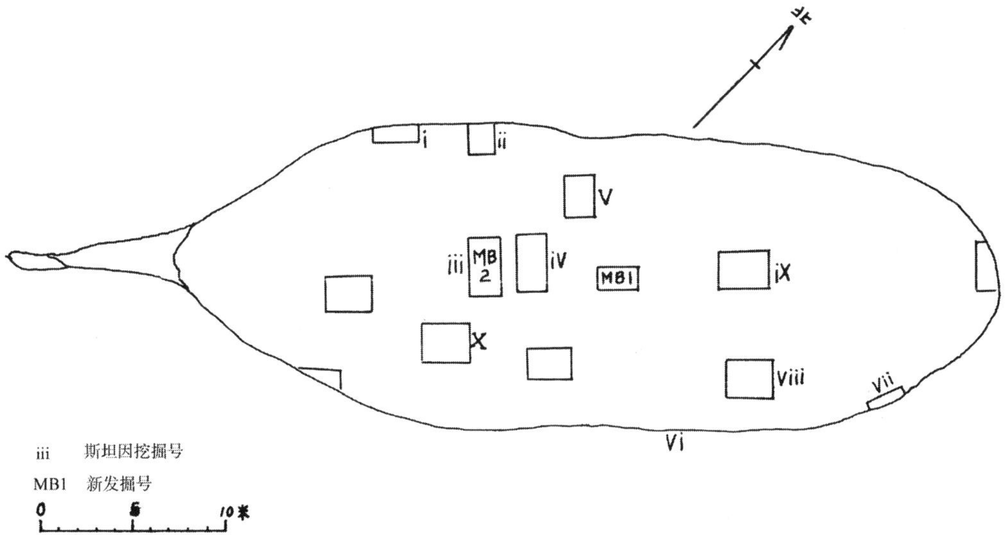

图三八 楼兰孤台墓地平面图

少有 14 座以上，但对照他绘的分布图，他只标了 10 座。由于每座墓葬他既没有作单独的文字记述，又没有绘制平、剖面图，因此墓葬的葬式葬制和随葬器物的部位都不清楚。他只作了如下的一些描述："墓坑在台地平坦的顶面，位置排列完全是没有规律的。有少数几个墓坑紧靠在台地纵向两侧的边缘，结果部分地暴露在外，而另外一些位于台地顶面的中央部位，彼此距离相对较远，构成一群。墓坑的轮廓全都是不整齐的长方形，坑深有 5—6 英尺（折 1.525—1.83 米）。然而那些完整的墓坑的坑口大小差别也很大：墓坑ⅴ的坑口约为 40 平方英尺（折 3.72 平方米，按分布图所标方框计算为 5.49 平方米），墓坑ⅲ的坑口约有 70 平方英尺（折 6.5 平方米，按分布图计算为 6.1 平方米）。墓坑ⅰ—ⅶ是我（斯坦因）于（1914 年）2 月 15 日到达 LC 后立即清理的，在两天以后返回的路上，我又重新仔细地考察，发现了三个墓坑ⅷ—ⅹ。除了这 10 个墓坑外，在台地顶面的东北端又发现了几个浅坑，这些浅坑中除了流沙以外，什么也没有，显然这些坑从来也没有用过。"（同上书，第 227 页）

1914 年斯坦因进入楼兰，一行不过 30 人（关于这次的人数，斯坦因只作过含混的记述。他说他带了 30 头负重的骆驼，准备了至少够 35 人一个月用的冰水和食品，还给他自己的人多准备了一个月的食物〔参见上书第五章第 178 页〕。准备了 35 人食品，不一定去了 35 人，所谓他自己的人，除了拉尔·辛格就是他自己。我们知道在戈壁沙漠探险，携带食品都不可能是满打满算的，总有一定的储备余地，过多过少都是不行的。在这里执笔者以不超过 30 人来分析，大概是没有问题的），根据他的叙述，当时他们去 LC 墓地的情况，拉尔·辛格因为准备测量仪器而没有到达，另一位驼夫牵着骆驼去到楼兰以北的阿尔特米希拉克碱泉饮放骆驼，又"有两位罗布人的劳工因前一阶段的辛苦和劳累病倒了"，伊布拉希姆伯克则留在大本营楼兰照看病号和冰窖以及其他物品，"其余人一起出发，刚刚带够必不可少的最低限度的行李、食品和冰"（同上书卷一，第 226 页）。在这样艰苦险恶的环境下，他们用两天时间——这两天还包括从大本营负重至 LC 步行在内，这些人又没有受过考古学的基本训练——一下子挖掘了七座墓，可以想见他们的工作是如何的草率了。斯坦因说，除了 10 个墓坑外，在台地顶面的东北端又发现了几个浅坑。而我们在这个墓地上，经过仔细检查后正如我们绘制的孤台墓地分布图所表示的那样，在台地东北部除了靠东边缘还残剩一个被斯坦因挖掘没有编号的墓坑外，其余几个没有编号的墓坑都在台地的西南部。

斯坦因又说，在他雇用的挖掘工开始清理墓穴后，他的愿望就充分实现了。他所发现的这些古代珍品的重要性几乎立刻就显示出来；但是，当时更令他"印象深刻的是墓穴中所表现出来的非常令人费解的混乱"。"其中大量被肢解了的人骨与碎木板完全杂乱无章地混在一起，这些碎木板显然是棺材上的木板，其中混杂的还有个人用品，如有装饰图案的青铜镜、木梳等随葬品；还有木食盘、罐等随葬祭品，有若干用木头做的胳膊的模型，此外，还有各种各样数量极多的精彩的纺织品碎片。"（同上书，第 228 页）接着斯坦因便用了大量篇幅来介绍纺织品及其图案。

然而经过我们仔细检查以后，在墓地的中心部位发现了一座未被斯坦因挖掘而保存完好的大型丛葬墓，编号为 MB1，我们进行了清理，从清理情况来看，并不是如斯坦因所说的"非常令人费解的混乱"。另外，我们对他挖掘了的那些墓葬也进行检视，在他挖掘过的ⅲ号墓中所见遗物甚多，于是我们进行了再清理，编号为 MB2，又清出了不少遗物，特别是许多珍贵的丝毛棉织品，这些纺织品是研究当时织造工艺的很好标本。

在这个墓地上，我们从马伯乐解读的《斯坦因第三次中亚探险所获汉文文书》一书中，查见了属于这个墓地出土的千片残纸文书，编号为马纸 No.243（斯坦因编号为 LC.049）、No.244（LC.050）、No.245（LC. Ⅳ. 011）、No.171（LC. Ⅰ. 017）。前两件没有墓号，后两件的Ⅳ与Ⅰ分别代表 4 号墓与 1 号墓。243、244、245 三件残损过剩，只言片语，很难看出什么文意；171 则是一件《急就篇》的残片，剩四行 18 字，隶书字体，第一行为“急奇觚”，第二行“异罗列诸”，第三行“名姓字分别部”，第4行“居不杂厕用”。我们将此残片与斯坦因同个时期在LA.Ⅱ即古城中三间房官署东头间获得的两块（马纸No.169、170，斯坦因编号LA.Ⅱ.ⅹ.04，05）残纸文书，和他在LE（位于LA东北约30公里）、LF（位于LE东北约5公里）两处获得的两块（马纸No.172，LE.ⅰ.5；马纸No.173，LF.ⅱ.07）残纸文书进行拼对，不但字体相同，而且残断的茬口都可合得起来。奇怪的是这件拼合后有17.5厘米×12.5厘米大小的残纸文书，竟然出土于四处，彼此又相距几十公里，而恰恰又被斯坦因去找到了，真是令人惊奇的巧事。

东汉时期根据我国史籍记载和学者们的研究，应当是有纸的，但用纸来抄写文书，至今尚未见发现。斯坦因的这一令人惊奇的巧事，反倒使人怀疑他是否在此搜集到了残纸文书？其中何况还有两件连墓号也不清楚！

现将我们清理的两座墓葬分别叙述如下：

80LBMB1墓　此墓在台地中部，东北距斯坦因挖掘的ⅸ墓约4.3米，西南距ⅳ墓约2.5米，西北距ⅴ墓约2.5米，墓向顺台地作东北西南向，方位47°，略呈长方形，墓室长约2.39米，宽1.4米，深1.88米。在墓道口距表土约50厘米处，与墓室横向覆盖有圆木和芦苇帘。苇帘在上，用一束一束的苇把扎成，长2.5米，宽1.5米，厚约10厘米，中有两道绳索捆扎。圆木在下，大小长短不一，直径最大的有14厘米，最小的有8厘米，最长的有2.5米，最短的有1.6米，共有圆木26根（图三九，1；图版四〇，3）。圆木和苇帘是用来遮挡沙土，避免其流入墓室的。在墓室北角还立有两根木柱，木柱上托有两根横木，木柱旁堆有由于盐分浸渍板结得很坚硬的粉砂岩石块。

墓室中不见棺椁葬具（图版四一，1），只在墓底放有用粗苇杆编织的苇床，苇床竖向，竖长2米，横宽1.2米，床下架有四根横圆木，有的圆木已朽，脚部的那根圆木已横穿入墓壁的西南角，保存比较完好，圆木长1.2—1.3米，直径6—8厘米（图三九，5）。我们将朽木提供国家文物局文保科技所碳-14测定，树轮校正年代距今1880±85年（以1950年起算），相当于东汉时期。苇床上叠置有人骨架。

人骨架共8具，均仰身直肢，分三层放置：第一层A具和D具（图三九，2）。A具在北，面向偏北，为中年男性，在此具骨架上附着有干瘪的皮肤，皮肤上贴有丝织品痕迹。D具在南，面向上，为青年女性，身着蓝色绸衣，已朽，头骨经韩康信同志鉴定，约在25—30岁之间，人类学类型为蒙古人种，可能与南西伯利亚类型有点相近。第二层B、C、E三具（图三九，3）。B具和C具在墓室的中部，B具面偏南，为一壮年男性，身着黄绢丝绵上衣，大部已朽；C具面向上，为一中年男性，右臂骨曾经折断，腿骨内曲成“O”形，身着绢衣，已朽。B、C两具均被第一层的A具左臂和两腿骨相压。E具在墓室南侧，面向北，为一中年女性，其身躯被D具叠压，身上附有丝绢痕迹。B具和E具头骨经韩康信同志鉴定，B具年龄在30—35岁之间，E具在35—45岁之间，其人类学类型与欧洲人种地中海类型头骨接近。第三层F、G、H三具（图三九，4）。G具在F具之右，H具在F具之左，F、G紧紧相靠，面均偏南，H具面向偏北，F具的右腿骨压在G具左腿骨上，H具的右小腿骨压在F和G的左小腿骨上。F具为中年女性，G为青年女性，H为中年男性，这三具骨架上均有丝绢痕迹，大部已朽。其中H具头骨经韩康信同志鉴定，年龄在40—50岁之间，人类学类型特征仍与欧洲人种地中海类型比较接近。从这些叠置的人骨架来看，有人身着薄绢，有人身穿丝绵，说明入葬时间有的是夏天，有的是冬季，这些都是多次入葬的确证，第一层入葬的时间当为最晚。叠置层次有男有女，也是一个值得注意的问题。

墓中随葬器物有：五铢铜钱4枚，编号80LBMB1：1①②③④（图版四二，6）。钱径均为2.5，穿宽①④为1，②③为0.9厘米，钱正面有外郭，外郭厚度除①为0.2厘米外，其余三枚厚约0.15厘米。背面有内外郭。①重3.75克，②3.5克，③3.7克，④4.5克。其中①④两枚五字交叉两笔较斜直，铢字的金字头

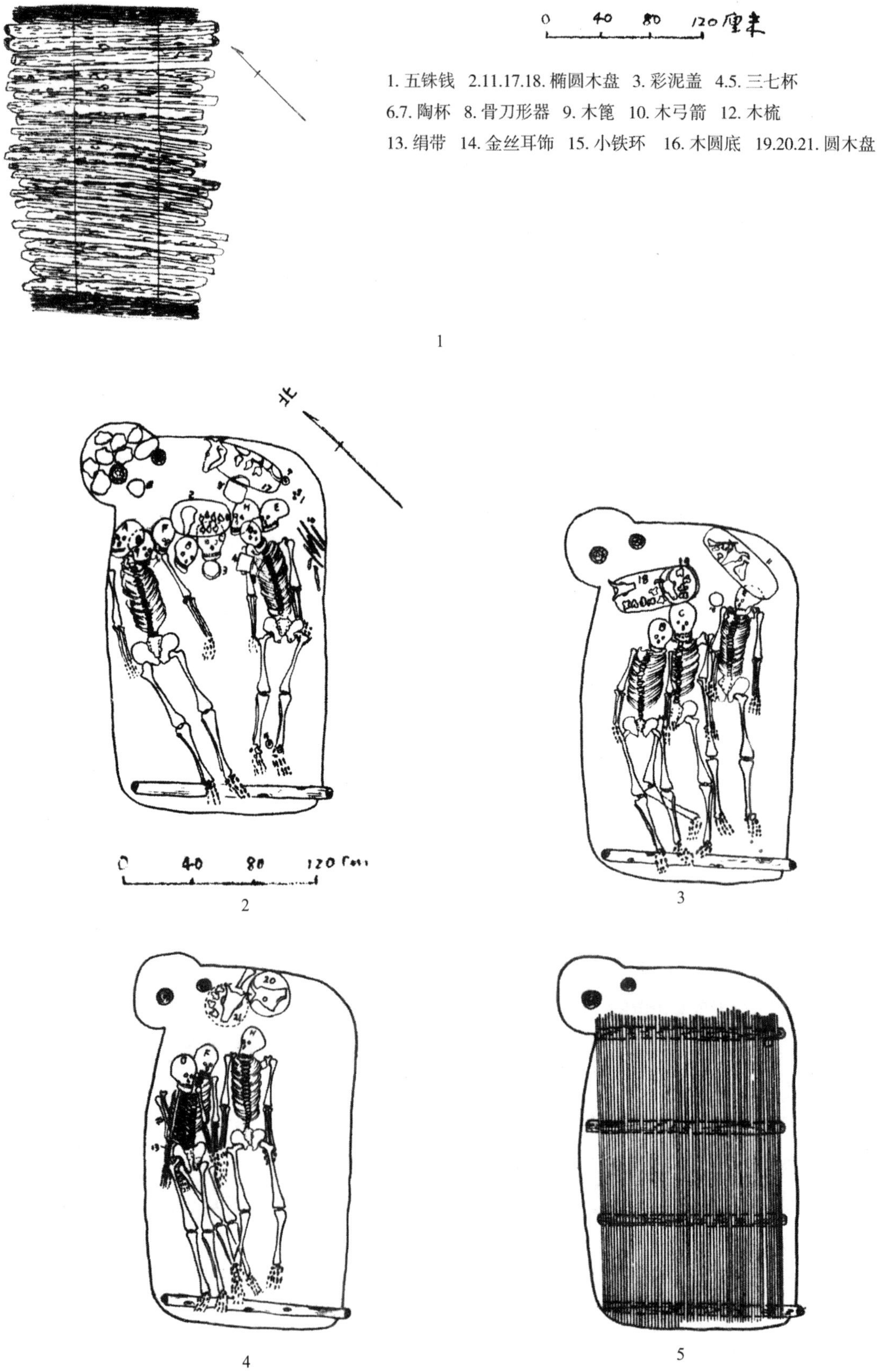
0 40 80 120厘米
1. 五铢钱 2.11.17.18. 椭圆木盘 3. 彩泥盖 4.5. 三七杯
6.7. 陶杯 8. 骨刀形器 9. 木篦 10. 木弓箭 12. 木梳
13. 绢带 14. 金丝耳饰 15. 小铁环 16. 木圆底 19.20.21. 圆木盘
1
北
2
3
4
5

图三九 MB1 墓墓葬图

呈三角形，朱旁头方折，下笔微圆折，与满城汉墓出土五铢钱比较，相似于Ⅰ型。②③两枚五字交叉两笔缓曲，上下两横左边稍长，铢字写法与①④两枚基本相同，唯④的朱旁下笔亦方折，与满城汉墓五铢比较，略似于Ⅱ型。经俞伟超先生鉴定，均属西汉武帝后期五铢。出土时置于E具人头顶骨的东侧。

椭圆木盘1件，编号80LBMB1：2（图四〇，1；图版四二，1）。利用一块整木挖制而成，盘面较浅，盘口圆唇，长37，宽24，深1.5，口厚0.9厘米。椭圆两端的边口上各穿有两个小孔，孔中有铁锈痕迹，似作耳用。背面两端的适当部位挖有四个小圆腿，腿高2，直径3厘米。出土时盘中盛有羊头骨及其他部位羊骨，盘中还有刀划痕迹。置于C具头骨的上额部。

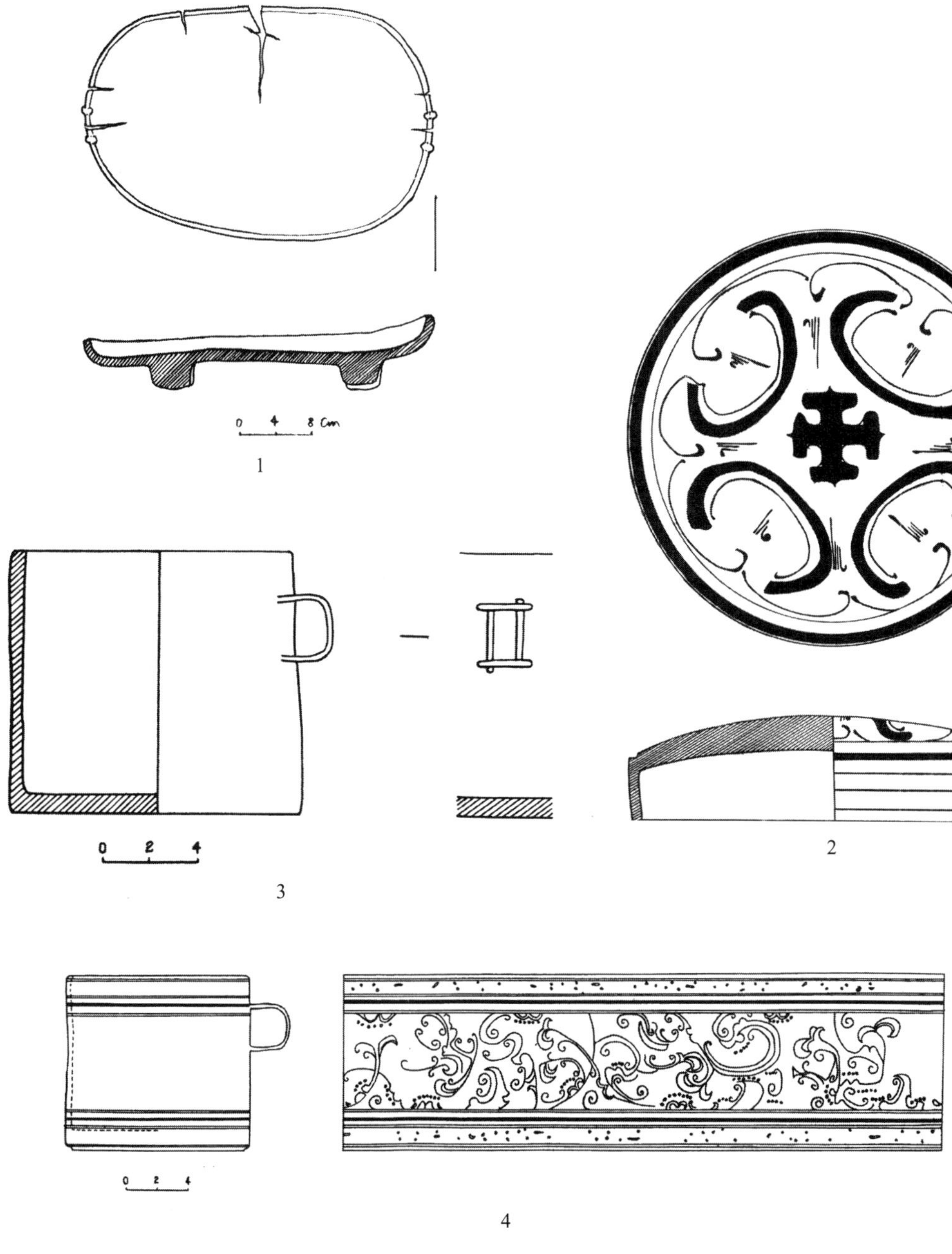

图四〇　MB1墓出土器物图（一）

圆彩漆盖 1 件，编号 80LBMB1：3（图四〇，2；彩版二三；图版四三，3）。面部红地黑彩，背部红色，木质胎。盖顶部凸起呈弧状，盖身饰有三圈黑色条带纹，顶面绘有四组对称的变体流云纹饰，中间绘有四叶蒂形纹。直径 13，身高 2，边厚 0.3 厘米。出土时放置在 C 具骨架的胸部。

棕色漆杯 1 件，编号 80LBMB1：4（图四〇，3；图版四二，4）。呈圆筒状，木胎，器表为棕色漆皮；器内壁布满红色漆皮，直口，直腹，平底，有一桥形小耳。高 10.6，口径 11.5，厚 0.5 厘米。耳高 1.8，耳宽 1.5 厘米。出土时置于 D 具人骨架的右肱骨上部。

棕地彩漆杯 1 件，编号 80LBMB1：5（图四〇，4；彩版二四；图版四二，5）。器形呈圆筒状，直口，直腹，平底，器身棕色地，中间部位绘红色云纹和草叶纹，叶上有须蔓，上下两边有对称的条带纹，条带中间以小红圈点缀。器内壁为红色漆皮，木胎，有小单耳，耳残。高 11.2，口径 11.6，厚 0.3 厘米，底径 11，底厚 0.5 厘米。出土时置于 H 人骨架头额部。

圆腹残陶杯 1 件，编号 80LBMB1：6（图四一，1）。上部残，夹砂粗红陶，小平底，下腹内收，残高 8.8，底径 7.5，腹壁厚 0.7 厘米，底上有烟炱痕迹。出土时在 A 具骨架的头上部。

直腹陶杯 1 件，编号 80LBMB1：7（图四一，2）。口部稍残，略呈圆筒状，腹斜直内收，平底，有桥形耳，耳残，手捏制。高 4.7，口径、底径 6.3，厚 0.3 厘米。出土时在 E 具骨架头上部。

刀形骨器 2 件，编号 80LBMB1：8A、B（图四一，3；图版四二，7）。其中 A 件由两片对称相合，相合面磨纹粗糙，表面打磨精细，利用动物肢骨做成。一端尖，尖端已残；一端较宽圆，在圆形一边有一半弧形缺口，缺口上有绳索磨揉的使用痕迹。器形似刀，但两边无刃。残长 12，圆端宽 2.1，缺口宽 0.6，缺口深 0.7 厘米，两片相合厚 0.5 厘米。出土时置于 D 具人骨架的右胸上，类似此种骨器在洛阳烧沟汉墓 632 墓内有三件出土，但该墓出土于前耳室与各种车马饰器杂置在一起（《洛阳烧沟汉墓》，第 213 页，中国科学院 1959 年版）。B 件，残剩半爿，由这半爿推测，亦是两片相合，相合面磨纹粗糙，而表面打磨光滑，一端尖，尖端稍残；一端宽，宽的一端表面削成锋利的薄片。残长 15.5，宽 0.6—1.5 厘米，半爿最厚处约 0.2 厘米。出土时亦置于 D 具人骨架的右胸上，与 A 件放在一起。

木篦 1 件，编号 80LBMB1：9（图四一，4；图版四二，8）。篦背较高较厚，呈半圆形，篦齿细密，两边边齿较粗。通高 7.5，宽 4，厚 0.1—1，齿长 3.5 厘米。类似这种木篦和 B1：12 木梳，在民丰县北大沙漠中的东汉合葬墓里也有出土（参见《新疆民丰县北大沙漠中古遗址墓葬区东汉合葬墓清理简报》，载《文物》1964 年第 6 期）。出土时在 G 具骨架头右额上。

木弓箭 1 束，编号 80LBMB1：10。弓，可以分辨的有 3 件中腰部分，平视中腰中间较厚窄，两端较宽薄；侧视如梭形，中间宽薄，两端厚尖。平视尺码分别为：长 25，中宽 1.2，两端宽 2.8 厘米；长 23，中宽 1，两端宽 2.5 厘米；长 20，中宽 1，两端宽 2 厘米。箭，已残朽，可以分辨的尾端有两种：一种衔口处稍大于杆，杆径 0.7，衔口通宽 0.9，口宽 0.7，深 0.5 厘米，尾端有一宽带黑色纹饰。一种箭杆与尾端同样大小，衔口较浅，杆径 1.5，衔口宽 1.1，深 0.4 厘米。出土时位于 D 具骨架左肩附近。

长木盘 1 件，编号 80LBMB1：11，利用一块整木挖制而成，略带长方形，盘口坦平，两边较薄，两头较厚，无腿，底略呈弧形。长 55.5，宽 21，边厚 0.5，头端厚 2，盘深约 1 厘米。盘中有刀划痕迹，出土时盘中盛有羊头骨 1 个、腿骨及其他部位羊骨数块。放置于墓室的东南部。

木梳 1 件，编号 80LBMB1：12（图四一，5；图版四二，8）。梳背较高较厚，呈半圆形，梳齿稀疏，边齿较粗大，细齿已残断，通高 6，背高 3.5，背厚 0.7—0.9，背宽 4 厘米。出土时在 F 人骨架的右肘侧。

紫黄绢带 1 条，编号 80LBMB1：13。带的两端为黄色，中间为紫色，双层缝合，已残朽。通长 96，紫色长 51，宽 5.5 厘米。出土时不成规则迭合，放置在 F 具骨架的腰部右侧。

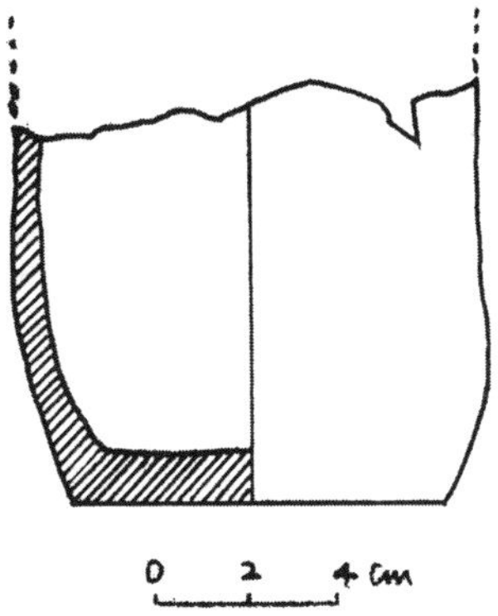

1

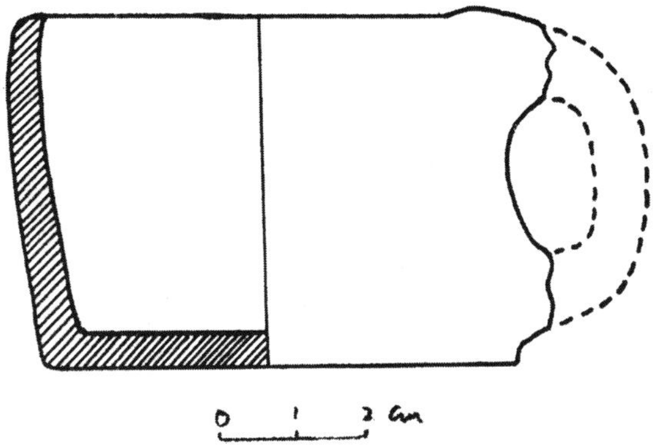

2

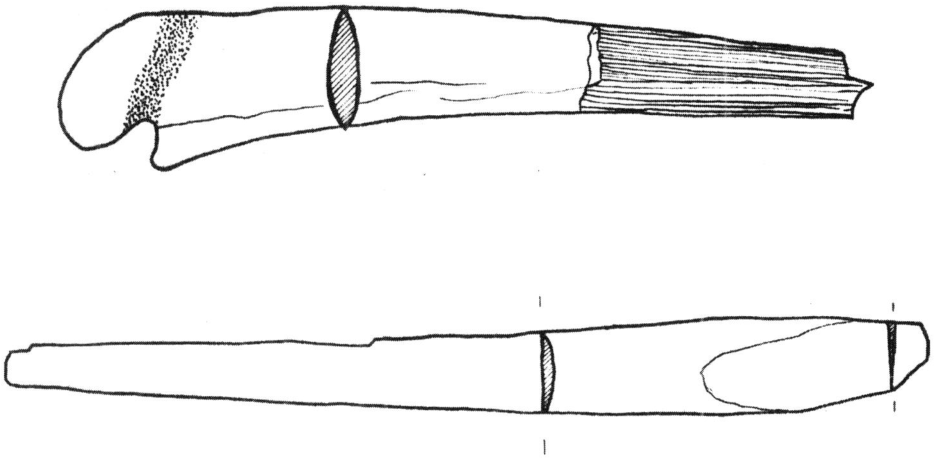
3

4

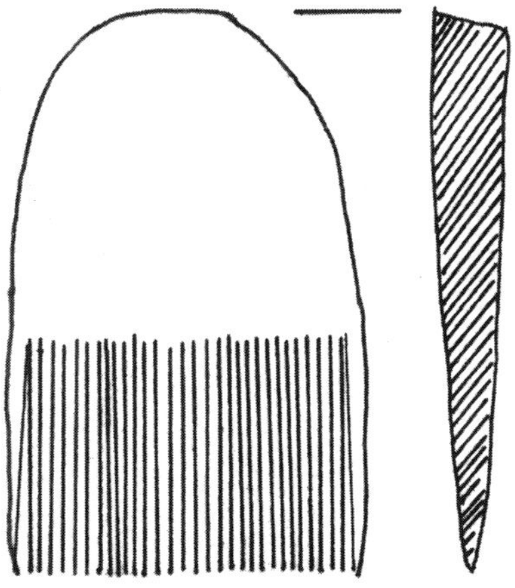
5

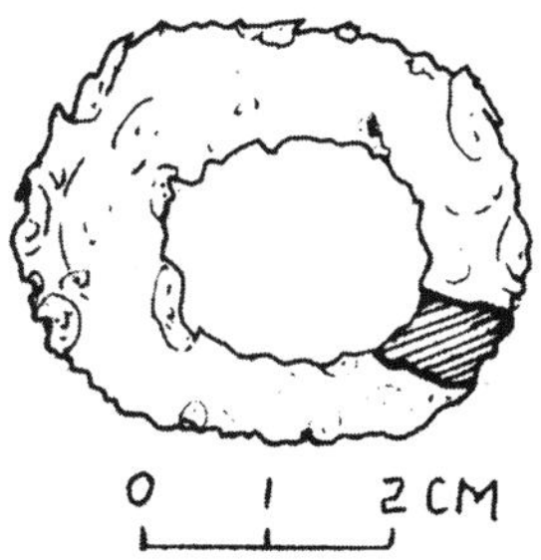

6

图四一　MB1 墓出土器物图（二）

金丝耳饰1件，编号80LBMB1：14（图版四二，2）。分别由大小两个圆环粘接在一起，大的圆径1.2，小的圆径0.5厘米，金丝茎径0.08厘米，重0.2克。出土时在D具骨架的左耳下。

小铁环1件，编号80LBMB1：15（图四一，6）。圆径4，环茎径1厘米，已朽。出土时在D具骨架两小腿骨之间。

木圆形底1件，编号80LBMB1：16，呈圆饼状，底面残存有绛色漆皮，轮边有与器身相接的二层台，二层台上还留有小木钉斜抻器身的痕迹。可能是一漆杯的底部，圆径10，厚0.7厘米。出土时在E具骨架的右肩上。

长圆木盘2件，编号80LBMB1：17、18。B1：17，用整木板挖制而成，两端呈圆弧形，无腿。长47，宽21，盘深1.5，两边边厚0.5，两端边厚2厘米。盘上盛有羊头骨1个、羊脊骨若干（图版四一，2）。出土时在墓室的东南部。B1：18，略呈长方形，四角为圆角，亦用一整木板雕成，无腿。长56，宽26，盘深1，两边边厚0.5，两端边厚2厘米。盘上盛有羊头骨一个、脊骨若干。盘左端又放有一圆木盘。出土时在B、C骨架的头上部。

圆木盘3件，编号80LBMB1：19、20、21。B1：19，用一块整木板挖制而成，盘口较浅，圆唇，无腿，直径22，边厚0.9，盘深1厘米。出土时放在B1：18号长圆木盘左端上，盘中安盛有羊头骨及羊脊骨。B1：20，亦用一整木板挖成，无腿，直径29，边厚0.9，盘深1厘米。盘中盛有羊头骨1个。出土时在H骨架的头上部。B1：21，此件与前两件一样，亦用一整木挖制，圆唇，无腿，直径30，边厚0.9，盘深1厘米，盘中盛有羊头骨1个、腿骨及脊骨若干块。出土时在H骨架的头右上方。

80LBMB2墓　此墓斯坦因编号为LC. ⅲ，按他在LC墓葬分布图中所示位置，东北紧与ⅳ墓相平行，南距x墓约2.5米，西北距ⅱ墓约4.3米，按其图中所绘方框依比例尺计算，墓长约3.05米，宽约2米。在我们检视了这个墓地之后，发现此墓凹坑中所遗遗物较多，许多都半露地表，于是我们进行了再清理。对于这座墓葬的葬式墓制斯坦因没有说明，从分布图所绘方框与其他墓相比较来看，应是一座大墓；墓中随葬器物的位置斯坦因也没有说明，只在《亚洲腹地考古记》第七章第六节的一览表中列举了20件出土遗物，而且全是纺织品，其中主要又是丝织品。在这样一个大墓中只出穿戴用的纺织品，而不出其他器物，是与常理相违的。事实也不是如此。经过我们对该墓的再清理证明，还有许多其他随葬物品，如日常用的木器、漆器、弓箭及皮毛制品等。就是其中的纺织品他也只拿走了一小部分，大量的标本仍弃置在墓坑中，仅我们带回的就约有90件。由于墓葬人骨架全被他搞乱，随葬器物中除一件高帮皮鞋出土于墓坑东南角，大致可以推知墓主人可能是头北脚南外，其余器物在人骨架的位置均不明确，我们只能选取一些有代表性的随葬品作为标本搜集，现将其器物叙述如下：

木杯1件，编号80LBMB2：1（图四二，1；图版四三，1）。系利用一节整木，顺木纹从一端向里挖空做成。直口，尖唇，直斜腹，腹下部临近底端内收，腹上部一侧有两小耳眼，耳已脱。高10，口径9，底径7.1，口深8.5厘米。

折肩木杯1件，编号80LBMB2：2（图四二，2；图版四三，3）。利用一节整木，顺木纹旋制而成，口稍外敞，沿外折，上腹部侧视作内弧形，下腹部斜收作小底，两腹间内刻绕体弦纹两道，圆形小平底。通高14，口径9，腹径10.6，底径6，杯深11厘米。

单耳鼓腹木杯1件，编号80LBMB2：3（图四二，3）。利用一块整木挖成，敛口，鼓腹，小平底，有一桥形小耳。口径13，腹径14.2，底径7.5，高8，杯深7，腹壁厚1厘米；耳高3.4，耳宽2.5，耳径1厘米。

单耳直腹木杯1件，编号80LBMB2：4（图四二，4；图版四三，2）。利用一小节整木，按树纹挖制，器内壁有刀刮削痕迹。直口，直腹，腹下部内斜收，小平底，一侧有一小桥形耳，耳脊较薄。口径12，高9.5，底径10，杯深8.1厘米。耳高3.5，耳宽1.5，耳脊厚0.5厘米。

单耳圆腹木杯1件，编号80LBMB2：5（图四二，5；彩版二五；图版四三，4）。利用一块方木，按木纹横向挖制而成。口稍敛，腹呈半圆形，下收成小平底，有一小桥形耳，上部向外凸出。口径11，高7，底径5，杯深6；耳高3.4，耳宽2.4，耳径1厘米。类似这样的木杯，在民丰县北大沙漠中东汉合葬墓里也有出土（参见前引《新疆民丰县北大沙漠中古遗址墓葬区东汉合葬墓清理简报》。）

彩漆残木碗1件，编号80LBMB2：6（图四二，6；图版四三，5）。利用一块方木旋制而成。外绛色，里红色，敞口，尖唇，圆足底，残剩一小半，经复原后口径19，高5，底径11，底高0.9，碗深3.2厘米。

彩漆残木碟2块，编号80LBMB2：7（图四二，7）。利用一块方木旋成木胎，木胎上粘附有一层麻织物，漆皮已脱。口外敞，尖唇，腹浅圆，圜底，残剩边沿两块，复原后口径18.5，高2.5，碟深1.8，底厚0.8，底径11厘米。

残牛皮件1件，编号80LBMB2：8（图四三，1；图版四三，6）。残存圆头的一端，靠边端有一横长条形的口，可以系纳，口已绷断，推测可能是捆绑马鞍用的皮带。残长11，宽8.9，厚0.3厘米。

残木罐1件，编号80LBMB2：9。敞口，方唇，束颈，鼓腹。残高9，腹厚0.6厘米。

残木杯2件，编号80LBMB2：10、11。B2：10，口残，直腹，平底，残高7.5，腹厚0.5，底厚0.4厘米。B2：11，残存腹部一小块，外饰重复的三角形。

残木碗底部1件，编号80LBMB2：12，底腹相连，底为平底，里呈圆弧形。

木杯底部2件，编号80LBMB2：13、14。B2：13，平圆底，上有红色漆衣，圆径9，底厚0.8厘米。B2：14亦平圆底，圆径7.5，底厚1.4厘米。

黑漆残木块1件，编号80LBMB2：15。似一根黑漆圆木上的一块，被火烧过。

木案残木腿3件，编号80LBMB2：16①、②、③（图四三，2；图版四三，7）。分属三种不同样式：①平视两边中部内凹，上下端外翘，在接近案的部位有一长方形花楞，再上是榫头，残高13，榫高1.5，内凹处宽2，外翘处宽4.2，厚1.9厘米。②扁平，中部内凹，两头外翘，通高10.2，榫高2.6，内凹处宽2，外翘3.6，厚2.6厘米。③呈圆锥形，上大下小，榫残，残高8，最大径3.7厘米。

弧形木件2件，编号80LBMB2：17①、②（图四三，3；图版四三，8）。①为红柳木做成，在弧形的一端横穿有一个圆眼，其另一端横穿有两个圆眼，圆眼有绳系磨擦痕迹，最下一个眼是绷坏后才穿上一个眼的。在弧形平面两边对应地方有一边穿有一个圆眼，另一边穿有两个圆眼，穿有两个圆眼的一边正好是横穿有两个圆眼的那一端。两尖端距离为39，尖端宽2，弧身最宽处为5，身厚2，眼径0.8—1厘米。弧内边缘顶点至弦距离为14.5厘米。②为胡杨木做成，弧的弯度较大，有点变形。在弧的两尖端横穿有一个圆眼，弧身正中的两边对应处亦横穿有两个圆眼，眼有绳索磨擦痕迹。两尖端距离为24，弧身最宽处为3.8厘米，弧内缘顶点至弦的距离为19.5厘米。

箭杆6枚，编号80LBMB2：18。其中三枚为杆尾，三枚为杆身，均柳木，残长最长为74厘米，杆身中部径1厘米。杆尾较杆身为细，在距尾端衔口1.5厘米处粘附有残羽翎的痕迹，残翎三片分成120°角等分，翎长9.5厘米，在粘翎的上下两端还绘有红色和黑色相间的纹饰。衔口凹沟深1，宽0.5—0.6厘米。

彩漆木圈1件，编号80LBMB2：19（图版四四，1）。似一大圆木盒盒盖的盖身，里为红漆，外为红、黑两色漆，在靠近黑漆的里边有一圈与盖顶相连的二层台。圈径19，圈宽2.8，最厚处为0.3厘米。

小木锥2件，编号80LBMB2：20①、②（图四三，4；图版四四，5）。利用红柳木条削成圆锥形，

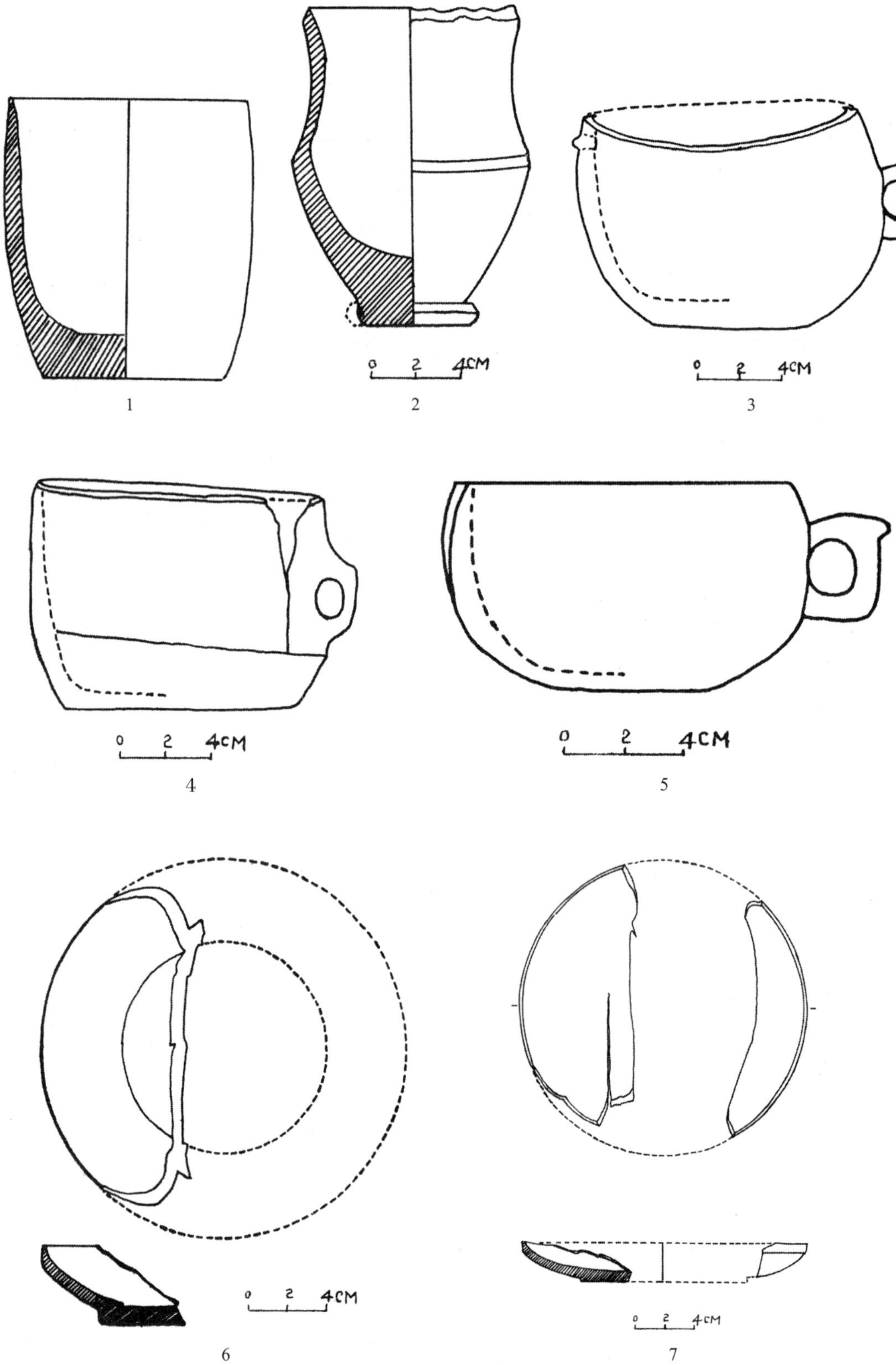

图四二 MB2 墓出土器物图（一）

木质坚硬。① 尾端削有一轮比锥身凸出的棱圈，棱圈宽 0.2，通长 10.8，尾端径 0.8 厘米。② 尾端稍残，通长 9.8，尾端径 0.5 厘米。

弓形骨件 1 件，编号 80LBMB2：21。用骨刮磨成弯弓形，残剩半爿，骨质半透明，有鞣性，可能是附贴在弓的中腰上用的。长 36.5，最宽处 1.6，最厚处 0.4 厘米。

椭圆木盘 2 件，编号 80LBMB2：22、23。B2：22（图四三，5；图版四四，2），用一块整木挖成浅盘，盘呈椭圆，椭圆长 44.5，宽 24，盘深 1.5，盘底厚 1.6 厘米。在盘的两端各逗有两只小腿，腿高 3.2，其中榫高 1.8，腿宽 3.4 厘米。盘中有刀割的不规则的痕迹。B2：23（图版四四，6），亦用整木挖成，盘长 38.5，宽 25.5，盘深 1.5，盘底厚 1.5 厘米。在椭圆两端也逗有两只小腿，腿已残断，只留有长圆形的小榫眼。盘面上还附有丝织品的痕迹。

高帮皮鞋 1 只，编号 80LBMB2：24（图版四四，3）。此鞋出在墓葬坑的东南角，大致可以推定墓主人为头北脚南葬。鞋帮由羊皮制成，中夹一层毛毡，底为牛皮，沿底边用刀从中划为两半，然后将上半与鞋帮用麻线相连缀，针脚细密均匀。帮高 15.6，帮口宽 18.5，底长 24，前底宽 7.5，后跟宽 5.5，底厚 0.3 厘米。底内亦衬有一层毛毡片。鞋内还有用毡片缝缀成的毡袜一只。

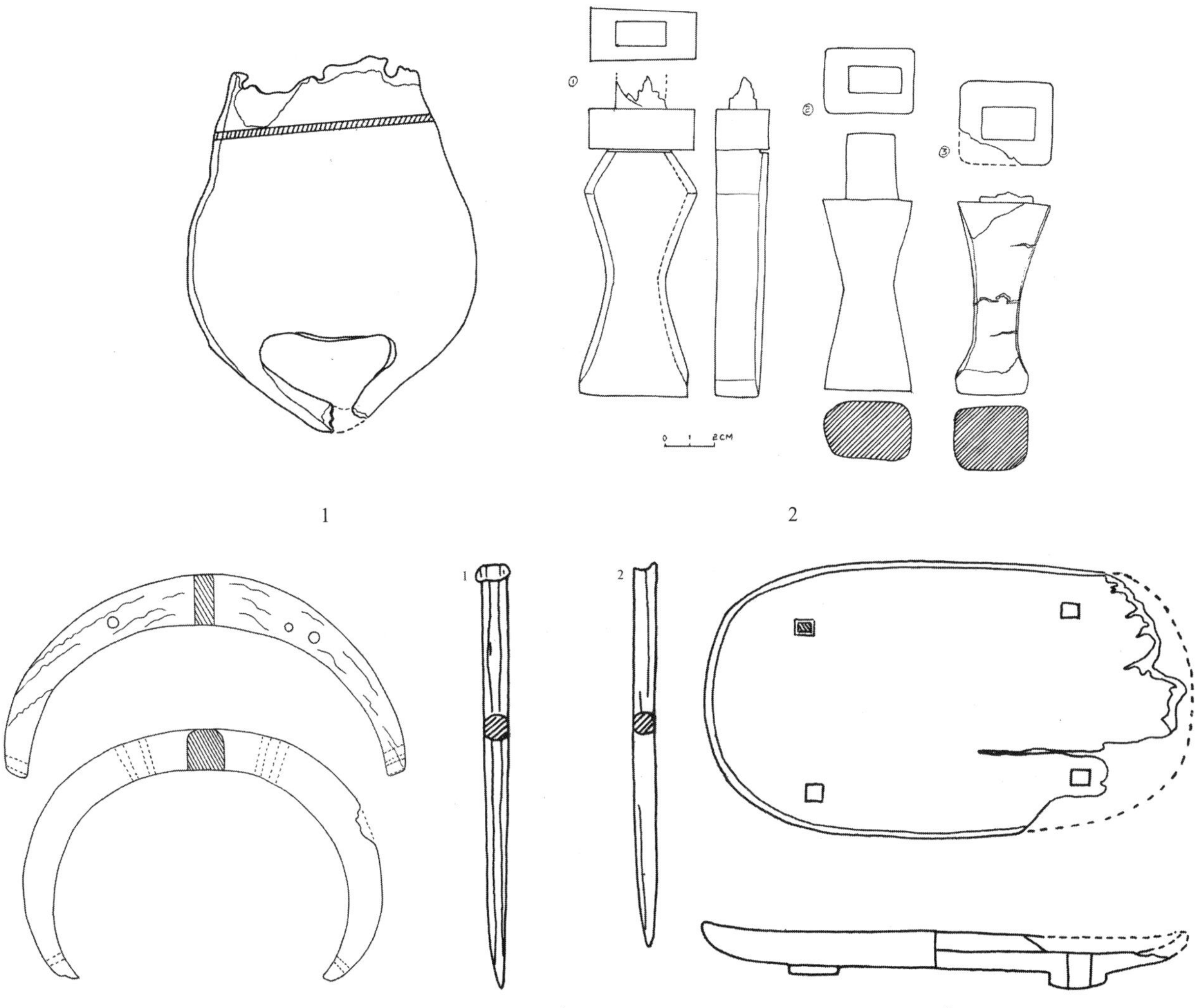

图四三　MB2 墓出土器物图（二）

皮条5根（节），编号80LBMB2：25，制作方法大致有四种：一种将羊皮向一边窝起来，中间包夹上一层皮，再用麻线将皮子缝缀，针脚较稀，再剪去不整齐的边即成。第二种将皮裁成皮条，再把皮条两边向中间对称地窝起来，使之接触吻合，再用细麻绳将接触两边来回连缀缝好。第三种窝法同第二种，但不用细麻绳连缀。第四种窝法亦同第二种，只是用细麻线将接触两边透过另一面来回连缀。皮条宽度第一、四种为1.1，第二、三种为1.8厘米。皮条一端的端头打有结，另一端多已残断。

毛帚1件，编号80LBMB2：26（图版四四，4）。用牦牛尾巴的长毛束扎而成，毛色棕褐。

丝绵袖管1件，编号80LBMB2：27。袖管由蓝绢包面，中夹丝绵。袖管宽（迭层）约12厘米。出土时死者一只干瘪的手，大拇指和其他四个手指向内紧紧篡着管口。从本件出土物和上述高帮皮鞋说明，死者应是在冬天下葬的。

绢冥衣1件，编号80LBMB2：28（图版四五，1；彩版二六）。宽衣长袖，腰部两侧各钉有黄和赤红色的三根小绢带，用以系结。领、袖和下摆用黄色绢贴边，中为褐色绢，是仿成人衣服制作的冥衣。身长15，身宽8.5，每只袖长6.5厘米。

锦袋1只，编号80LBMB2：29（图版四五，2；彩版二七）。呈桃心形，现破剩一半，以曲纹锦作袋面，再以湖蓝绢贴边，袋口在桃心上端，口以丝线滚边锁口。高9，残宽4.6厘米。

小绢袋2只，编号80LBMB2：30。大者呈不规则梯形，以墨绿绢作面，上口宽3，下底宽4，高5厘米。小者呈长方形，黄绢作面，墨绿绢作里，绛色丝线缝合，袋口在宽的一端，长4，宽3.5厘米。

延年益寿锦2件，其中1件破为两块，编号为80LBMB2：31，大的一块长56，宽14厘米；小的一块长56，宽9厘米。另一件编号为80LBMB2：33（图版四六，1；彩版二八），残长25.3，宽22厘米。此两件系同一品种，褐色作地，黄、蓝两色显花，经锦，以变体云纹和叶蔓花纹中夹织怪兽为图案。从右至左，最右为一带翼辟邪，辟邪作下行状，其头上织隶书“延”字；中部织有长嘴，两耳竖起，作奔走状的怪兽，兽尾织隶书“年”字；左部是一身体作曲屈状的怪兽，兽嘴长伸，整个身体向上卷曲，后腿已弯至头顶上方，后腿两边织隶书“益寿”二字。织造密度每平方厘米经线42根，纬线22根。

延年益寿大宜子孙锦1件，破成两半，编为两个号：80LBMB2：32、37（彩版二九；图版四七，1）。B2：32（图版四六，2），宽24.5，长37.5厘米；B2：37，宽24.5，长14.5厘米，在此半件幅边背面还有一行佉卢文题记（彩版三〇；图版四七，2）。锦面以褐色线作地，黄蓝二色浅显花，经锦。花纹是变体云纹和攀枝叶蔓中织有瑞兽，兽间织有隶书“延年益寿大宜子孙”吉祥语。此锦与1959年在民丰尼雅东汉汉墓中出土的“鸡鸣枕”锦完全一致（参见新疆维吾尔自治区博物馆编《新疆出土文物》图版三二，文物出版社1975年版）。其纹饰由右至左，右边一兽作奔走状，兽嘴长伸，两耳竖立，身上有圆圈斑纹，兽的正上方织有隶书“年”字，其前脚下织有隶书“益”字，兽头左边有一弯曲的变体云纹，其下方织有隶书“寿”字；中间的一兽作行进中的急转弯回身动作，在此兽头上方为一隶书“大”字，其前蹄下为一隶书“宜”字；又左一兽作登高动态，兽前方是一变体云纹，紧挨兽尾织有隶书“子”字；再往左为一兽作向下行走状，兽前蹄下侧织一隶书“孙”字。每一瑞兽的上下左右均有叶蔓相隔，疏密相间，显得生动活泼。此锦最左边的“延”字残缺；最右边残幅边上墨书佉卢文题记一行，经请北京古文献研究室林梅村同志转写成拉丁语解读为“biṃv̌a Srihetasa̱ Ciṭa Paṇaya 100”，即“频婆·室利诃陀之锦，一百钱”。织纹密度为每平方厘米经线42根，纬线22根。

延年益寿长葆子孙锦4件，编号80LBMB2：34、35、36、39。B2：34，残长36，残宽23厘米（图版四八，1；彩版三一）。B2：35，残长59，残宽15厘米；B2：36，残长45，残宽18厘米；B2：39，残长16，残宽5厘米。以B2：34为例，锦面绛红色线作地，草绿和褐两色线显花，经锦。在变体云纹和叶蔓纹中夹织瑞兽和隶书“延年益寿长葆子孙”吉祥语。本件最右边残剩一“寿”字，由右至左可分三个单元纹饰：第一单元以一狼犬状的动物为中心，口微张，两直耳，作走动状，动物背上有一“长”字；第二单元以一奔跑回首状的麒麟为中心，在其前端和尾部织有“葆”和“子”字；第三单元作一带翼似龙状怪兽，怪兽背上有“孙”字。每个单元由叶蔓云气纹环绕。色泽深沉，纹饰端庄。密度每平方厘米经线 48 根，纬线 27 根。

永昌锦 3 件，编号 80LBMB2：38、40、41。B2：38，残长 53.4，残宽 15 厘米（彩版三二；图版四八，2）。B2：40，残长 44，残宽 14 厘米。B2：41，残长 33，残宽 18.5 厘米。锦面以蓝色线作地，黄、褐、草绿三色显花，经锦。在弯曲的变体叶蔓中从右到左织有虎、羊、带角翼兽和飞禽等瑞兽禽纹饰，并夹织有隶书“永昌”两字，古朴典雅。织造密度每平方厘米经线 42 根，纬线 26 根。

望四海贵富寿为国庆锦 2 件，编号 80LBMB2：42、43。前一件残长 34.4，宽 22.8 厘米（彩版三三；图版四九，1）；后一件残长 23.5，宽 20.5 厘米。锦面以蓝色线作地，黄、褐、草绿三色线显花，经锦。其纹饰是在较粗的叶蔓中织有龙、獬豸、辟邪、虎等瑞兽，并夹织有隶书“望四海贵富寿为国庆”字样。织造密度为每平方厘米经线 43 根，纬线 24 根。

长乐明光锦 1 件，分为两片，编号 80LBMB2：44①、②。B2：44①，残长 49，宽 10 厘米（彩版三四；图版四九，2）；B2：44②，残长 26，宽 11 厘米。锦面以蓝色线作地，褐、绛、草绿三色显花，经锦。在叶蔓中织有瑞兽和吉祥语，以一个单元为例，左边织一带翼怪兽；中间织一人骑一匹马，作行走状；马蹄右边似为一条狗，正回首吠叫；狗头上方织一隶书“长”字，在此“长”字右边隔着藤蔓又织出“乐明光”三字。此锦样本 1914 年斯坦因在此墓亦有搜集，编号为 LC. ⅲ .011（原图版参见《亚》卷 1，第 238 页）。织造密度每平方厘米经线 46 根，纬线 26 根。

长寿明光锦 1 件，编号 80LBMB2：45（彩版三五；图版五〇，1），残长 23，宽 22.4 厘米。靛蓝色线作地，黄、褐、淡绿三色显花，经锦。在变体云气叶蔓中夹织有各种瑞兽，以一个单元为例，左边为一双角有翼瑞兽，昂首阔步向左前行；中间和右边均为回首行走之虎，一个向右，一个向左，在中间虎头上方织隶书“长”字，尾部叶蔓相隔竖向织“寿明光”三字。织造密度每平方厘米经线 48 根，纬线 30 根。

泽字麒麟纹锦 1 件，分为大小二片，编号 80LBMB2：46（图版五〇，2）。大者残长 22，宽 12 厘米；小者残长 16，宽 6.8 厘米。靛蓝色地，绿褐两色显花，经锦。在变体叶蔓纹中夹织瑞兽和隶书“泽”字。兽似麒麟，作奔走回首状。织造密度每平方厘米经线 40 根，纬线 24 根。

登高贵富锦 1 件，编号 80LBMB2：47（彩版三六；图版五一，1）。残长 16.3，宽 19.5 厘米。青色作地，黄、褐和草绿三色显花，经锦。在变体叶蔓纹中夹织“登高贵富”字样。织造密度每平方厘米经线 44 根，纬线 27 根。

大宜子孙锦 1 件，编号 80LBMB2：48（图版五一，2），裁成两个三角形，可以镶接，长 22，宽 21.8 厘米。蓝色线作地，褐色线显花，经锦。在变体叶蔓中夹织瑞禽和隶书“大宜子孙”吉祥语。织造密度每平方厘米经线 48 根，纬线 25 根。

广山锦 1 件，编号 80LBMB2：49（彩版三七；图版五二，1），残长 15，宽 9.5 厘米。锦面以靛蓝色作地，黄、褐、草绿三色显花，经锦。在变体云气叶蔓间织有虎豹，作相反方向的奔走状，右边为虎，虎头前方织隶书“广”字，左边为豹，豹回首眺望，豹的上端织隶书“山”字。织造密度每平方厘米经线 43 根，纬线 27 根。

孙字马纹锦 1 件，编号 80LBMB2：50，残长 14.2，残宽 4—8.2 厘米。青线作地，黄、褐、草绿三色线显花，经锦。在变体叶蔓纹中夹织“孙”字和骏马。织造密度每平方厘米经线 42 根，纬线 23 根。

穿带变体璧纹锦 1 件，编号 80LBMB2：51（彩版三八；图版五二，2），残长 38，残宽 5.5 厘米。以蓝色线作地，黄、褐、草绿三色线显花，经锦。纹饰似玉璧图案，璧中穿带。织造密度每平方厘米经线 42 根，纬线 24 根。

鹿纹锦 1 件，编号 80LBMB2：52（彩版三九；图版五三，2），残长 42，宽 5.8—8 厘米。以蓝线作地，黄、褐、草绿三线显花，经锦。从残破的锦面上可看到右边是一鹿，鹿前右蹄上曲，作行走状，后身残缺，鹿周围布有叶蔓。织造密度每平方厘米经线 42 根，纬线 24 根。

续世锦 3 件，编号 80LBMB2：53、55、57，其中 B2：53 残成两片，大片残长 24，宽 30 厘米（彩版四〇）；小者残长 26，宽 13 厘米；B2：55，残长 57，宽 16 厘米（图版五三，1）；B2：57，残长 19，宽 11 厘米。以蓝色线作地，褐色线显花，经锦。在规整的曲线纹中织有两个一组的小方点，每相隔三个曲线纹自左至右织吉祥语，现存隶书“续世锦”三字。织造密度每平方厘米经线 56 根，纬线 36 根。

宜子孙锦 1 件，编号 80LBMB2：54（图版五四，1），残长 47，宽 21 厘米。以蓝色线作地，纬色线显花，经锦。在规整的每个曲线纹中有两个小方点，相隔两个曲线纹间夹织隶书吉祥语，现存锦面从左至右有“宜子孙”三字。织造密度每平方厘米经线 54 根，纬线 35 根。

波纹锦 1 件，编号 80LBMB2：58，残长 26，宽 16 厘米。淡蓝色线作地，绛色线显花，经锦。作整齐对称的波浪纹，在每一波浪中交叉点缀两个地色小圆孔。密度每平方厘米经线 44 根，纬线 27 根。

三叶花纹锦 1 件，编号 80LBMB2：59（彩版四一；图版五四，2），残成两段，大者残长 21，宽 11 厘米；小者残长 18，宽 7.6 厘米。绛色作地，黄、蓝二色显花，经锦。中间为独株三叶花，两边配以小草叶。织造密度每平方厘米经线 42 根，纬线 23 根。

年字瑞禽兽纹锦 1 件，编号 80LBMB2：60，残长 19，宽 11 厘米。残剩隶书“年”字，在年字上下有叶蔓，前后有瑞禽和瑞兽，作站立状。

万字瑞兽纹锦 1 件，编号 80LBMB2：61，残成两块，大者残长 25，宽 12 厘米；小者残长 10.5，宽 6 厘米。青线作地，黄褐色线显花，经锦。在一残存隶书“万”字前后有瑞兽，前一兽昂首阔步作行走状，后一瑞兽作登高回首状。织造密度每平方厘米经线 42 根，纬线 23 根。

寿字纹残锦 1 件，编号 80LBMB2：62，残长 20，残宽 11 厘米，可辨识的在云气纹中显一“寿”字，与 B2：32 中的“寿”字相类。

虎鹿鸟纹锦 1 件，编号 80LBMB2：63（彩版四二；图版五五，1），残长 22.5，宽 10.7 厘米。以蓝色线作地，黄色线显花，经锦。在变体云气叶蔓纹中织有虎、鹿、鸟图案，在叶蔓正中织有一虎，作回首张口状，鬃毛竖起，身上饰有圆圈纹；虎后用叶蔓相隔有一瑞鸟和瑞鹿，头向右作站立状。织造密度每平方厘米经线 58 根，纬线 29 根。

龙虎瑞兽锦 1 件，编号 80LBMB2：64（彩版四三；图版五六，1），残长 19，宽 11 厘米。绛色线作地，靛蓝线显花，经锦。在变体云气叶蔓中夹织有龙虎，龙在右，作张口行走状；虎在左，作卧蹬状。织造密度每平方厘米经线 56 根，纬线 25 根。

瑞兽纹残锦 1 件，编号 80LBMB2：65（彩版四四），残长 13，宽 5.8 厘米。靛蓝作地，黄褐二色显花，经锦。在变体云气叶蔓中有瑞兽，作奔走回首状。织造密度每平方厘米经线 50 根，纬线 29 根。

绛地回纹茱萸锦 1 件，编号 80LBMB2：66（彩版四五；图版五五，2），残长 7.5，宽 15 厘米。绛色为地，经线有白、黄白、淡绿、宝蓝诸色，纬线为棕色。图案设计精巧，茱萸花与蔓生的枝叶及回纹几何形有机地组合在一起，稳重和谐。织造密度每平方厘米经线 168 根，纬线 22—23 根。

双菱纹残锦 1 件，编号 80LBMB2：67，残长 10，宽 9 厘米。从残存纹饰看，由双菱织成小单元，再相错排列展开。

鱼纹锦1件，编号80LBMB2：68（彩版四六；图版五六，2），残长19.2，宽5.2厘米。以褐色线作地，黄、蓝二色线显花，经锦。在一对对鱼游的水中，夹织有一对对水禽，鱼、禽间神态自然。织造密度每平方厘米经线43根，纬线28根。

残锦片4件，编号80LBMB2：69、70、71、72。B2：69，残成两块，尺码基本相同，残长8，宽4厘米；B2：70，残长6.5，宽5厘米；B2：71，残长10，宽4.5厘米；B2：72，残长15，宽7厘米。由于残损过甚，其纹饰不便观察。

对羊纹锦1件，编号80LBMB2：73（彩版四七；图版五七，1），残长11.5，宽4.5厘米。以蓝色线作地，黄色线显花，经锦。在菱形格纹内夹织两只相向的公羊，羊后腿翻腾踢起作跳跃状。织造密度每平方厘米经线54根，纬线34根。

方格曲纹锦1件，编号80LBMB2：74（彩版四八；图版五七，2），残长10，宽7.5厘米。以靛蓝色作地，黄、褐、草绿三色显花，经锦。在规整的每个曲线纹中织有两个小方点，每相隔两个曲线纹又织一小方块，别致典雅。织造密度每平方厘米经线64根，纬线24根。

瑞禽瑞兽纹锦1件，编号80LBMB2：75（彩版四九；图版五八，2），残长23.5，宽10厘米。以褐色线作地，黄、蓝二色线显花，经锦。现存纹样由两组对称的图案组成，其中左边的一组较完整。由上向下，最上面一排有一对相向的引颈高飞的大雁，大雁下为一对带翼怪兽，作相向奔走回顾状，怪兽下似为一对倒织的大象，象有四条粗腿朝上，最下是一对鸟纹。动物周围绕以变体云纹。织造密度每平方厘米经线42根，纬线26根。

土黄菱纹绮1件，编号80LBMB2：76①、②、③，残成三块，其中①残长18.5，宽6.5厘米；②残长15，宽5.5厘米（彩版五〇；图版五九，1）；③残长12.5，宽6.5厘米。以土黄色线作地，又以地色线显花。图案以菱形纹为主题而富有变化，画面高雅素静。织造方法是地纹为平纹，再以土黄色线在绮面加织凸起菱形花纹，为重平组织法。织造密度每平方厘米经线72根，纬线35根。

大红菱纹绮1件，编号80LBMB2：77①、②，残成两块，①残长16，宽6.2厘米；②残长11.5厘米，宽12厘米（彩版五一；图版五八，1）。红色线作地，又以地色线显花。花纹为两组图案间隔，一组为三个菱形图案，中间一个较大，两边的较小；再一组为团花图案。织造方法，地纹为平纹，再在绮面经线以浮长法织出凸起花纹，为重平织法。织造密度每平方厘米经线72根，纬线34根。

刺绣1件，编号80LBMB2：78（彩版五二；图版五九，2），已残，残长8，宽4.5厘米。蓝绢作地，用锁绣法绣黄花。刺绣边端有白棉布相连缀。

绿绢2件，编号80LBMB2：79、83。B2：79，残成4块，①残长40，宽25厘米；②残长29，宽27厘米；③残长28，宽17厘米；④略呈三角形，高26，底宽15厘米。B2：83，残长36，宽17厘米。均系平纹十字交叉，每平方厘米经线120根，纬线50根。

黄绢1件，编号80LBMB2：80，长1.1米，宽66厘米。双层缝合在一起，质地轻薄，平纹十字交叉，织造密度每平方厘米经线60根，纬线32根。

绛绿色绢条1件，编号80LBMB2：81，残长18，宽1.8厘米。用1厘米宽的绛色绢与0.8厘米宽的绿色相互拼合，缀成长条。

红绢1件，编号80LBMB2：82，残长40，宽19厘米。平纹，织造密度每平方厘米经线68根，纬线33根。

湖绿绢1件，编号80LBMB2：84，残长16，宽9厘米。平纹，织造密度每平方厘米经线80根，纬线 29 根。

深绿色绢 1 件，编号 80LBMB2：85，残长 20.5，宽 2 厘米。此件系两块绢缝合。平纹，织造密度每平方厘米经线 64 根，纬线 39 根。

素绢 1 件，编号 80LBMB2：86，残长 17，宽 10 厘米。平纹十字交叉，织造密度每平方厘米经线 78 根，纬线 39 根。

绛绢 1 件，编号 80LBMB2：87，残成三块，① 残长 19，宽 12 厘米；② 残长 22，宽 8 厘米；③ 残长 15，宽 11 厘米。平纹十字交叉，织造密度每平方厘米经线 72 根，纬线 53 根。

绢、棉缝缀物 1 件，编号 80LBMB2：88，残长 26，宽 13 厘米。用藏蓝色绢作面，黄绢作里，中夹一层素色棉布缝缀成。

晕间拉绒缂毛 1 件，编号 80LBMB2：89（彩版五三；图版六〇，1），残长 59，宽 57，厚 0.2 厘米。以紫色作地，蓝、绿、棕、黄、灰等色显花。采用通经断纬方法织造，织物中部缂出一条以石榴花为主体，两侧有对称草叶纹的图案。图案两边是对称的彩条纹，彩条按紫红、粉红、深绿、米黄等色晕间排列，色泽鲜丽。花纹部分纬密，根据需要有变化，每平方厘米 40—70 根不等，织后经过拉毛起绒。经纱双股左捻，每平方厘米密度为 10—11 根；纬线单股右捻，每平方厘米 28—30 根。

彩色毛毯 1 件，编号 80LBMB2：90（彩版五四；图版六〇，2），残长 20，宽 20 厘米。此残片花纹因残损无法辨认，出土时色泽如新，色相为红、黄、蓝、黑四色，配色和顺。经纬线均为双股合捻，织造密度每平方厘米经线 34 根，纬线 8 根。

彩色缂毛 1 件，编号 80LBMB2：91（彩版五五；图版六一，1），残长 16，宽 12 厘米。通经断纬，在红、黄经线中用红、黄、草绿、墨绿、黑褐五色纬线断纬夹经，缂出一组花纹图案，图案因残损不辨，图案间以经线联接，经线双股拈捻，S 向；纬线单股或双股拈捻，Z 向。织造密度每平方厘米经线 6 根，纬线 30 根。

条纹毛毯 1 件，编号 80LBMB2：92（图版六一，2），残长 32，宽 8—15 厘米。黄色双股经线与黄色单股纬线平纹交织为地纹，再间隔五组地纹加红、褐二色纬线起花，在起花处又用红、褐二色线勾织双扣，露出毛边，使成毯面起绒，质地显得厚实。织造密度每平方厘米经线 8 根，纬线 10 根。

双面栽绒彩色地毯 1 件，编号 80LBMB2：93（彩版五六；图版六二，1），残长 18，宽 9，厚 0.9 厘米。此残片花纹不可辨认，出土时色泽如新，色相有紫红、粉红、桔黄、中黄、草绿、深蓝、墨绿以及羊毛本色。栽绒方法，每两根地纬嵌结绒纬一根，一正一反为一组，使用 U 字形打结法对地经隔行拴结。这种拴结方法与马蹄扣、8 字形扣均有区别，正面显示彩色花卉，反面为深蓝色素地。地经为双股左捻羊毛绒，每平方厘米 7 根；地纬为八股并用的无捻羊毛绒。这件地毯残片，是研究新疆地毯工艺的珍贵资料。

毛织带 1 件，编号 80LBMB2：94，残长 53，宽 13 厘米。

紫红毛绒布 2 件，编号 80LBMB2：95、96，B2：95（图版六二，2），残长 27，宽 11 厘米；B2：96，残长 15.5，宽 18 厘米。平纹，经线双股，有轻度松散的拈捻，纬线为三股，粗松，故毛布表面起纹。织造密度每平方厘米经毛 17 根，纬毛 38 根。

褐色毛毯 1 件，编号 80LBMB2：97，残长 7.5，宽 3 厘米。以经线一根、纬线两根交织的平纹组织。毛线粗松，织造密度每平方厘米经线 6 根，纬线 14 根。

彩色罽 1 件，编号 80LBMB2：98（彩版五七；图版六三，1），残长 4，宽 1.5 厘米。由青、土黄、棕三色线织造，以棕色线为经，夹织青、土黄、棕三色纬线起花。排列成相间的竖条纹。经线双股拈捻，捻向正手 S 向，纬线也以双股拈捻，捻向反手 Z 向。织造密度每平方厘米经线 10 根，纬线 24 根。

白棕色粗毛布1件，编号80LBMB2：99（图版六三，2），残长6，宽7厘米。织造粗糙，经纬线平纹组织。

毛毯残片1件，编号80LBMB2：100，残长10.5，宽8厘米。深褐色经纬线双股拈捻，平纹组织。织造密度每平方厘米经线5根，纬线15根。

彩色毛布1件，编号80LBMB2：101（彩版五八；图版六四，1），残长5.5，宽4厘米。黄色为经线，红、黑、绿、蓝为纬线，纬线起花。经线双股S向，纬线单股Z向，平纹交织，间或也在交织处经线浮长两股出现外露。织造密度每平方厘米经线9根，纬线26根。

绯色绢包毡1件，编号80LBMB2：102，残长34，宽5厘米，呈长条形，用绯色绢缝裹。

彩色晕罽包毡1件，编号80LBMB2：103（彩版五九），残长28，宽11厘米。将毡剪成长条形，外面再用毛罽包裹缝缀，似为冬鞋鞋面，罽以蓝、紫、红、黄色线渐变成彩条。

彩色毛毯1件，编号80LBMB2：104（图版六四，2），残长12，残宽7厘米。以黄、褐、红三色毛线织成，残甚，花纹不辨。经线双股拈捻，S向；纬线单股拈捻，Z向。其织造方法，用两根纬线一为地纬一为纹纬，经为夹经，以地纬和纹纬交夹经线织成，织物表面凹凸，但不外露经线。是为纬线起花的平纹重组织。织造密度每平方厘米经线5根，纬线22根。

条纹毛毯1件，编号80LBMB2：105，残长21，宽15厘米。褐色线作地，红褐、深褐二色线起花。经、纬线均为单股拈捻，在经纬线交织处以短线勾织双扣，使之成为凸起的条纹。织造密度每平方厘米经线6根，纬线10根。

素色毛布1件，编号80LBMB2：106，残长31，宽18厘米。质地粗糙，纬线双股，经线单股，平纹交织。织造密度每平方厘米经线6根，纬线14根。

残毡片1件，编号80LBMB2：107，残长14，残宽7厘米。用羊毛蒸煮敲打压结而成。

粗毛毯1件，编号80LBMB2：108，残长20，宽9厘米。由双股经线和正反各一股纬线交织，织物粗松厚实。织造密度每平方厘米经线4根，纬线6根。

绯色毛布1件，编号80LBMB2：109，残成两块，大者残长23，宽9厘米；小者残长21，宽11厘米。平纹组织，经线拈捻较紧，纬线粗松，织造密度每平方厘米经线19根，纬线12根。

素色毛布1件，编号80LBMB2：110，残长8，宽9.5厘米，平纹织造，经、纬线均为单股，织造密度每平方厘米经线23根，纬线13根。

白棉布1件，编号80LBMB2：111，残长19，宽17厘米，平纹十字交叉，纱线粗密。经纬线单股间或双股交织，织造密度每平方厘米经线18根、纬线12根。

素色棉布1件，编号80LBMB2：112，残长48，宽32厘米。平纹十字交叉，纱线比较细密。经纬线单股，间或双股交织，织造密度每平方厘米经线30根，纬线21根。

素色棉布1件，编号80LBMB2：113（图版六五，1），残长57，宽29厘米，平纹十字交叉，纱线比较粗密。经纬线单股间或双股交织，织造密度每平方厘米经纬线各17根。

素色棉布1件，编号80LBMB2：114，残长25，宽13厘米。平纹十字交叉，纱线粗密，但不均匀。经纬线均为单股，织造密度每平方厘米经线16根，纬线12根。

棉花1团，编号80LBMB2：115，花絮经过抓弹，显得疏松。

（三）XBM 墓（图版四一，3）

这个墓地在戈壁滩接近雅丹地貌的边缘上，一个砾漠圆形土丘，由土丘缓坡向南约 300 米，就是孔雀河岸的雅丹地带。土丘不大，顶面约 60 平方米，东南距斯坦因命名的 LB 遗址约 10 公里，距古城直线距离约 22 公里。在土丘西北部因有后期建筑的房屋，所以这个墓地遭到了严重破坏；土丘东南部残留有木桩墓葬一座，经我们将表土拨开后，呈现出了椭圆形的环状列木，列木由小到大，一圈套一圈，共有七圈；在列木外面还能断续可见向四周呈放射状的列木，蔚为壮观。最里圈的列木直径 2—4 厘米，最外圈的列木直径 9—12 厘米；放射状的列木直径 10—15 厘米。椭圆呈西北东南向，长 2.5，宽 1.2 米。调查时由于我们的时间紧迫，未予发掘，只在墓地进行搜索，除发现有人骨、列木、羊皮等物外，还采拾到毡帽一件（图版六五，2）。帽顶宽 11 厘米，下端呈半弧形，弧宽 30 厘米，帽身高 15 厘米，在帽沿上缀饰红色毛线一周，帽身的一侧用小羊皮一块扎成小袋，可能是用来插饰羽毛的。此种墓葬我们在孔雀河北岸古墓沟墓地已有发掘。古墓沟墓地类似这样的墓葬有六座，死者均为男性，葬式仰身直肢，不过其人骨架为头东脚西，与此墓不同，墓中出土遗物较少，主要有锯齿形的刻木、骨珠、骨锥等物，也有类似的毡帽出土，有两座墓中还有小铜饰件，关于古墓沟墓葬的年代讨论，可参见安志敏先生《碳 –14 断代和中国新石器时代》一文（载《考古》1984 年第 3 期）。

六、结语

关于楼兰，我国史籍记载最早的是《史记·匈奴列传》，传载：西汉文帝四年（前176年）匈奴单于冒顿在给文帝的信上称："天所立匈奴大单于敬问皇帝无恙。""以天之福，吏卒良，马强力，以夷灭月氏，尽斩杀降下之。定楼兰、乌孙、呼揭及其旁二十六国，皆以为匈奴。"依信所述，楼兰至少在公元前176年前就役属于匈奴了。继后，西汉武帝派张骞出使西域，骞于元朔三年（前126年）回到长安，向武帝作了情况报告。司马迁根据张骞的报告撰成《史记·大宛列传》，传载："楼兰、姑师邑有城郭，临盐泽。"盐泽，即今罗布泊。这个记载表明，楼兰当时已是一个"城郭之国"。这个"城郭之国"的远古历史如何？史籍无载。是后，班固撰《汉书》，在《西域传》中记载了经西汉一代的史事。传载："鄯善国，本名楼兰，王治扜泥城，去阳关千六百里。"又载："楼兰国最在东垂，近汉，当白龙堆，乏水草，常主发导，负水儋粮，送迎汉使……后复为匈奴反间，数遮杀汉使。其弟尉屠耆降汉，具言状。（昭帝）元凤四年（前77年），大将军霍光白遣平乐监傅介子往刺其王。……乃立尉屠耆为王，更名其国为鄯善。"据后来的研究者认为，更名鄯善之后，国都南迁，扜泥城在今若羌县城附近。（韩儒林先生还根据"去阳关千六百里"的里距，对南迁都城作了具体考证。参见《穹庐集》[上海人民出版社1982年版]中《楼兰故城在西域交通上之地位及其距阳关乌垒鄯善新都之道里》一文。）而楼兰原来的都城呢？史传语焉不详。继后，范晔撰《后汉书》，在《班梁列传》中说道：东汉元初六年（公元119年）当匈奴北单于骚扰西域时，邓太后召"班勇诣朝堂会议"，班勇向邓太后的建议中有一条，"宜遣西域长史将五百人屯楼兰，西当焉耆、龟兹径路，南强鄯善、于窴心胆，北扞匈奴，东近敦煌"。班勇的建议当时虽没有完全被采纳，但三年后东汉安帝复遣班勇为西域长史，将兵五百人出屯柳中（今鄯善县鲁克沁），次年正月班勇至楼兰，鄯善特来归附，受到了东汉朝廷的奖励。我们从班勇的建议与他以后的活动来看，当西汉昭帝更名楼兰为鄯善国后，楼兰的旧都楼兰城并没有废弃，依然还存在，否则他便不会带兵前往楼兰。东汉时期的楼兰究竟情况如何？史传也语焉不详。东汉以后，楼兰的活动更不见于史籍，直至北魏郦道元的《水经注》才又见到了楼兰的记载，不过郦氏已称之为"故城"了。那么从东汉历两晋，楼兰的历史情况如何？这又成了一个令人费解的"谜"！

经过我们对楼兰古城及其附近遗迹的调查和对古城城郊墓葬的发掘，取得了如前所述的一大批资料，这些资料对于研究上述诸问题提供了直接的根据，同时也在一定程度上弥补了史籍记载的缺失。现根据我们所得的资料，结合斯文·赫定、斯坦因等人挖掘的资料，分析讨论如下：

（一）关于史前文化时期

在楼兰遗址区我们采集到许多细石器文化标本，其中以古城中采集最多，这些遗物应是楼兰人远古活动的信息。这些遗物按其形状和用途来分，主要有单脊长条形细石叶、双脊双刃细石叶、单脊双刃细石叶、高脊窄刃细石叶、鸟啄形琢背石刀和燧石核、三棱细长尖状器、盘状刮削器以及三角形、桂叶形细石镞、石矛、锥钻等。从制造技术上来分，打制的较多，多在一边或两边有比较精细的第二步加工，有的用压制法琢出了锋利的刃口，磨制的较少。从色相和质地来分，有灰绿色、黄褐色、浅灰色、淡红色、枣红色、赭色、绛紫色等玉髓，有灰色泥灰岩、绿色钙质粉砂泥灰岩、褐色石灰岩、青绿色变质细砂岩、暗绿色板岩，也有绛紫色的火山岩以及隐晶质的淡蓝色硅化石和蛋白石等。这些石器打制、磨制的技术都较高。细石器，是我国中原地区中石器时代出现的一种石器文化，它主要适用于狩猎经济。从中石器时代开始，中原地区的细石器已向北部、西部地区的草原、沙漠地带传布。到新石器时代，这些地区由于自然环境的不同，细石器的各种工具，有的一直可以延续到使用金属工具为止。细石叶和燧石核是真正细石器的代表，使用时间早，使用期也较长。如果将这类石器与华北、内蒙一带的比较，无论从类型或制造技术上都是比较一致的（参见安志敏《细石器文化》，载《考古通讯》1957 年第 2 期；安志敏《略论三十年来我国的新石器时代考古》，载《考古》1979 年第 5 期。据黄文弼研究，库鲁克山中的英都尔库什所出石器与蒙古及罗布泊之细石器，即石刃之类，其形制和作法，疑为同一文化系统，其时代先后或亦相连续，参见《罗布淖尔考古记》第二篇第一章“石器遗址”）。细石镞延续时间很久，一直可以进入金属工具的使用时期。根据我们对这些石器标本的分析，楼兰遗址在新石器时代，从使用最典型的细石叶和燧石核开始，中经使用压制石器、桂叶形石器到使用磨制石器和重要金属工具，这里应当一直存在着人类的活动。斯坦因虽曾两次到达楼兰“考察”，也被称为“印度考古学调查局”的成员，但他对石器文化标本的搜集和研究并没有足够重视，他的主要注意力是放在历史时期遗物的收集上，他仅对他采集有限的少量石器发表过一般性的意见，他说：“这个遗址有人居住的时间可能要上溯到石器时代的早期。”（《亚洲腹地考古记》第七章“楼兰的遗迹”，第 393 页）贝格曼在孔雀河上游小河东面、帕塔里克库尔以东发现石器时代的文化点三处，与石器共出的有黏土夹粗砂制成的淡褐色陶片。他认为：“这些陶片的时代要比楼兰时代的陶片为早。”稍后霍奈尔和陈宗器在孔雀河三角洲的南面，围绕楼兰遗址区进行了实地考察，发现有石器时代的文化点五处，对这五处博格曼认为：“可能作为居住地点上发现的物品。”（均见福克・贝格曼《新疆考古研究》第一部分“在新疆发现的史前时期的遗物”）我国的黄文弼两次从吐鲁番跨过库鲁克山，到达罗布泊的北岸考察，他在库鲁克山的英都尔库什南口，发现有细石器遗址一处，他认为这是一处打制石器的工场。在由土垠向西的沿途考察中，他发现有石器时代的文化点五处，其中一处与石器共出的有铜器、陶器（《罗布淖尔考古记》第二篇第一章“石器遗址”）。前人的这些发现，如果与我们考察所收集的石器文化标本进行比较，显然后者比前者无论从数量、质量上，还是从器物类型与内涵特征上，都要丰富得多。因此，我们认为楼兰遗址应当是石器时代孔雀河下游三角洲中人类活动的重要聚点。这个认识对于研究楼兰王国的史前文化时期，具有十分重要的意义。

（二）关于两汉时期

从古城城郊三处墓地来看，西北郊的 XBM 墓地，只残剩一座椭圆形的列木墓葬，它虽与孔雀河北岸古墓沟墓地中的那种椭圆形列木墓葬外表特征一致，但因古墓沟墓地的年代学讨论目前存在较大分歧，我们对这座墓葬也没有进行发掘，所以很难确定其年代。对于平台墓地和孤台墓地，无论从两个墓地墓葬所出遗物来看，还是从碳 -14 测定标本来看，毫无疑问均属于两汉时期。平台墓地有墓葬 7 座，清楚形制、葬式的有 5 座，其中长方形土坑竖穴墓有 4 座：单身葬 3 座，丛葬墓 1 座；斜坡墓道方形土坑竖穴墓有1座，为丛葬。这两种墓葬中均出现了丛葬，可见丛葬与单身葬在当时是并存的。7座墓中出土遗物总的来说比较单纯贫乏，最少的只有1件，例MA1；最多的也不过7件，例MA7，这座墓中丛葬了7具人骨架，平均起来，也只是一人一件。在这7座墓的随葬器物中，比较普遍的是陶器，除MA2小孩墓不见陶器外，其余6座均有陶器，最多的MA3出土了3件陶器，陶器中最具特点的是单耳带流陶杯和敞口斜腹小陶杯，它们制作粗放，器形不太规整，都是手捏制的，从腹底部留有烟炱痕迹看，都是实用器。粗放陶器的普遍存在，说明人们的经济生活能够从事一些农业生产，但是在MA7墓中又出现了殉葬5个羊头和一些羊骨情况，这表明他们的畜牧业经济也占有相当重要的地位。这与《汉书·西域传》记载的楼兰国“地沙卤，少田，寄田仰谷旁国”“民随畜牧逐水草”是基本相符合的。在这些随葬器物中还出土了西汉中晚期的铜镜残片和五铢铜钱。MA2：4为内向连弧柿蒂纹铜镜，镜中铭文应为“长宜子孙”；MA7：5，从残存镜片纹饰分析，可能为“家常富贵”铜镜；MA7：7，应为星云纹铜镜。五铢铜钱2枚，均出自MA7墓，就其钱面与钱文笔划特征，与满城汉墓出土五铢比较，类似满城汉墓的Ⅰ型和Ⅱ型五铢，当属于西汉武帝后期铸造。就平台墓地整个面貌观察，显得比较原始粗朴，其相对年代可能要比孤台墓地较早一些，从碳–14标本测定，大约相当于两汉相交的时期。

孤台墓地，1914年斯坦因来此挖掘，我们在他挖掘之后发掘了一座幸存下来的墓葬，墓葬中出土了令人注目的彩绘漆器，其中一件彩漆盖，盖顶中心绘有四叶蒂形纹饰，围绕蒂形的是四组流云纹饰，这种流云纹饰在满城汉墓一号墓出土的Ⅰ、Ⅱ型彩绘陶盘中已有出现，另外一件棕色彩漆杯上满布有云纹和草叶纹饰。墓中还出土了五铢铜钱4枚，其中两枚类似满城汉墓Ⅰ型五铢，另两枚则类似满城汉墓Ⅱ型五铢。我们从这座墓葬采取的苇床下的标本，经碳–14测定，其年代相当于东汉前期。在这个墓地我们还重新清理了斯坦因编号的ⅲ墓葬，这座墓葬经他草率挖掘而遭到破坏，但遗留了不少遗物，我们除了清理出日常生活随葬品外，还清出了许多珍贵的丝毛棉织品标本，其中特别是锦和罽毛。仅以有铭文的织锦为例，“延年益寿”锦就有三个品种，其中一种“延年益寿大宜子孙”锦，与民丰尼雅东汉墓中出土的“鸡鸣枕”锦完全一致。其他尚有“长乐明光”“长寿明光”“望四海贵富寿为国庆”“登高贵富”“永昌”等铭文锦，这些织锦具有两汉时期的典型特点。在罽毛中有一件晕间拉绒罽毛，以通经断纬方法织造，以石榴花为主体，主体花纹两边以紫红、粉红、深绿、米黄等色，对称晕间排列，典雅秀丽，色泽鲜艳，堪称毛织品中的上品。这些丝毛织品，都是研究当时织造工艺的难得标本。这些丝毛织品的出土，同时也显示了楼兰这个地区在古代“丝绸之路”上的重要作用。

在这两个墓地发掘的人骨架中，我们选取了6个头骨请中国社科院考古研究所测定，根据头骨的个体形态特征和测量特征，6个头骨中有5个欧洲人种类型，1个蒙古人种类型。在5个欧洲人种头骨中，有4个（MA7：A、MB1：B、MB1：E、MB1：H）形态比较一致，与地中海东支的印度—阿富汗类型接近，一个头骨（MA7：B）的形态有些介乎地中海和帕米尔—费尔干类型之间，但在许多特征上仍可表明是地中海人种的变异。一个蒙古人种头骨（MB1：D）则可能略接近南西伯利亚类型。因此可以推测，古楼兰地区的居民种族组成，以欧洲人种的地中海东支类型占相当优势。这种特点，同时与帕米尔塞克的人类学特点相似，但与天山、阿莱的塞克之间有明显的区别。据此推测，楼兰地区居民的欧洲人种成分与帕米尔塞克类型的居民之间存在着密切的种族系统学关系。个别蒙古人种头骨的存在还说明，楼兰居民的人类学成分上，不是纯粹单一的欧洲人种民族。

在古城遗址中，我们收集到的标本，可以直接认定为两汉时期的器物是比较少的，虽然有不少五铢钱币，其铸造年代可以上溯到两汉时期，但是否就在两汉时期使用于楼兰地区，是难以肯定的，作为一种流通手段或某种用途的饰物，钱币的使用时间可以下延至若干年代。在这些器物中我们收集到一件椭圆木盘（BC：207），其器形特征与孤台墓地两座墓葬中出土的椭圆木盘（MB1：2、17，MB2：22、23）有着极其相似的特点，这件木盘我们认定为东汉时期的遗物，也许是没有多大问题的。我们在城中编号为F4的院落中采集了一个门坎的朽木，经碳–14测定，其年代相当于东汉前期，斯坦因根据在这个院落中发现的三枚佉卢文木牍，认定这里是一个“土人政府”。关于佉卢文字在楼兰地区最早出现的时间，是否可以追溯到东汉，还是需要进一步研究的问题（在孤台墓地B2：37号织锦幅边上也有佉卢文题记）。斯坦因是懂梵文的，他对佉卢文字是熟悉的，所谓“土人政府”，也就是当地土著居民楼兰人的官府，这就说明，这个院落的建设可以追溯到东汉，有可能作为楼兰居民的官府而一直使用下来。

（三）关于魏晋时期

古城遗址区出土的大量文物，主要应属于这个时期，众多的陶器、木器、漆器、铁器、铜币、玻璃、丝毛棉麻织品、海贝、海蚌以及各色饰珠、金银戒指等物，充分显示了这里人们的生活状况。特别是钱币中的五铢、贵霜王朝铜币以及非常精美的丝毛织物，表明了这里确是古代东西方经济文化交流的中继城市。对于我们判定这些文物和古城城制最可靠的根据是城中出土的大量汉文木简纸文书，特别是那些记有绝对年代的文书。根据前面考释中的统计，共有5批576枚，其中木简412枚，纸文书164件，在这些木简纸文书中有绝对年代记载的48件，记载年代最早的是曹魏嘉平四年（252年），最晚的是前凉建兴十八年（330年），前后延续了78年。这些年号是：

年号与年数	出现次数	相当公元年数	帝王名称
嘉平四年	1	252	曹魏齐王芳
景元四年	1	263	曹魏元帝
景元五年	1	264	曹魏元帝
咸熙二年	4	265	曹魏元帝
咸熙三年	2	265	曹魏元帝
咸熙	5		曹魏元帝
泰始二年	2	266	西晋武帝
泰始三年	2	267	西晋武帝
泰始四年	10	268	西晋武帝
泰始五年	10	269	西晋武帝
泰始六年	11	270	西晋武帝
泰始	2		西晋武帝
永嘉四年	2	310	西晋怀帝
永嘉六年	2	312	西晋怀帝
建兴十八年	1	330	东晋成帝

这些年号表明在曹魏两晋时期、特别是咸熙、泰始年间，年号频出，泰始年号竟达到了高峰，占总次数的66%，这就说明西晋司马炎执政时期对于此地的积极经营态度，应该说这座古城的最后形制应是完成于这个时期。至于建兴十八年的纪年，建兴本系西晋最后一帝司马邺的建元，只使用了四年（313—

316)，晋室南移史称东晋，东晋元帝改元建武。在凉州接替西晋政权、割据河西的是前凉张氏，据《晋书·张轨传》记载：至建兴四十九年（公元361年）张天锡才改奉东晋升平年号。这枚木简的出现表明了西晋灭亡后直至公元330年，这里仍属于前凉的管辖。也就是说从魏齐王芳至前凉建兴十八年，这里与我国的封建王朝保持着紧密的隶属关系。

从前揭考释中所见，这里的最高官职有长史或西域长史，有都督或督。关于魏晋时期的西域长史，史籍无载，木简纸文书向我们表明：有西域长史到任的记载，有长史发出的书信，也有送给长史的函件，还有长史指示要办或其属下处理的事情记录。这些木简纸文书表明，长史的驻地就在这个古城。如果说斯坦因把F4当作“土人政府”的话，则从三间房及大垃圾堆出土的这些有关长史的文书说明三间房是其治所大概是没有问题的。关于都督或督，所见六简也都出土于大垃圾堆中，这又向我们表明，都督或督大概与长史或西域长史合署于三间房的衙署中。至于都督与西域长史在职务上的关系，前者有可能在于统军，统帅西域诸国的军队；而长史主要在于屯戍，管理屯垦戍守的吏士。

在城中出土木简纸文书，明确记载“楼兰”地点的计有16件，其中木简9枚，纸文书7件，列举如下：

1. 史顺留矣（？）□□为大涿地深大又来水少许月末左右已达楼兰（孔木No.2，LA.Ⅱ.ⅱ）
2. 当以诣楼兰（孔木No.34，LA.Ⅱ.ⅱ）
3. 泰始六年三月十五日楼兰从椽位马厉付行书（孔木No.107，LA.Ⅱ.ⅱ）
4. 白叔然敬奏（查原图版“奏”为“禀”）
   从事王石　　　　二君前
   　　　　　　　　在楼兰（孔木No.117，LA.Ⅱ.ⅱ）
5. 三月一日楼兰白书（孔纸No.2，LA.Ⅱ.ⅱ）
6. 三月十五日楼兰卑白（孔纸No.15—3，LA.Ⅱ.ⅱ）
7. 六月六日楼兰贱甥马厉再拜白（孔纸No.15—2，LA.Ⅱ.ⅱ）
8. 楼兰主国均那羡（孔纸No.19—7，LA.Ⅱ.ⅱ）
9. 还楼兰推（孔纸No.5—2，LA.Ⅱ.ⅱ）
10. 帐下将薛明言谨案文书前至楼兰□还守堤兵廉（沙木No.754，LA.Ⅲ.ⅱ.16）
11. 建兴十八年三月十七日粟□胡楼兰（沙木No.886，LA.Ⅰ.ⅲ.1）
12. 楼兰以白（沙木No.907，LA.ⅱ.ⅰ.4）
13. 八月二十八日楼兰白疏恽惶恐白（沙木No.922，LA.Ⅵ.ⅱ.065）
14. 楼兰耕种（马木No.227，LA.Ⅵ.ⅱ.045）
15. 诣楼兰（马木No.207，LA.Ⅵ.ⅱ.020）
16. 二十二年若不能□致到楼兰敕骍（纸80LBF1：7）

第3、4、5、6、7、8、12、13，是由楼兰承办的文书或发出去的信件，如称“付行书”“楼兰白书”“楼兰卑白”“楼兰贱甥马厉再拜白”“楼兰白疏恽惶恐白”等，其中4是书信的木牍封面，“石”字下空格是结绳打封泥用的。第1、2、9、15是来到楼兰地方的记载，如称“已达楼兰”“诣楼兰”“还楼兰”等。第10是一件下启上的公文呈式，是楼兰本地部将“帐下将”向上呈送的文书。第11是廪给登记，“粟”是“廪”字之误，这枚木简是说廪给楼兰当地少数民族即胡人食用。第14是说在楼兰耕种田地。最后一枚是我们获得的，文意是说来到楼兰这个地方，官府敕以马或牛，“骍”即赤色的马或牛。这些木简向我们表明，从楼兰既有迎来的，也有送往的；既有公文函件，也有敕令书信；既有官吏往来，又有廪食记录；既有军事组织，又有屯田种地。由此，我们毫不怀疑地认为这里就叫做楼兰。

古城中出土的许多木简纸文书，还为我们分析古城的衰废提供了依据，文书中记录了当时不断缩减吏士口粮供应标准和耕地因干旱不能完成耕种任务的情况。如“今权复减省督将吏兵所食条所减”（沙木No.826，LA. Ⅲ. ⅰ. 26），“宜渐节省使用周接”（沙木 No.830，LA. Ⅲ. ⅰ. 12）等等，又如“将张佥部见兵二十一人，大麦二倾已栽二十亩，下床九十亩溉七十亩，小麦三十七亩已栽二十九亩，禾一顷八十五亩溉二十亩，莇五十亩”（沙木 No.753，LA. Ⅵ. ⅱ. 0107）等等。

此外，我们在古城工作期间还重新测定了该城的位置和规模。其位置在东经 89° 55′ 22″，北纬 40° 29′ 55″。其规模按城垣复原线计算东面长 333.5 米，南面长 329 米，西、北两面各长 327 米，总面积为 108240 平方米，基本上呈正方形。从而订正了斯文・赫定在 1901 年、斯坦因在 1906 年和 1914 年测定的关于古城位置和规模的差误。

一九八七年三月

附录一　碳 －14 标本测定报告

（一）

实验室编号	WB80－23
原　编　号	80LBF4

国家文物局文物保护科学技术研究所

标　本　年　代　测　定　结　果

标本名称：新疆罗布泊 门坎下杉木

提供单位：新疆考古研究所　　采集日期：1980.4

联系人名：　　测定日期：80.11.

出土情况及有关文献：

罗布泊西北岸楼兰古城城中西部大院，

地表覆盖约十公分流沙，在流沙下。侯灿采

碳—14测定结果：距今1910 ± 75 年 **树轮校正年代：距今**1865 ± 80 **年**

距今以1950年为起点半衰期取5730年

备　注

（二）

实验室编号	WB80－24
原　编　号	80LBMA2

国家文物局文物保护科学技术研究所

标　本　年　代　测　定　结　果

标本名称：罗布泊.墓葬杉木

提供单位：新疆考古研究所　　采集日期：1980.4

联系人名：　　测定日期：80.11.

出土情况及有关文献：

罗布泊西北岸孤台墓葬区，在一个风蚀土台上，

杉木在死人头骨下，距地表约20公分。估计晋

碳—14测定结果：距今2065 ± 75 年 **树轮校正年代：距今**2040 ± 90 **年**

距今以1950年为起点半衰期取5730年

备　注

（三）

实验室编号	WB80-25
原　编　号	80LBMB1

国家文物局文物保护科学技术研究所

标 本 年 代 测 定 结 果

标本名称：新疆罗布泊墓葬杉木

提供单位：新疆考古研究所　采集日期：80.4

联系人名：　　　　　　　　测定日期：80.11

出土情况及有关文献：

罗布泊西北岸，高台地墓葬，在一个较大的黏土台上，墓葬中取出。1914年曾被盗掘。

碳—14测定结果：距今1920±80年**树轮校正年代：距今1880±85年**

距今以1950年为起点半衰期取5730年

备　注

附录二　楼兰出土的大麦、小麦及小麦花的鉴定

颜　济　杨俊良
（四川农学院）

1981年秋，我们由于研究中国普通小麦的起源问题，到新疆进行野外考察与有关小麦出土文物的调查时，新疆考古研究所的侯灿同志将其1980年4月在楼兰城所采集的标本，交我们为其鉴定。在楼兰城内佛塔东边的粮食储藏处，有一堆黍（Panicum milliaceum），他采集了一小袋作为标本，编号为80LBC：201。在这袋黍中，我们找到了一粒裸大麦（Hordeum vulgare var nudum），其长为6.80毫米，宽3.12毫米，高2.36毫米。在楼兰城外北北东4公里的佛塔甬道内的墙壁上，他采到三段小麦穗轴，编号为80LBBFO：4。这三段小麦穗轴是作为涂抹墙壁泥土的粘结纤维材料（表一）。在同编号中还见到二粒裸大麦（表二）。它们还附有比较完整的颖、外稃、内稃（见图版二七，3）。

表一　楼兰城外佛塔甬道墙壁上小麦穗轴的大小

序号	长（厘米）	节数	平均穗轴节长（毫米）	穗轴宽（毫米）	备注
1	2.246	6	3.786	1.86	
2	2.198	6	3.376	1.96	有小花
3	3.820	4	7.010	2.26	

表二　楼兰城外佛塔甬道墙壁上裸大麦籽粒大小

序号	长（毫米）	宽（毫米）	高（毫米）
1	6.74	3.54	2.36
2	6.6	3.44	2.42

当在实体显微镜下检视这些古楼兰城的遗物时，我们非常惊异，在一段小麦的穗轴上竟保存着一朵很完整的小麦花。我们认为这朵小麦花是目前世界上最古老的小麦花。

从这朵花的外部形态来看，它的无芸的颖，其脊一直延伸至基部的特征，应是圆锥小麦（Triticum turgidum L.）。对于普通小麦和圆锥小麦种间的划分，以染色体组型的差异作为鉴定依据，是最准确的。但就其外部形态来看，颖上的脊是否延伸至基部，在两个种间有差异，但也不可能截然划分开。在圆锥小麦中，其颖上的脊都延伸至基部，而在普通小麦中，大多数不延伸至基部，仅少数延伸至颖的基部。我们再参考其邻近的孔雀河出土麦粒的形态，在那一带已经有了圆锥小麦的栽培，直到今天还有不少圆锥小麦品种，因而也可旁证为圆锥小麦。

在小麦的花中，稍为发育的子房在它顶端的刷状毛仍清晰可见。两片鳞被保持着它们位于子房基部的正常位置，但由于失水而成为半透明的膜状结构，其上部边缘的纤毛状的裂片还很完整。柔软的羽毛状的柱头，仍然保持着它的分枝（见图版二七，2）。

楼兰位于干旱戈壁沙漠中，相对湿度低，在这个地区几乎没有降水，因此这朵小麦的花，在如此长的时间里仍能保持它各部的完整。

从楼兰城中官署遗址的西部所取的一个大宅院门坎下的朽木标本，经碳 –14 测定，再加上年轮校正，楼兰城的正确年代应是 1865 ± 80 年，相当于东汉初年。根据城中出土的有纪年记载的木简最晚年代是前凉建兴 18 年即公元 330 年，古城废弃时间的下限应为前凉末年即公元 376 年。上述所储藏的黍及夹杂其中的裸大麦是这个时期内的产物。

楼兰城被毁于沙暴中，孔雀河改道、塔金木河断流以及罗布泊的干涸，可能是实质性的原因。但连续不断的战争也是另一个因素。

楼兰最繁荣的时期是西晋（公元 265—316 年）。当时佛教在楼兰也是最兴盛的时期。因而作为建筑材料涂抹在佛塔甬道上的小麦的生长年代，也应以这一时期更为恰当，即公元 263—316 年，距今 1700 年左右。

附录三

甲、遗址采集与试掘文物表

（一）古城遗址区（LBC）

类别	名称	件数	器物号
细石器	石核	2	C：19，C：21
	单脊长条形石叶	2	C：5④，C：9①
	双脊长条形石叶	4	C：5①、②，C：7④，C：9③
	双脊双刃石叶	5	C：16③，C：7②，C：5③，C：8④，C：10②
	单脊双刃石叶	4	C：13①，C：14①，C：15①，C：15③
	高脊窄刃石叶	3	C：6①，C：8②，C：9②
	圆头双脊石叶	1	C：32
	偏脊双刃石叶	2	C：8①，C：8③
	扁平石叶	3	C：11①，C：12④，C：14③
	加工石叶	2	C：13②，C：15②
	发夹形石叶	3	C：4①、②，C：6②
	不规则形石叶	4	C：6③，C：7②，C：7③，C：16①
	三棱细长尖状器	1	C：10①
	石核式刮削器	2	C：20，C：17
	琢背小刀	3	C：2，C：3，C：14②
	单脊石片	1	C：12②
	拱脊石片	2	C：11②，C：12③
	直角刮削器	1	C：18
	弯角刮削器	1	C：12①
	锥钻	1	C：1

续表

类别	名称	件数	器物号
细石器	桂叶形石镞	1	C：23
	三角形石镞	2	C：24，C：25
	石矛	1	C：22
	小计	51	
磨制石器	石针	1	C：26
	圆头砺石	2	C：28①、②
	方头砺石	3	C：27①、②、③
	不规则形砺石	2	C：30②、③
	长方体尖锥状石器	1	C：29
	拟柱状石器	1	C：30①
	石杵	4	C：34①、②、③，C：35
	石磨盘	4	C：36①、②、③、④
	小石球	1	C：31
	石杈勺	1	C：179
	石花押	1	C：33
	绿松石	1	C：178
	小计	22	
陶器	半制陶片纺轮	8	C：37①—⑧
	陶片制纺轮	20	C：38①—⑲，C：217
	烧制陶纺轮	1	C：39
	平底小陶杯	1	C：213
	圜底小陶杯	1	C：47
	带流陶杯	1	C：46
	短颈桥耳罐	2	C：42，C：51②
	短颈曲肩罐	4	C：48①，C：52，C：65，C：211
	短颈圈纹罐	2	C：57②，C：59
	短颈硬陶罐	4	C：43①、②，C：48②、③
	短颈抑沿罐	6	C：53，C：57①，C：206①、②，C：212，C：215
	长颈翻沿罐	3	C：54①、②，C：55
	长颈曲肩罐	2	C：56，C：58

续表

类别	名称	件数	器物号
陶器	长颈曲肩壶	2	C：41①、②
	长颈纹饰壶	1	C：44②
	短颈折肩壶	1	C：41③
	大陶钵	3	C：208，C：209，C：210
	小陶钵	3	C：60①、②，C：74①
	陶甑	3	C：40，C：204，C：72
	陶瓮	1	C：51①
	小陶杯	1	C：47
	小陶盂	1	C：216
	小陶盆	2	C：49，C：50
	陶筒	3	C：73①、②，C：205
	三角耳陶片	1	C：214
	桥形耳陶片	2	C：44①、②
	圆拱耳陶片	1	C：44④
	带流残陶片	1	C：45
	口部残陶器	1	C：61
	三角纹陶片	4	C：62，C：63①、②，C：64
	圆圈纹陶片	1	C：71①
	刻划菱纹陶片	2	C：66，C：71②
	草叶纹陶片	1	C：70
	压印菱形纹陶片	1	C：69
	篮纹陶片	1	C：67
	绳纹陶片	1	C：68
	花形饰件	1	C：221
	釉陶片	1	C：74②
	小计	95	
木器	梁垫	2	C：196，C：197
	木饰件	5	C：189①—③，C：190，C：191
	圆雕	1	C：195
	牲畜桩	1	C：188

续表

类别	名称	件数	器物号
木器	椭圆木盘	1	C：207
	木盆	1	C：181
	木流	2	C：182，C：183
	木盘腿	3	C：187①、②，C：198
	木勺	1	C：184
	奶搅拌	1	C：185
	木梳	1	C：193
	镂孔木牌	1	C：192
	刻纹木枝	1	C：186
	小计	21	
铜器	实体三棱铜镞	6	C：80①—⑥
	广翼三棱铜镞	2	C：82①、②
	扁体镞	1	C：81
	小铜镞	1	C：148
	押花戒指	6	C：83①—⑥
	嵌饰物戒指	2	C：84②，C：19①
	普通型戒指	3	C：84①，C：84③，C：19②
	环形戒指	4	C：85①—④
	八棱形戒指	1	C：86A
	竹节形戒指	1	C：86B
	金戒指	1	C：194
	银戒指	1	C：87
	铜镜	7	C：93①—⑦
	笠形铜扣	6	C：118①—⑤，C：121
	笠形小铜扣	2	C：119①、②
	方笠形钉	1	C：127
	圆头钉	1	C：133
	圆笠形钉	3	C：122①、②，C：132
	笠形铆钉	3	C：130①—③
	笠形小铜帽	2	C：128①、②

续表

类别	名称	件数	器物号
铜器	钮环	1	C：120
	铜环	4	C：86①、②，C：92，C：149
	环式带扣	1	C：131
	发钗	1	C：94
	花形饰件	3	C：124A、B，C：125
	方花形饰件	2	C：129A、B
	桃心形饰件	1	C：143
	桃形饰件	1	C：141
	梯形饰件	1	C：126
	镂孔饰件	1	C：142
	活舌饰件	1	C：136
	鼓形饰件	1	C：123
	小铜人	1	C：88
	大铜铃	1	C：114
	小铜铃	5	C：115A、B，C：116A、B、C
	小铜镊	1	C：89
	小铜匕	1	C：145
	小铜刀	1	C：146
	小圆盘	1	C：140
	小秤盘	1	C：91
	铜针	1	C：144①—③
	顶针	1	C：90
	小铜练	1	C：117
	小铜钩	1	C：95
	带环小器件	1	C：150
	小碗残片	1	C：139①
	新月形长柄器件	1	C：147
	带钉铜片	1	C：134
	残柄	1	C：135
	布币形器件	1	C：138

续表

类别	名称	件数	器物号
铜器	残器件	2	C：137A、B
	铜鼎残片	1	C：220
	溶注	1	C：151
	小计	100	
铁器	三棱铁镞	6	C：154①、②，C：155①—③，C：158
	四棱铁镞	2	C：156①、②
	扁翼镞	2	C：157①、②
	扁平铁镞	2	C：160①、②
	刻刀	2	C：161①、②
	月牙小刀	1	C：159
	板桥形钉	3	C：163①—③
	带鼻钉	1	C：169
	方头钉	18	C：162①—⑱
	带钩铁钉	1	C：168
	小铁片	1	C：166
	小铁钩	1	C：170
	铁箍	1	C：167
	小铁环	1	C：171
	小铁竿	1	C：218
	残铁块	1	C：172
	圆铁棒	1	C：164
	铁盆口沿	1	C：165
	小计	46	
铅器	扁圆纺轮	11	C：152①—⑨，C：219①、②
	裁锥纺轮	7	C：153①—⑦
	小计	18	
玻璃	残玻璃罐	1	C：180A
	菱纹残玻璃片	1	C：180B
	残玻璃片	2	C：180C、D
	小计	4	

续表

类别	名称	件数	器物号
织品	麻草鞋	1	C：199
	麻绳	1	C：225
	草辫垫	1	C：202
	小计	3	
骨器	骨梳	1	C：177
	骨片	3	C：176①—③
	小计	4	
贝蚌料珠等	海贝	4	C：76①—④
	小海螺	1	C：77
	蚌饰件	4	C：222，C：78①、②，C：223
	珊瑚	2	C：79①、②
	肉红乌草玉髓戒面	1	C：224
	料珠	3	C：75①—③
	小计	15	
动物骨角等	黄牛角	4	C：175①—④
	黄牛蹄	1	C：174
	山羊角	3	C：173①—③
	绵羊角	1	C：226
	小计	9	
粮食作物	糜子	1	C：201
其他	桃子核	7	C：200①—⑦
	水螺壳	1	C：203
	小计	8	
钱币	榆荚半两	1	C：96
	西汉五铢	3	C：102A、B，C：224
	小五铢	1	C：97
	大泉五十	2	C：99A、B
	东汉五铢	8	C：100A、B，C：98①—⑥
	东汉剪轮五铢（一）	3	C：101A、B、C
	东汉剪轮五铢（二）	13	C：103①—③，C：104①—⑩

续表

类别	名称	件数	器物号
钱币	东汉剪轮五铢（三）	13	C：105①—⑨，C：106①—④
	东汉剪轮五铢（四）	7	C：107①—④，C：108①—③
	东汉剪轮五铢（五）	16	C：109①—④，C：110①—⑫
	东汉剪轮五铢（六）		
	Ⅰ式	15	C：111①—⑮
	Ⅱ式	13	C：112①—⑬
	Ⅲ式	8	C：227①—⑧
	Ⅳ式	4	C：113①—④
	贵霜铜币	1	C：228
	小计	107	
	合计	505	

（二）古城中三间房西大垃圾堆探坑（LBT）

类别	名称	件数	器物号
木器	木饰件	1	T：17
	牲畜栓	4	T：3①，T：3②，T：15①、②
	木柄	1	T：6
	木筷	1	T：14
	滑轮形木件	1	T：13
	椎形木杖	1	T：12
	鸟形小木件	1	T：16
	墨点梭形木件	1	T：2
	小计	11	
铁	圆铁棒	1	T：10
铅	梭形铅件	1	T：4
织品	细毛绳	1	T：7
	毛辫带	2	T：8，T：9
	小计	3	
皮革	养皮件	1	T：11

续表

类别	名称	件数	器物号
简纸	木简	61	T：1，T：5，T：001—054，T：056—060
	佉卢文木牍	1	T：055
	纸文书	1	T：061
	小计	63	
	合计	80	

（三）古城中三间房西一号探坑（LBT1）

类别	名称	件数	器物号
木器	牲畜栓	1	T1：13
	牲畜刮梳	1	T1：14
	小木匕	1	T1：7
	木梳	1	T1：16
	漆耳杯	1	T1：15
	小计	5	
织品	锦绢缀饰	1	T1：2
	方格毛布	1	T1：3
	粗毛毯	3	T1：5，T1：12，T1：17
	毛绳	8	T1：8①—⑧
	毛辫带	5	T1：4①、②，T1：9，T1：10，T1：11
	棉纱布	1	T1：6
	小计	19	
简	木简	1	T1：1
	合计	25	

（四）古城中大庄子东二号探坑（LBT2）

类别	名称	件数	器物号
木器	小木件	1	T2：6
	木柄	1	T2：5

续表

类别	名称	件数	器物号
木器	刻槽木件	1	T2：3
	小计	3	
织品	细毛绳	1	T2：1
	毛辫带	1	T2：7
	红棉布	1	T2：2
	小计	3	
皮革	小皮鞋	1	T2：4
	合计	7	

（五）古城中一号房址（LBF1）

类别	名称	件数	器物号
陶器	圜底小陶杯	1	F1：6
织品	波纹锦	1	F1：10
	残锦	1	F1：11
	黄绢	1	F1：4
	天蓝绢	1	F1：5
	斜纹绝	1	F1：9
	棉布	2	F1：2，F1：8
	棉纱	1	F1：3
	小计	9	
皮革	皮绳	1	F1：1
纸	纸文书	1	F1：7
	合计	11	

（六）古城中二号房址（LBF2）

类别	名称	件数	器物号
陶器	釉陶片	1	F2A：11

续表

类别	名称	件数	器物号
木器	门及门斗	2	F2B：1，F2B：8
木器	木垫件	1	F2B：5
	木纺轮	1	F2A：5
	木臼	1	F2A：1
	木桶	1	F2A：3
	木罐	1	F2A：2
	木人	1	F2B：4
	小计	8	
铜器	铜渣	1	F2B：3
铁器	炼铁渣	1	F2B：6
	毛绳	7	F2A：8①—⑦
	毛辫带	1	F2A：9
	麻绳	1	F2A：10
	小计	9	
骨器	骨雕动物饰件	1	F2B：2
动物骨角等	羊下颚	1	F2B：7
	马毛	1	F2A：7
	小计	2	
粮食作物	糜子及炭化糜子	2	F2A：6，F2A：12
	合计	25	

（七）古城中三号房址（LBF3）

类别	名称	件数	器物号
木器	彩绘木件	1	F3：3
织品	墨绿绢	1	F3：15
	斜纹毛布	1	F3：11
	素毛毯	1	F3：14
	破毛袋	1	F3：7
	毛辫带	3	F3：9，F3：12，F3：13

续表

类别	名称	件数	器物号
织品	破毡片	1	F3：4，F3：5，F3：8
	棉布	1	F3：10
	麻草鞋	1	F3：6
	小计	12	
骨器	骨鞘	1	F3：1
简	木简	1	F3：2
	合计	15	

（八）古城中四号房址（LBF4）

类别	名称	件数	器物号
木器	小木人	1	F4：1
	朽木	1	F4：2
	合计	2	

（九）古城西南近郊（LBXN）

类别	名称	件数	器物号
细石器	发夹形石叶	1	XN：2
	扁宽状石片	1	XN：3
	小计	2	
石器	玉石斧	1	XN：4
铜器	铜釜	1	XN：1
	合计	4	

（十）古城东北郊小佛塔（LBFO）

类别	名称	件数	器物号
细石器	双脊双刃石叶	2	FO：9⑤，FO：9⑩
	双脊窄刃石叶	1	FO：9⑥

续表

类别	名称	件数	器物号
细石器	单脊宽刃石叶	1	FO：9⑦
	圆头双脊石叶	1	FO：9⑪
	发夹形石叶	1	FO：9⑨
	三棱细长尖状器	1	FO：9⑫
	石核式刮削器	1	FO：9①
	琢背小刀	2	FO：9②，FO：9④
	单脊石片	1	FO：9⑧
	长条石片	1	FO：9③
	菱形尖状器	1	FO：8
	桂叶形石镞	1	FO：6A
	柳叶形石镞	1	FO：6B
	三角形石镞	1	FO：7A
	石矛	1	FO：7B
	小计	17	
陶器	平底小陶杯	6	FO：29①—⑥
	圜底小陶杯	4	FO：29⑦—⑩
	长颈翻沿罐	1	FO：28
	长颈纹饰罐	1	FO：24
	釉陶片	1	FO：31
	小陶盆	1	FO：27
	桥形耳陶片	1	FO：25
	圆拱耳陶片	1	FO：26
	小计	16	
木器	木垫件	1	FO：5
	木饰件	2	FO：1，FO：2
	小计	3	
铜器	实体三棱镞	4	FO：13A—D
	铜镜	2	FO：14，FO：15
	笠形小铜扣	3	FO：18A、B、C
	铜环	2	FO：20A、B

续表

类别	名称	件数	器物号
铜器	扁铜铃	2	FO：16A、B
	方花形饰件	1	FO：21
	顶针	1	FO：17
	小计	15	
铅器	扁圆纺轮	2	FO：22①、②
玻璃	残玻璃片	2	FO：30A、B
织品	大红绢	1	FO：3
粮食作物	麦粒、麦秸	1	FO：4
钱币	西汉五铢	3	FO：10①，FO：10②A、B
	西汉剪轮五铢	1	FO：10⑤
	小泉直一	2	FO：11④A、B
	货泉	3	FO：11①—③
	东汉五铢	2	FO：10④、③
	东汉剪轮五铢（一）	4	FO：10⑥A、B，FO：10⑦A、B
	东汉剪轮五铢（二）	8	FO：10⑧A、B，FO：10⑨A、B，FO：10⑩，FO：11⑪A、B、C
	东汉剪轮五铢（三）	2	FO：10⑫A、B
	东汉剪轮五铢（四）	2	FO：12A、B
	小计	27	
	合计	84	

（十一）古城北郊建筑遗址（LBB）

类别	名称	件数	器物号
细石器	单脊长条形石叶	1	B：1③
	双脊双刃石叶	2	B：3③，B：2④
	高脊窄刃石叶	1	B：2②
	圆头双脊石叶	1	B：3①
	加工石叶	1	B：3②
	发夹形石叶	4	B：1①，B：1②，B：2①，B：2⑤

续表

类别	名称	件数	器物号
细石器	不规则形石叶	1	B：2③
	盘状刮削器	1	B：4
	小计	12	
磨制石器	不规则形砺石	1	B：5
	小饰件	1	B：6
	小计	2	
陶器	鋬耳陶罐	2	B：8、B：9
	陶甑底	1	B：10
	小计	3	
铜器	实体三棱镞	1	B：11
	笠形小铜扣	1	B：13
	残铜件	1	B：14
	铜鼎残片	1	B：15
	小计	4	
钱币			
	合计	24	

（十二）古城西北部佛寺遗址（LBXB）

类别	名称	件数	器物号
陶器	平底小陶杯	1	XB：6A
	圜底小陶杯	1	XB：6B
	带流陶杯	3	XB：5A、B、C
	束颈硬陶罐	1	XB：10B
	长颈翻沿罐	2	XB：10A，XB：10C
	短颈折肩壶	1	XB：9
	圆拱耳陶片	1	XB：7
	带流残陶片	1	XB：8
	圆圈纹陶片	1	XB：11
	釉陶片	1	XB：12
	小计	13	

续表

类别	名称	件数	器物号
木器	小木件	1	XB：1
	奶搅拌	1	XB：2
	小计	2	
钱币	东汉剪轮五铢（三）	1	XB：4
	东汉残五铢	1	XB：3
	小计	2	
	合计	17	

乙、墓葬发掘清理文物表

（一）平台墓地（LBMA）

墓号	名称	件数	器物号
MA1	灰陶小杯	1	MA1：1
MA2	木案	1	MA2：1
	木板	1	MA2：3
	素绢	1	MA2：2
	残铜镜	1	MA2：4
	小计	4	
MA3	灰陶罐	1	MA3：2
	双耳红陶罐	1	MA3：4
	豆形灰陶灯	1	MA3：3
	骨弧形器	4	MA3：1①—④
	小计	7	
MA4	单耳带流红陶杯	1	MA4：2
	铜耳饰	1	MA4：1
	小计	2	
MA5	带流灰陶杯	1	MA5：2
	铁镞	6	MA5：1
	残铁器	3	MA5：3①—③
	小计	10	
MA6	灰陶罐	1	MA6：3
	小红陶杯	1	MA6：2
	铁耳环	1	MA6：1
	小计	3	

续表

墓号	名称	件数	器物号
MA7	单耳带流红陶杯	1	MA7：1
	连弧纹红陶杯	1	MA7：2
	小石杯	1	MA7：3
	残铜镜	2	MA7：5，MA7：7
	骨耳饰	2	MA7：6①、②
	五铢铜钱	2	MA7：4A、B
	小计	9	
	合计	36	

（二）孤台墓地（LBMB）

墓号	名称	件数	器物号
MB1	陶杯	2	MB1：6，MB1：7
	椭圆长木盘	4	MB1：2，MB1：11，B1：17，B1：18
	圆木盘	3	MB1：19，B1：20，B1：21
	彩漆圆盖	1	MB1：3
	棕漆木杯	1	MB1：4
	棕地彩漆杯	1	MB1：5
	木篦	1	MB1：9
	木梳	1	MB1：12
	木弓箭	5	MB1：10①—⑤
	木圆底	1	MB1：16
	小铁环	1	MB1：15
	金丝耳饰	1	MB1：14
	刀形骨架	2	MB1：8A、B
	紫黄绢带	1	MB1：13
	五铢铜钱	4	MB1：1①—④
	小计	29	

续表

墓号	名称	件数	器物号
MB2	椭圆木盘	2	MB2：22，MB2：23
	木杯	7	MB2：1—5，MB2：10、11
	木盘腿	3	MB2：16 ①—③
	残木罐	1	MB2：9
	残木碗	1	MB2：12
	木圆底	1	MB2：13、14
	弧形木件	2	MB2：17 ①、②
	小木锥	2	MB2：20 ①、②
	木箭杆	6	MB2：18 ①—⑥
	残漆木碗	1	MB2：6
	残漆木碟	1	MB2：7
	彩漆木圈	1	MB2：19
	黑漆木块	1	MB2：15
	弓形骨件	1	MB2：21
	残皮件	1	MB2：8
	皮条	5	MB2：25 ①—⑤
	高邦皮鞋	1	MB2：24
	马毛帚	1	MB2：26
	丝绵	1	MB2：27
	绢冥衣	1	MB2：28
	锦袋	1	MB2：29
	小绢袋	2	MB2：30
	延年益寿锦	2	MB2：31，MB2：33
	延年益寿大宜子孙锦	2	MB2：32，MB2：37
	延年益寿长葆子孙锦	4	MB2：34—36，MB2：39
	永昌锦	3	MB2：38，MB2：40、41
	望四海贵富锦	2	MB2：42、43
	长乐明光锦	2	MB2：44 ①、②
	长寿明光锦	1	MB2：45

续表

墓号	名称	件数	器物号
MB2	泽字麒麟纹锦	2	MB2：46①、②
	登高贵富锦	1	MB2：47
	大宜子孙锦	1	MB2：48
	广山锦	1	MB2：49
	孙字马纹锦	1	MB2：50
	穿带变体璧纹锦	1	MB2：51
	鹿纹锦	1	MB2：52
	续世锦	4	MB2：53①、②，MB2：55、57
	宜子孙锦	1	MB2：54
	波纹锦	1	MB2：58
	三叶花纹锦	1	MB2：59
	年字瑞禽兽纹锦	1	MB2：60
	万字瑞兽纹锦	1	MB2：61
	虎鹿鸟纹锦	1	MB2：63
	龙虎瑞兽锦	1	MB2：64
	瑞兽纹锦	1	MB2：65
	绛地回纹茱萸锦	1	MB2：66
	双菱纹锦	1	MB2：67
	鱼纹锦	1	MB2：68
	对羊纹锦	1	MB2：73
	方格曲纹锦	1	MB2：74
	瑞禽兽纹锦	1	MB2：75
	残锦	5	MB2：69①、②，MB2：70—72
	土黄绮	3	MB2：76①—③
	红绮	2	MB2：77①、②
	刺绣	1	MB2：78
	绿色绢	5	MB2：79①—④，MB2：83
	黄绢	1	MB2：80
	绛、绿绢条	1	MB2：81
	红绢	1	MB2：82
	湖绿绢	1	MB2：84

续表

墓号	名称	件数	器物号
MB2	深绿绢	1	MB2：85
	素白绢	1	MB2：86
	绛绢	3	MB2：87①—③
	绢、棉缝缀物	1	MB2：88
	晕间拉绒罽毛	1	MB2：89
	彩色罽毛	1	MB2：91
	紫红绒布	2	MB2：95、96
	彩色毛布	1	MB2：101
	绯色毛布	2	MB2：109①、②
	白、棕粗毛布	1	MB2：99
	素毛布	2	MB2：106，MB2：110
	彩色罽	1	MB2：98
	彩色毛毯	1	MB2：90
	条纹毛毯	1	MB2：92
	褐色毛毯	1	MB2：97
	彩色花毛毯	1	MB2：104
	粗毛毯	1	MB2：108
	残毛毯	2	MB2：105，MB2：100
	双面栽绒彩地毯	1	MB2：93
	毛织带	1	MB2：94
	残毡片	1	MB2：107
	绯色绢毛毡	1	MB2：102
	彩色晕罽包毡	1	MB2：103
	棉布	5	MB2：111—115
	小计	139	
XBM	毡帽	1	XBM：1
	合计	169	

图版

彩版一　双脊长条石叶、单脊宽刃石叶、扁平石叶

彩版二　Ⅰ式桂叶形石镞、石矛

彩版三　Ⅱ式桂叶形石镞

彩版四　Ⅰ式、Ⅱ式、Ⅲ式三角形石镞、石矛

彩版五　圆头砺石、方头砺石

彩版六　木花形饰件

彩版七　Ⅰ式、Ⅱ式三棱实体铜镞、扁体铜镞

彩版八　Ⅱ式残铜镜、押花戒指

彩版九　竹节形戒指、银戒指

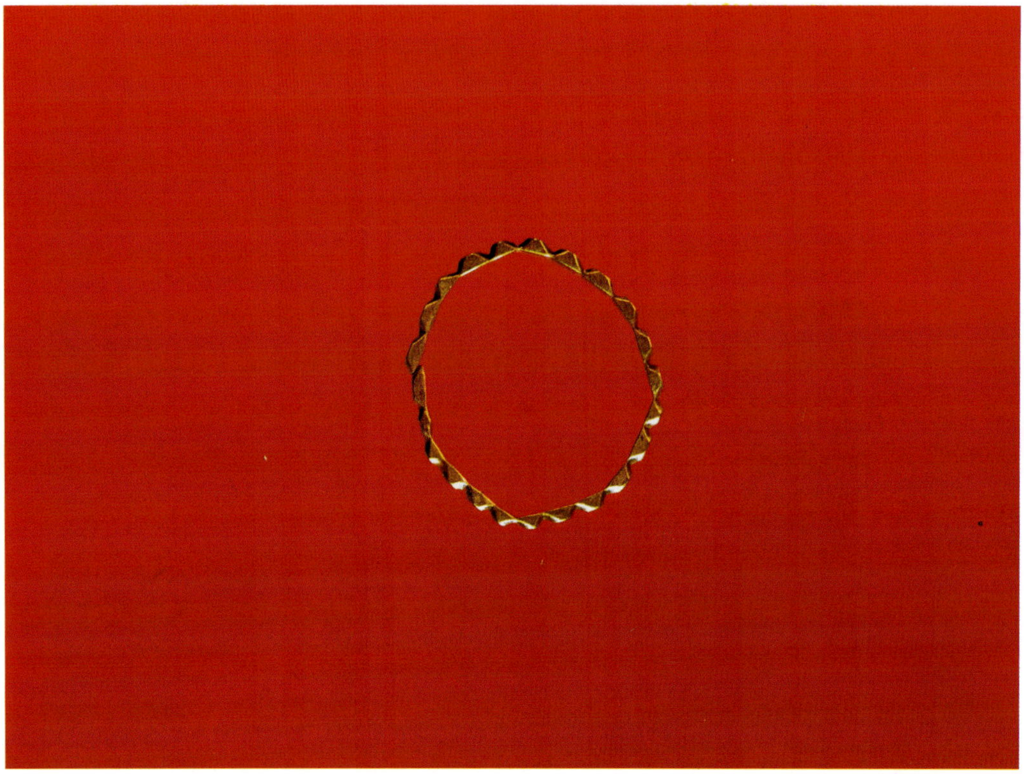

彩版一〇　金戒指

彩版一一　扁铜铃

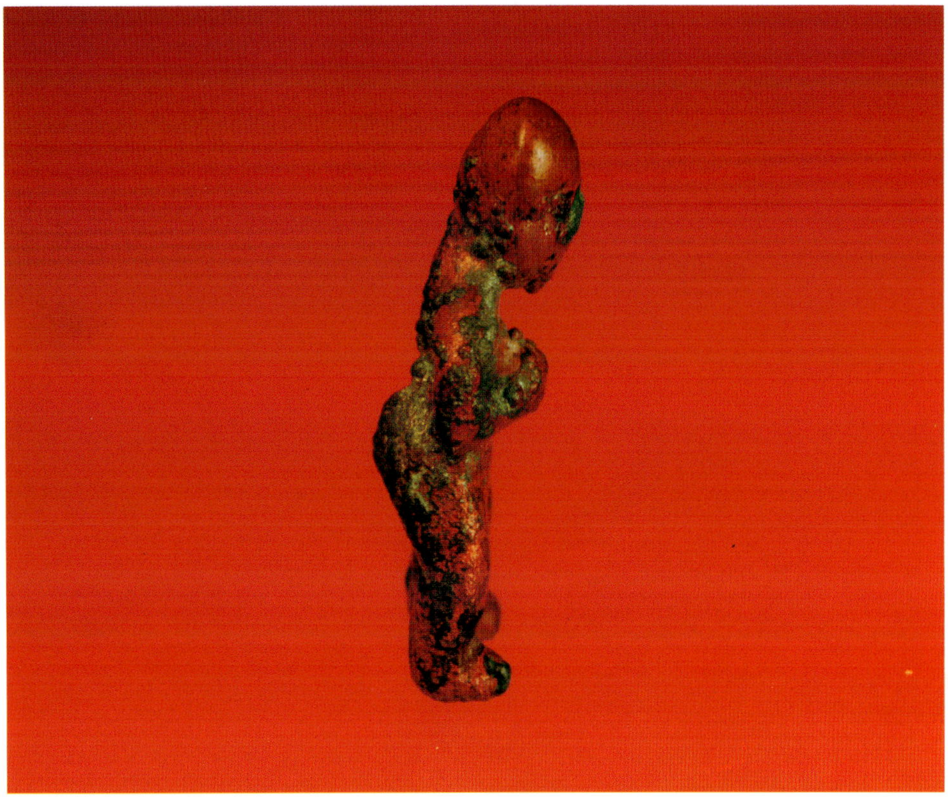

彩版一二　小铜人

彩版一三　小铜镊

彩版一四　铜顶针

彩版一五　残玻璃片

彩版一六　骨雕动物饰件

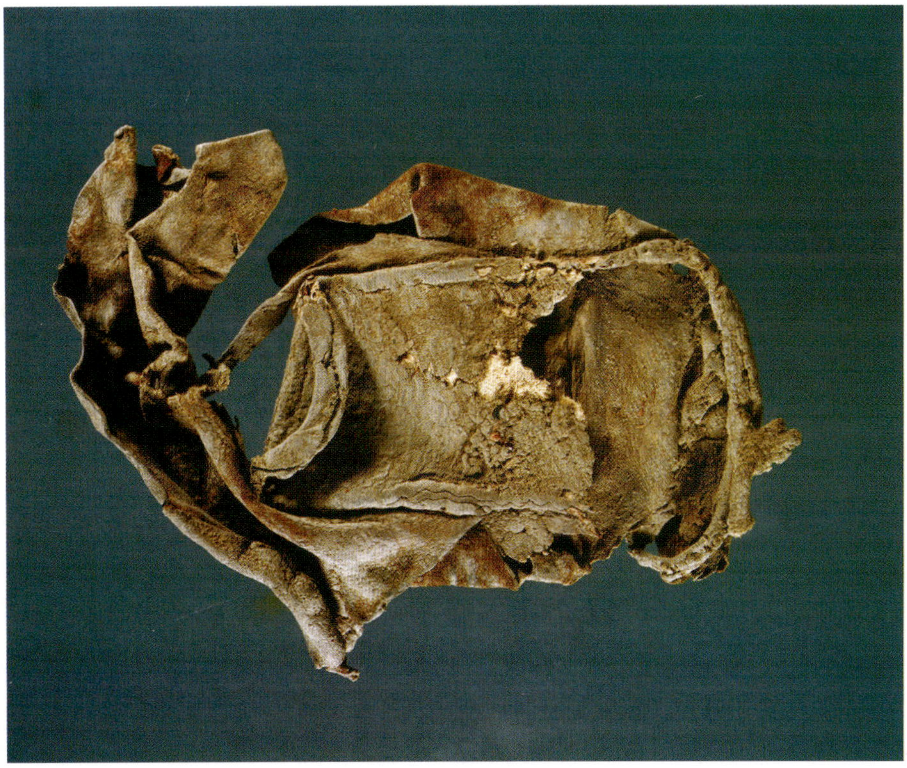

彩版一七　小革履

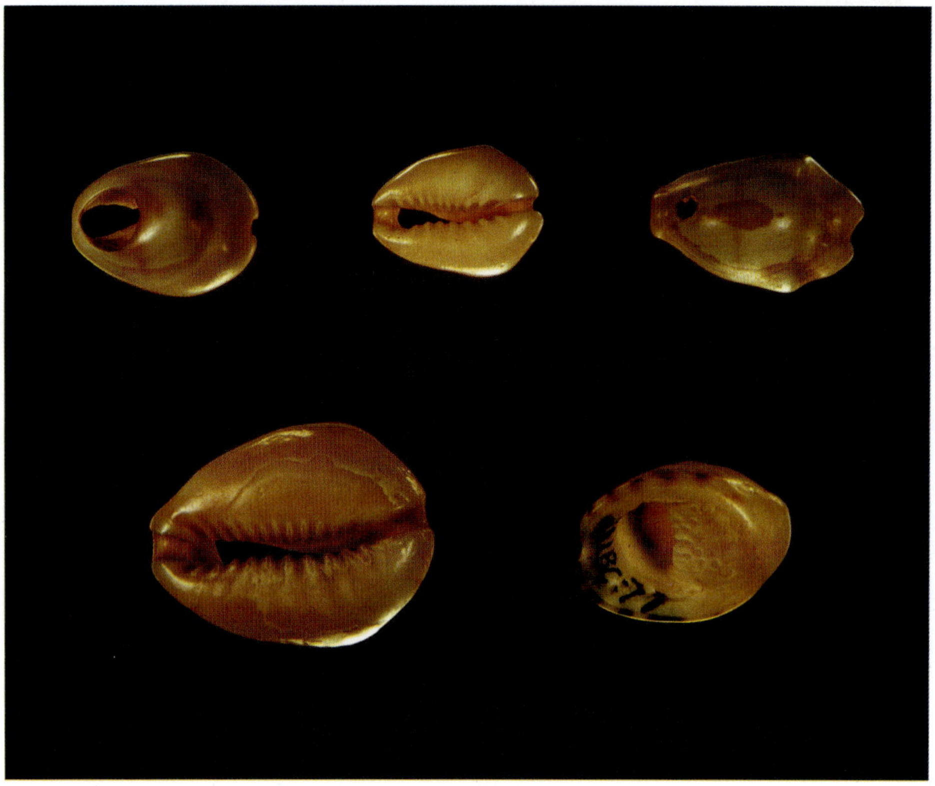

彩版一八　海螺、海贝

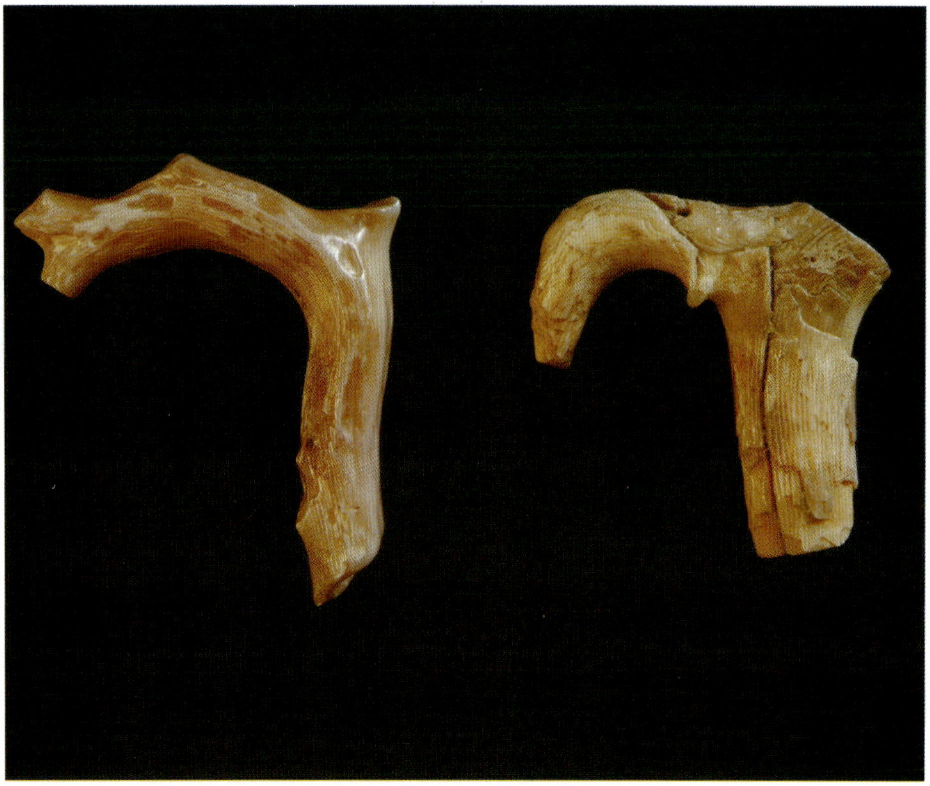

彩版一九　珊瑚

彩版二〇　玉髓石雕戒面饰

彩版二一　Ⅰ式、Ⅱ式西汉五铢

彩版二二　贵霜铜币

彩版二三　彩漆圆盖

彩版二四　棕地彩漆杯

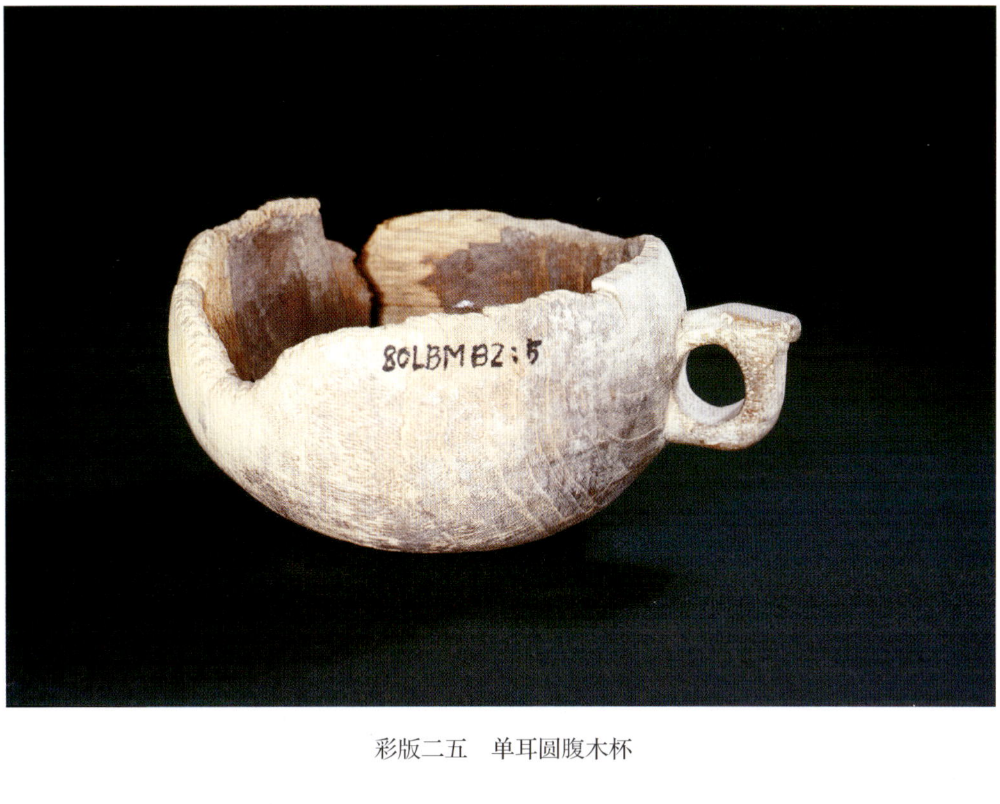

彩版二五　单耳圆腹木杯

彩版二六　绢冥衣

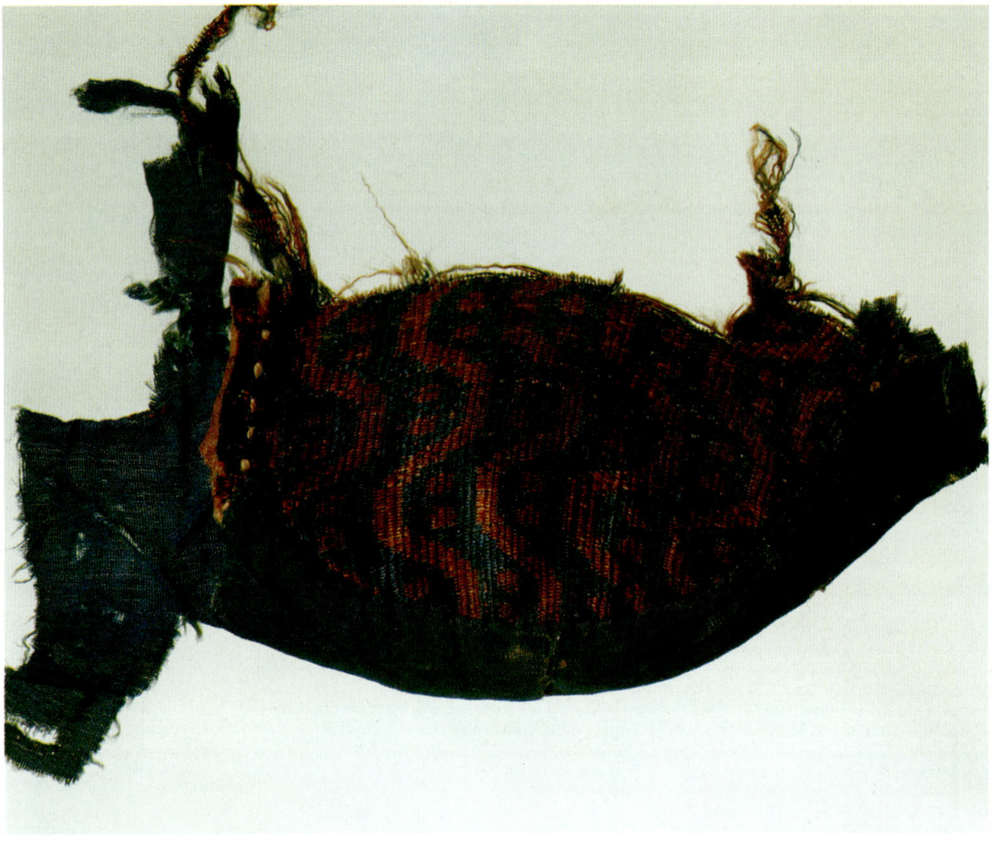

彩版二七　锦袋

彩版二八　延年益寿锦

彩版二九　延年益寿大宜子孙锦

彩版三〇　延年益寿大宜子孙锦幅边佉卢文字

彩版三一　延年益寿长葆子孙锦

彩版三二　永昌锦

彩版三三　望四海贵富寿为国庆锦

彩版三四　长乐明光锦

彩版三五　长寿明光锦

彩版三六　登高贵富锦

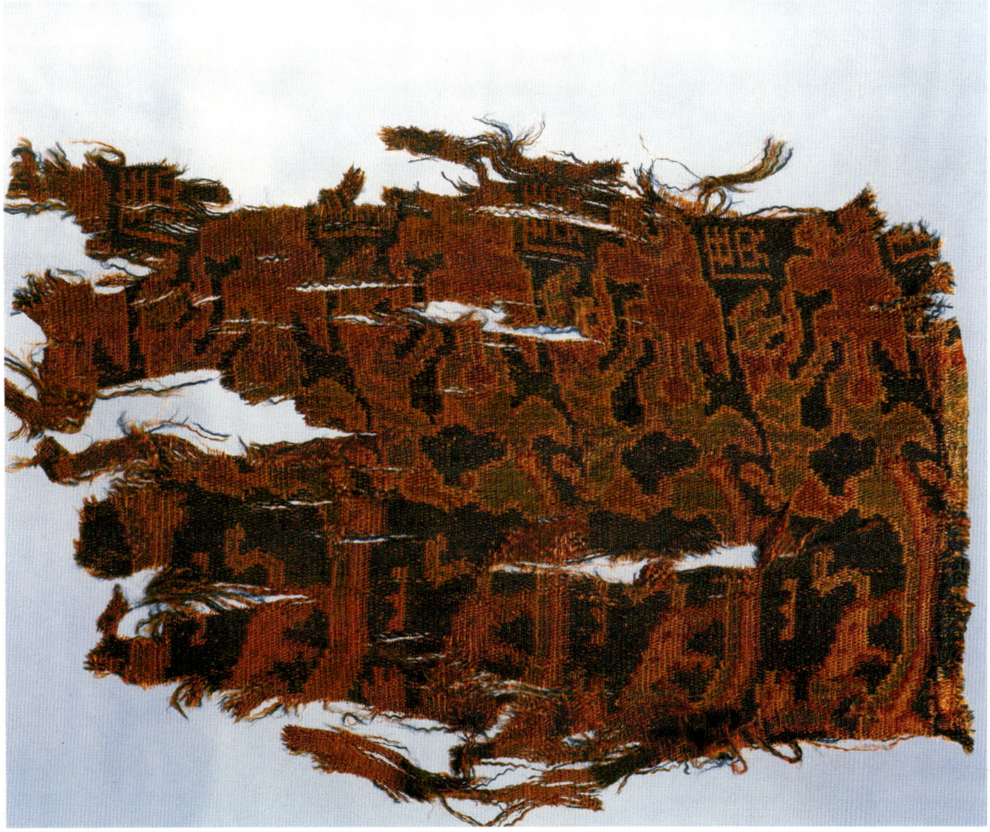

彩版三七　广山锦

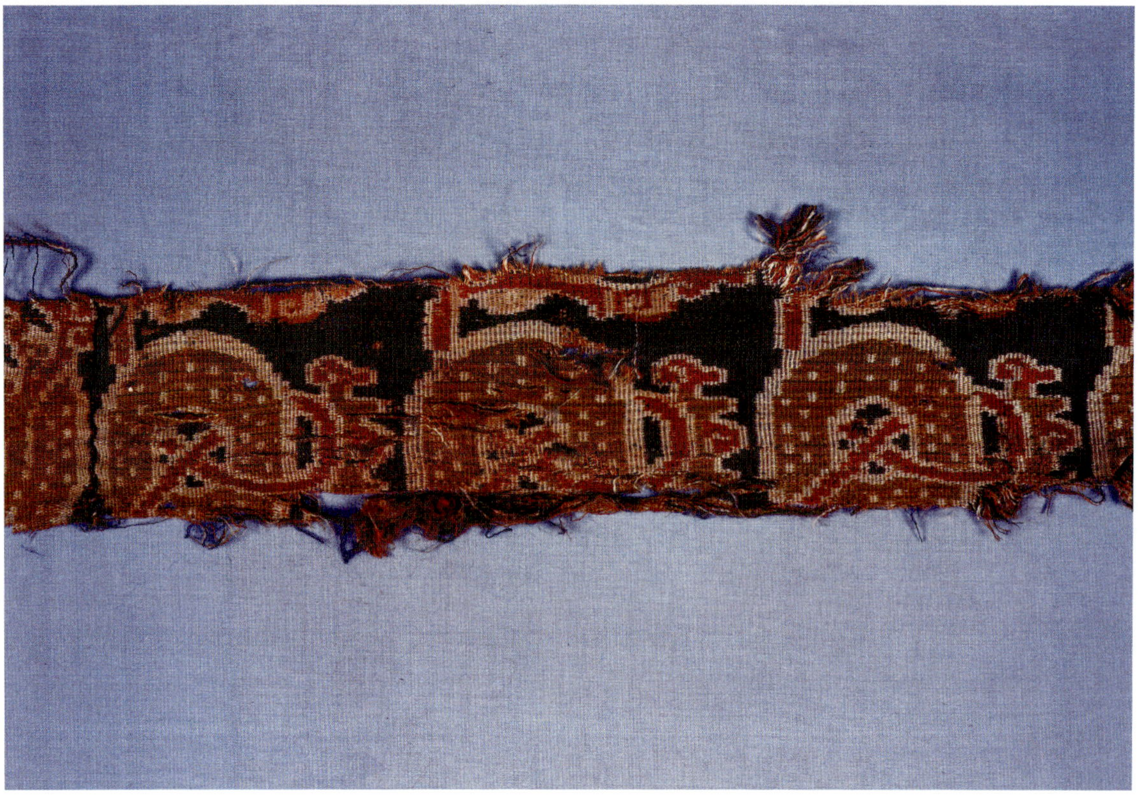

彩版三八　穿带变体壁纹锦

彩版三九　鹿纹锦

彩版四〇　续世锦

彩版四一　三叶花纹锦

彩版四二　虎鹿鸟纹锦

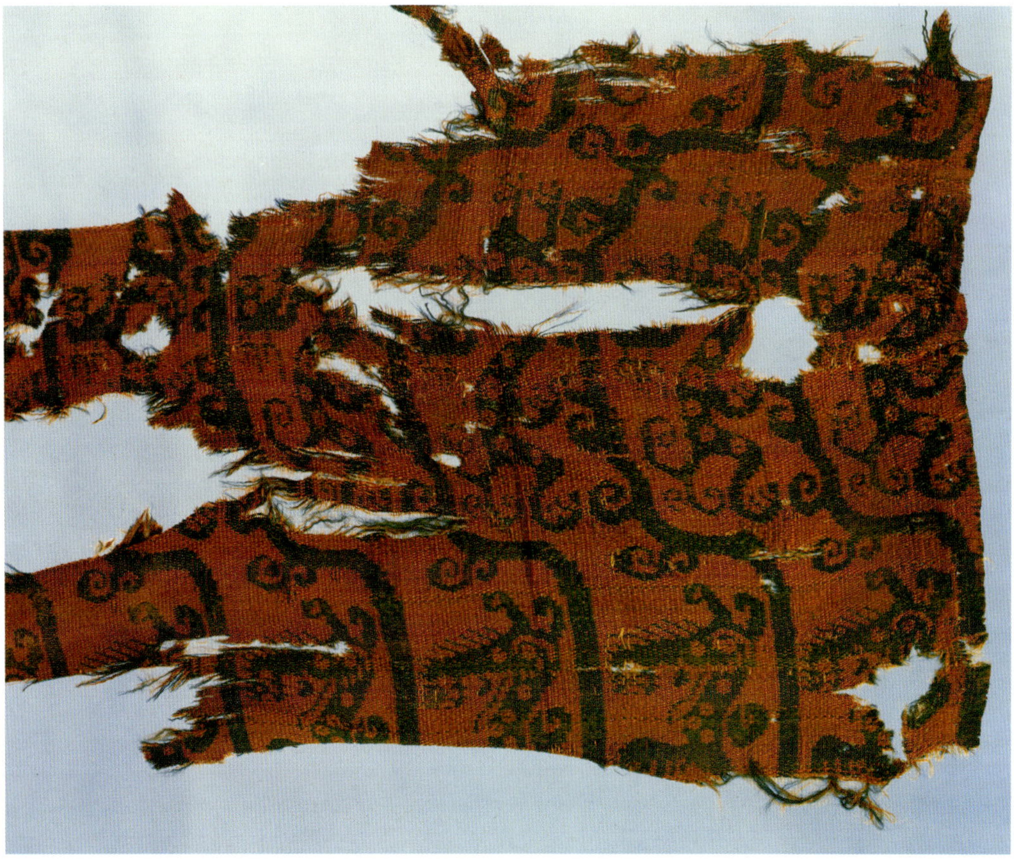

彩版四三　龙虎瑞兽纹锦

彩版四四　瑞兽纹锦

彩版四五　绛地回纹茱萸锦

彩版四六　鱼纹锦

彩版四七　对羊纹锦

彩版四八　方格曲纹锦

彩版四九　瑞禽兽纹锦

彩版五〇　土黄菱纹绮

彩版五一　大红菱纹绮

彩版五二　刺绣

彩版五三　晕间拉绒缂毛

彩版五四　彩色毛毯

彩版五五　彩色绛毛

彩版五六　双面栽绒彩色地毯

彩版五七　彩色罽

彩版五八　彩色毛布

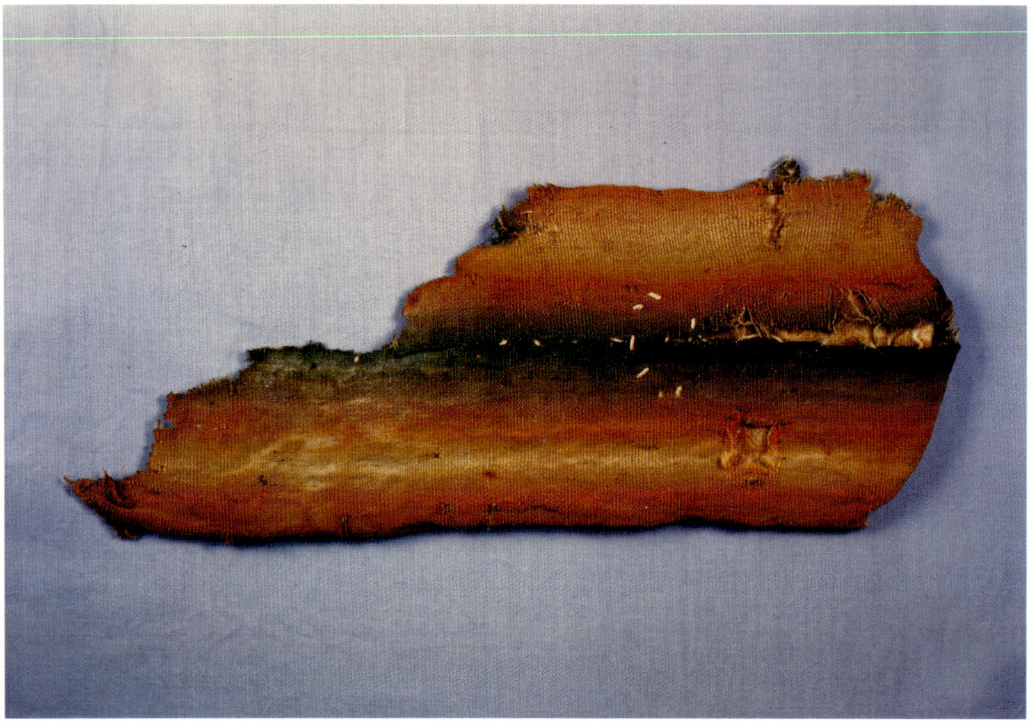

彩版五九　彩色晕繝包毡

1

2

3

图版一　古城附近景观

1. 考古调查队徒步向楼兰行进；2. 古城西南郊枯死的胡杨林；3. 古城东北郊“雅丹”台地可供观察的平川

图版二　风蚀中的楼兰古城（由西北向东南摄）

1

2

3

图版三　楼兰城的古水道

1. 古城三间房后之古水道（箭头所示）；2. 古城东南角古水道之横断部分；3. 与古水道相连接的西北部古河床

1

2

3

图版四　楼兰城中遗址（一）

1. 古城中的佛塔；2. 佛塔南台地被斯坦因挖掘的 LA. Ⅰ废墟（由东南向西北摄）；3. 三间房遗址

1

2

图版五　楼兰城中遗址（二）

1. 三间房西之大宅院；2. 三间房西南的民居建筑

1

2

3

图版六　古城郊的遗迹

1. 古城东北郊小佛塔之环形中的建筑；2. 古城东北郊小佛塔甬道中清理出的佛像眼睛与手指；
3. 古城西北郊之烽燧台

图版七　石核、石叶

1. 柱状石核（C：19）；2. 扁状石核（C：21）；3、4. 单脊长条形石叶（C：5④、C：9①）；5、6. 双脊长条形石叶（C：7④、C：9③）；7、8、9、10. 双脊双刃石叶（FO：9⑤、B：3③、C：16②、C：7①）；11. 双脊窄刃石叶（FO：9⑥）；12、13. 单脊双刃石叶（C：15①、C：15③）；14、15、16. 高脊窄刃石叶（C：6①、C：8②、B：2②）

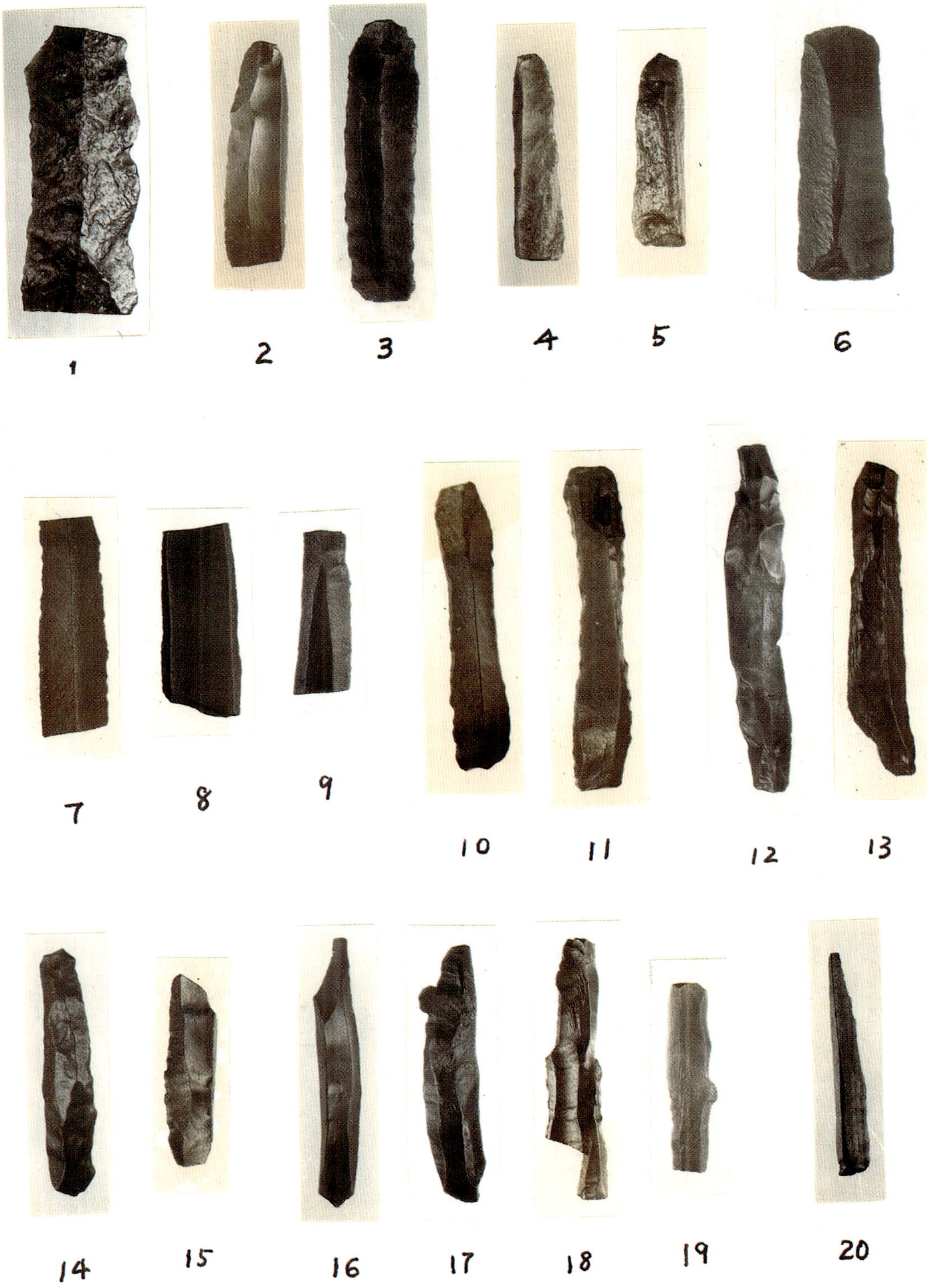

图版八　石叶

1. 单脊宽刃石叶（FO：9②）；2、3. 圆头双脊石叶（C：32、B：3①）；4、5. 偏脊双刃石叶（C：8①、C：8③）；6. 扁平石叶（C：11①）；7、8、9. 加工石叶（C：13②、B：3②、C：15②）；10、11. Ⅰ式发夹形石叶（XN：2、B：1②）；12、13. Ⅱ式发夹形石叶（B：1①、C：4②）；14、15. Ⅲ式发夹形石叶（C：6②、B：2⑤）；16、17、18、19. 不规则形石叶（C：7②、C：7③、C：6③、B：2③）；20. 三棱细长尖状器（FO：9⑫）

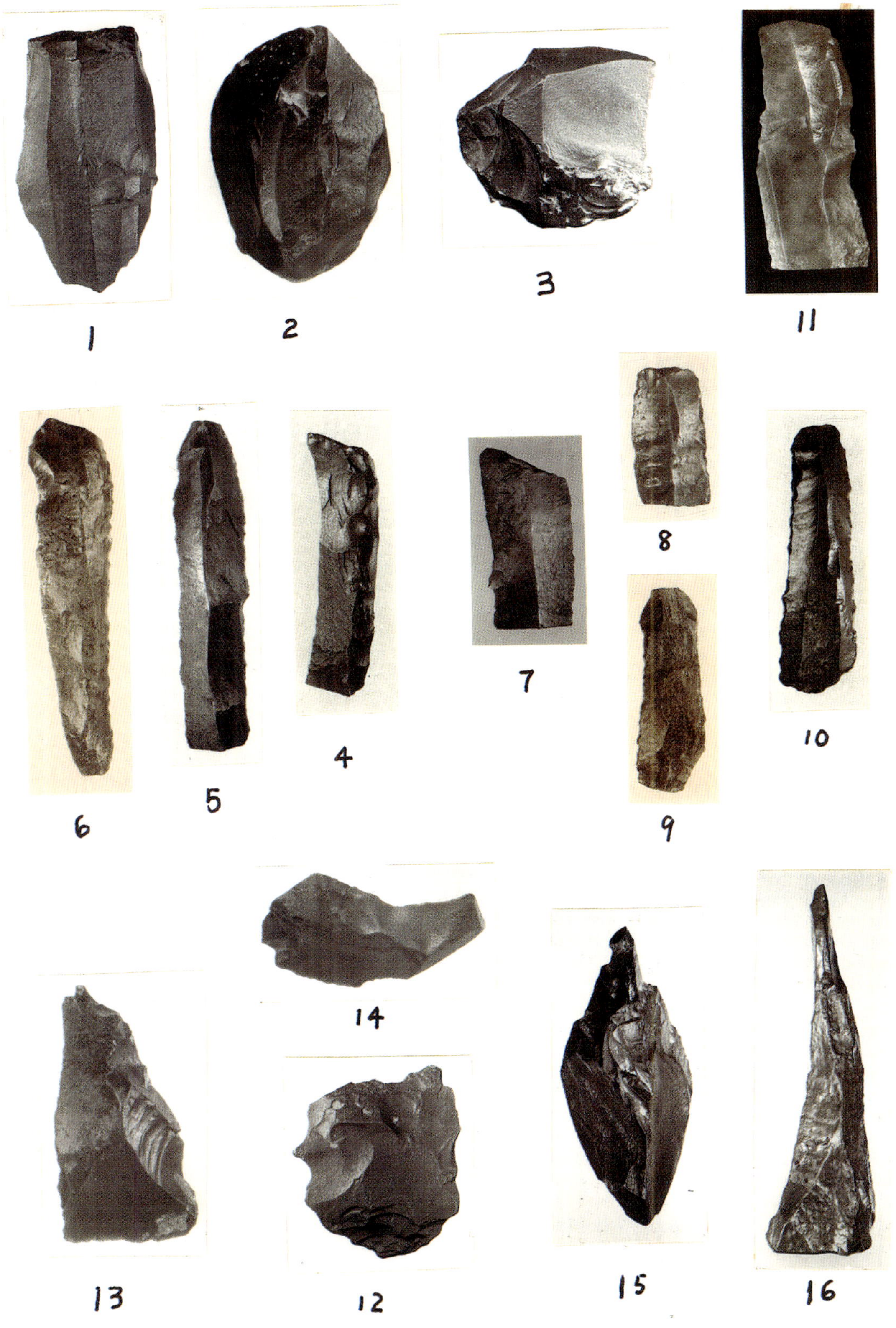

图版九　石核式石器、

石刀、石片石器、刮削器、尖状器及锥钻

1—3. 石核式石器（FO：9①、C：20、C：17）；4—6. 琢背小刀（C：3、FO：9②、C：2）；7—11. 石片石器（C：12②、FO：9⑧、C：12③、FO：9③、XN：3）；12—14. 刮削器（B：4、C：18、C：12①）；15. 菱形尖状器（FO：8）；16. 锥钻（C：1）

图版一〇　石镞、石矛、石针、砺石

1—2. 桂叶形石镞（C：23、FO：6A）；3. 柳叶形石镞（FO：6B）；4—6. 三角形石镞（C：25、FO：7A、C：24）；7、8. 石矛（C：22、FO：7B）；9. 石针（C：26）；10—16. 砺石（C：28①、C：28②、C：27①、C：27③、B：5、C：30③、C：302）

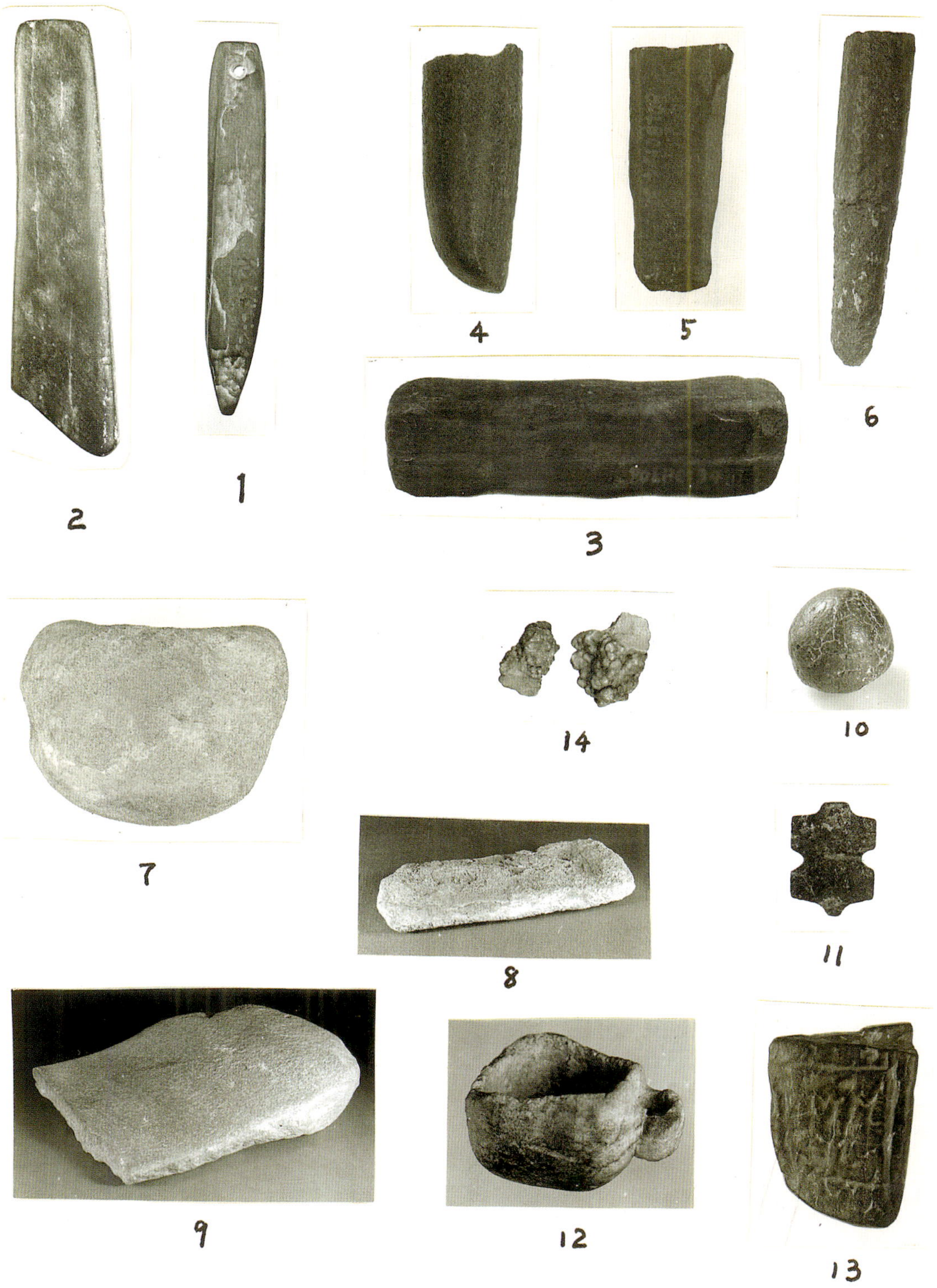

图版一一　石器、石杵、石磨盘等

1. 长方尖锥状石器（C：29）；2. 拟柱状石器（C：30①）；3—6. 石杵（C：34①、C：34②、C：34③、C：35）；7—9. 石磨盘（C：36①、C：36③、C：36④）；10. 小石球（C：31）；11. 小饰件（B：6）；12. 石杈勺（C：179）；13. 石花押（C：33）；14. 绿松石（C：178）

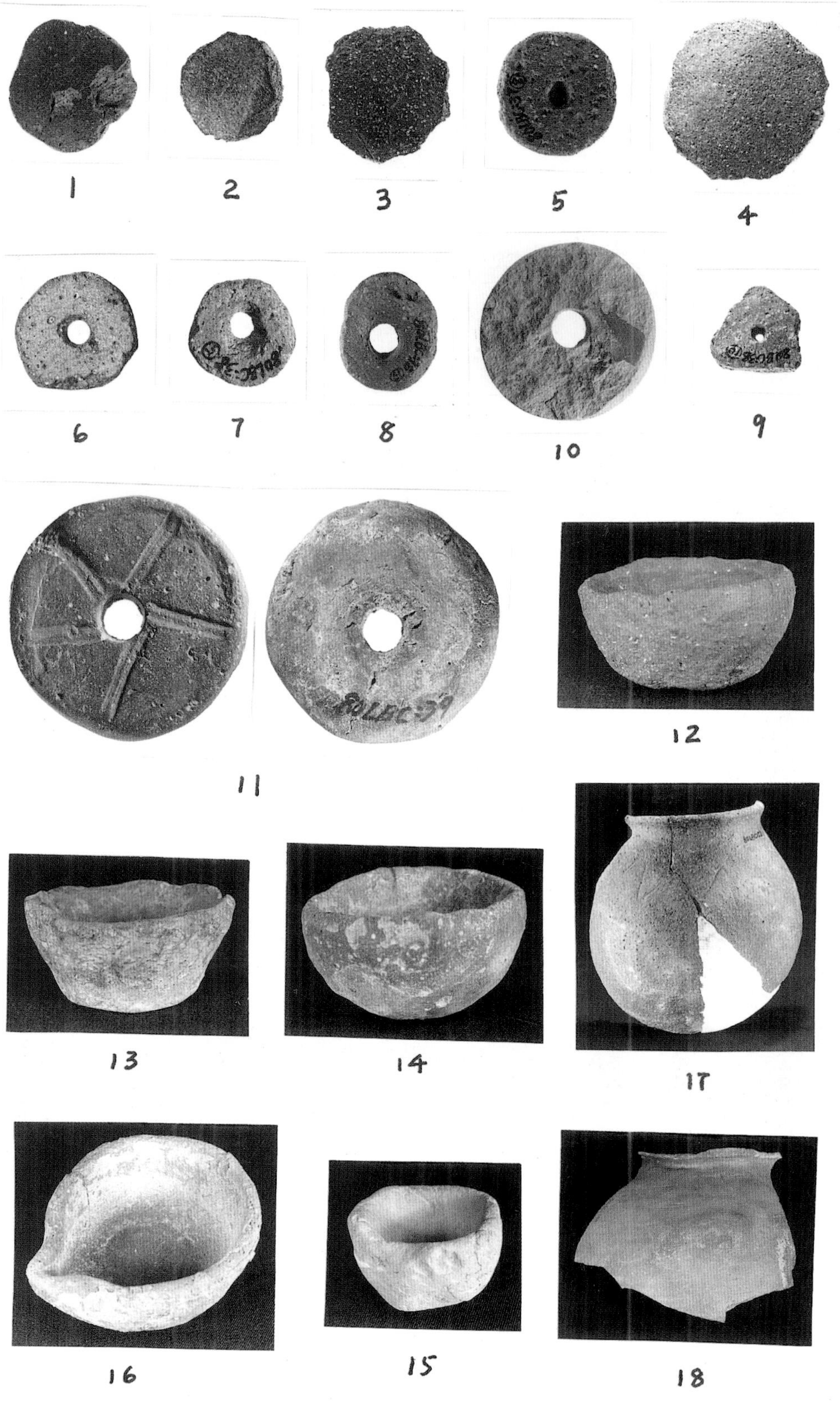

图版一二　陶纺轮、陶杯、陶罐

1—5. 半制陶片纺轮（C: 37 ③、C: 37 ①、C: 37 ④、C: 37 ⑦、C: 37 ⑧）; 6—10. 陶片制纺轮（C: 38 ⑦、C: 38 ⑤、C: 38 ⑬、C: 38 ⑩、C: 217）; 11. 烧制陶纺轮（C: 39）; 12—16. 陶杯（C: 213、XB: 6A、XB: 6B、F1: 6、XB: 5c）; 17—18. 陶罐（C: 52、C: 48 ①）

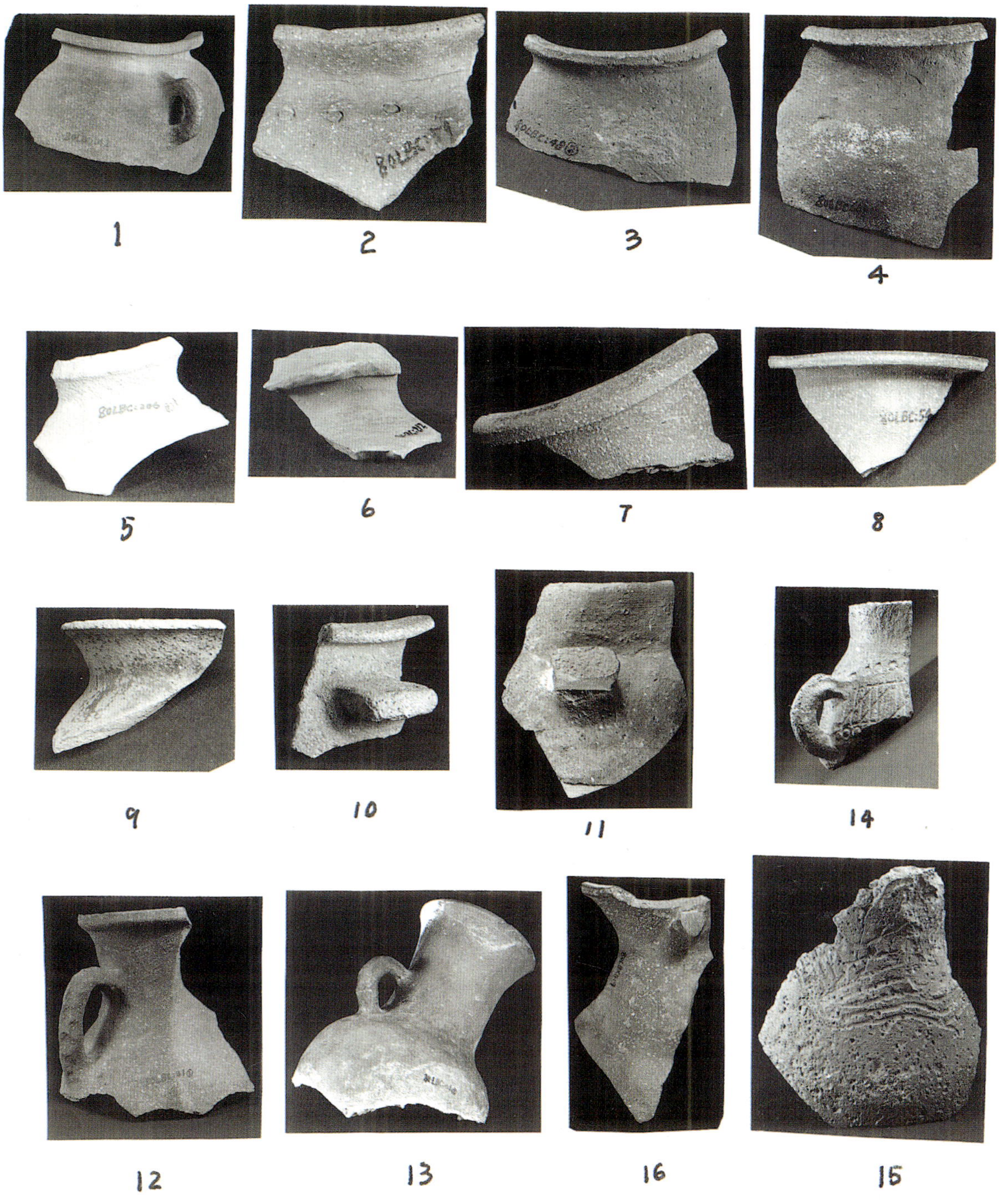

图版一三　陶罐、陶壶

1—11. 陶罐（C：42、C：59、C：48②、C：43①、C：206①、C：212、XB：10©、C：54②、C56、B：9、B：8）；
12—16. 陶壶（C：41①、C：41②、C：44③、FO：24、XB：9）；

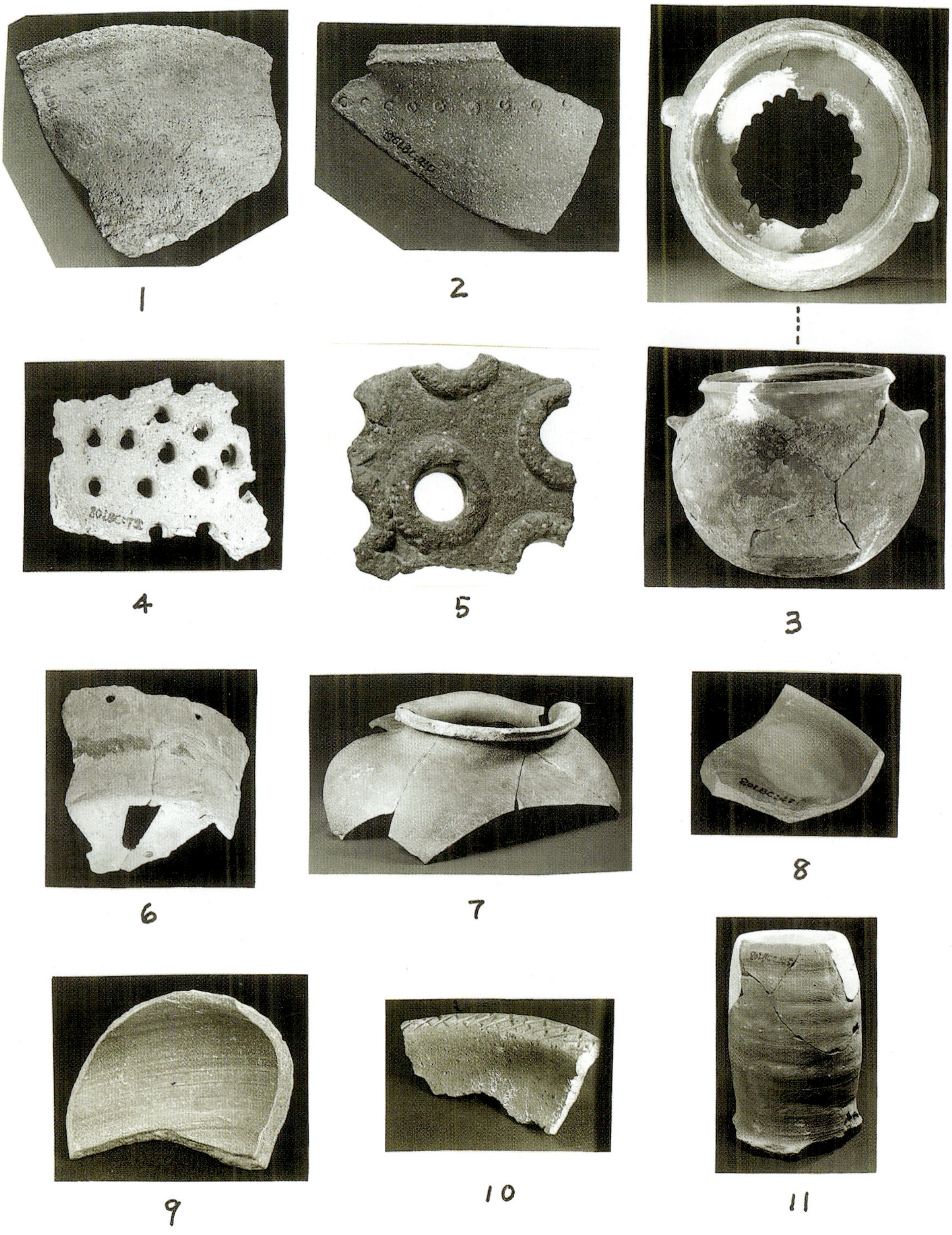

图版一四　陶钵、陶甑、陶瓮及小陶器

1—2. 陶钵（BX：208、C：210）；3—6. 陶甑（C：40、C：72、B：10、C：204）；7. 陶瓮（C：51 ①）；8. 小陶杯（C：47）；9. 小陶盂（C：216）；10. 小陶盆（C：49）；11. 陶筒（C：205）

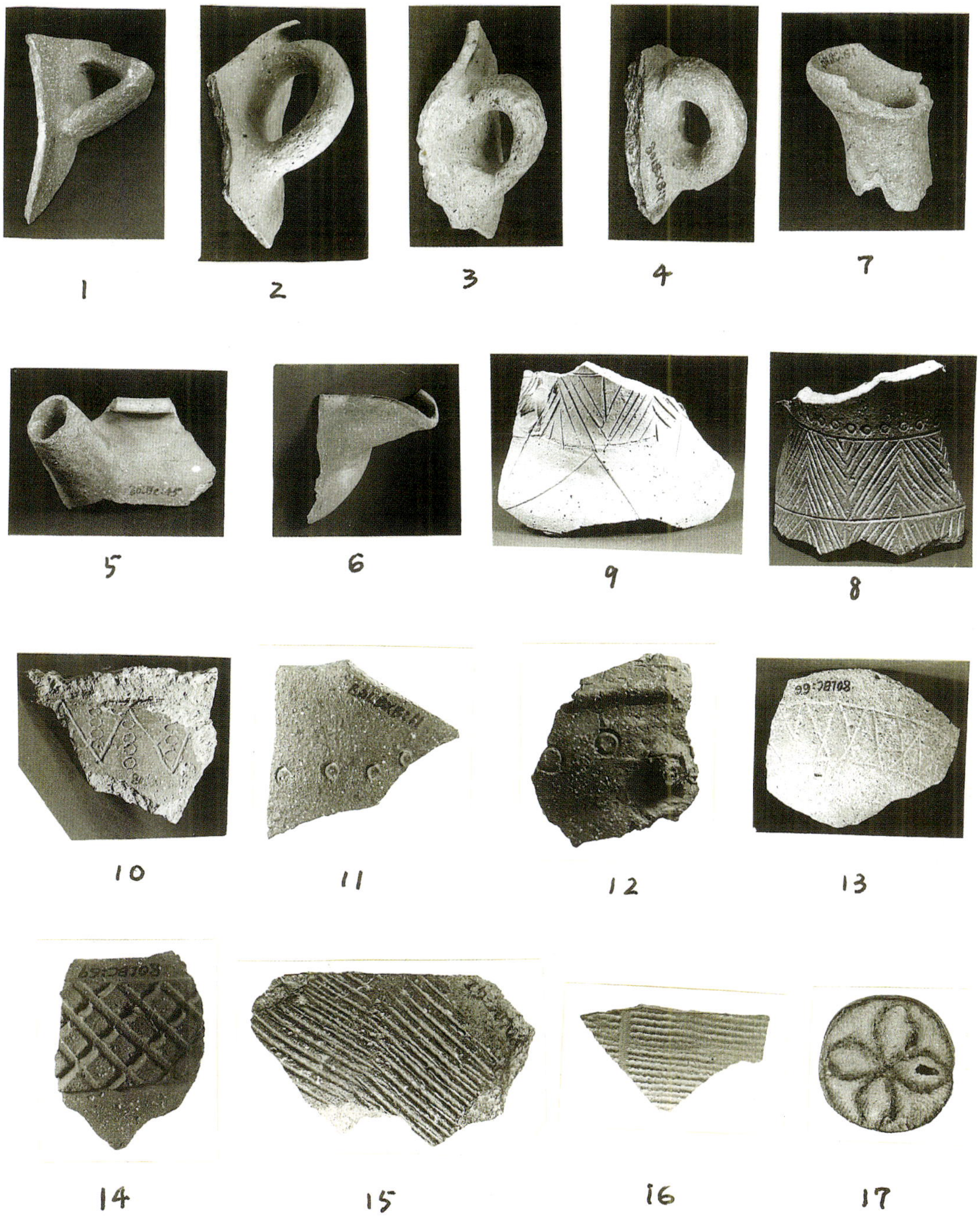

图版一五　陶残器与纹饰陶片

1—4. 陶耳部（C：214、C：44②、FO：25、XB：7）；5—6. 陶流（C：45、XB：8）；7. 陶口部（C：61）；8—16. 纹饰残陶片（C：63①、C：62、C：64、XB：11、C：71、C：66、C：69、C：67、C：68）；17. 花形饰件（C：221）

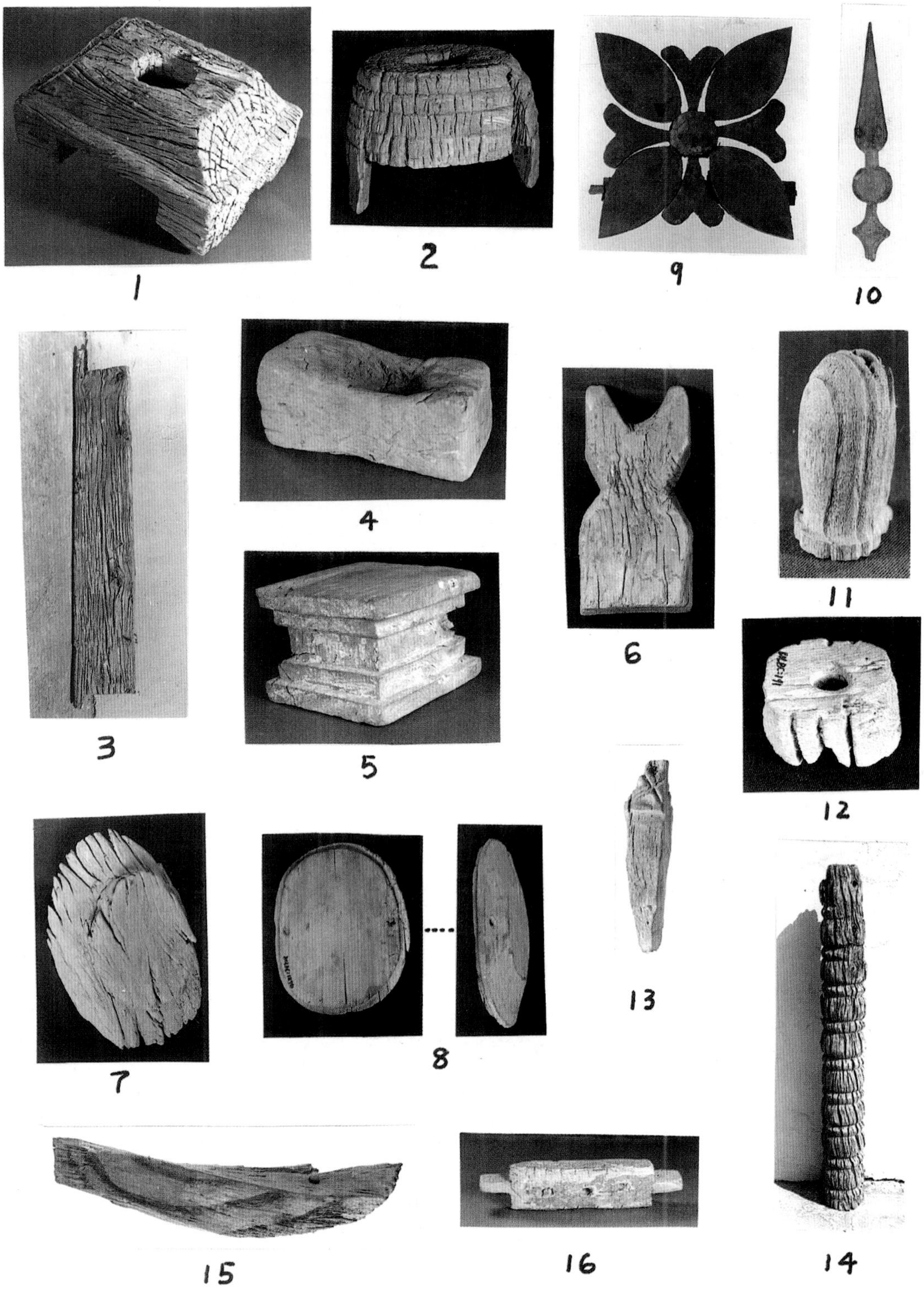

图版一六　建筑木件

1、2. 木梁垫（C：197、C：196）；3. 木门（F2B：1）；4. 门斗（F2B：8）；5、6. 木垫件（FO：5、F2B：5）；7、8. 木饰件（C：189③、C：189②）；9、10. 花形饰件（FO：1、FO：2）；11—13. 其他形饰件（C：190、C：191、T：17）；14. 木圆雕（C：195）；15. 彩绘木件（F3：3）；16. 小木件（F2：6）

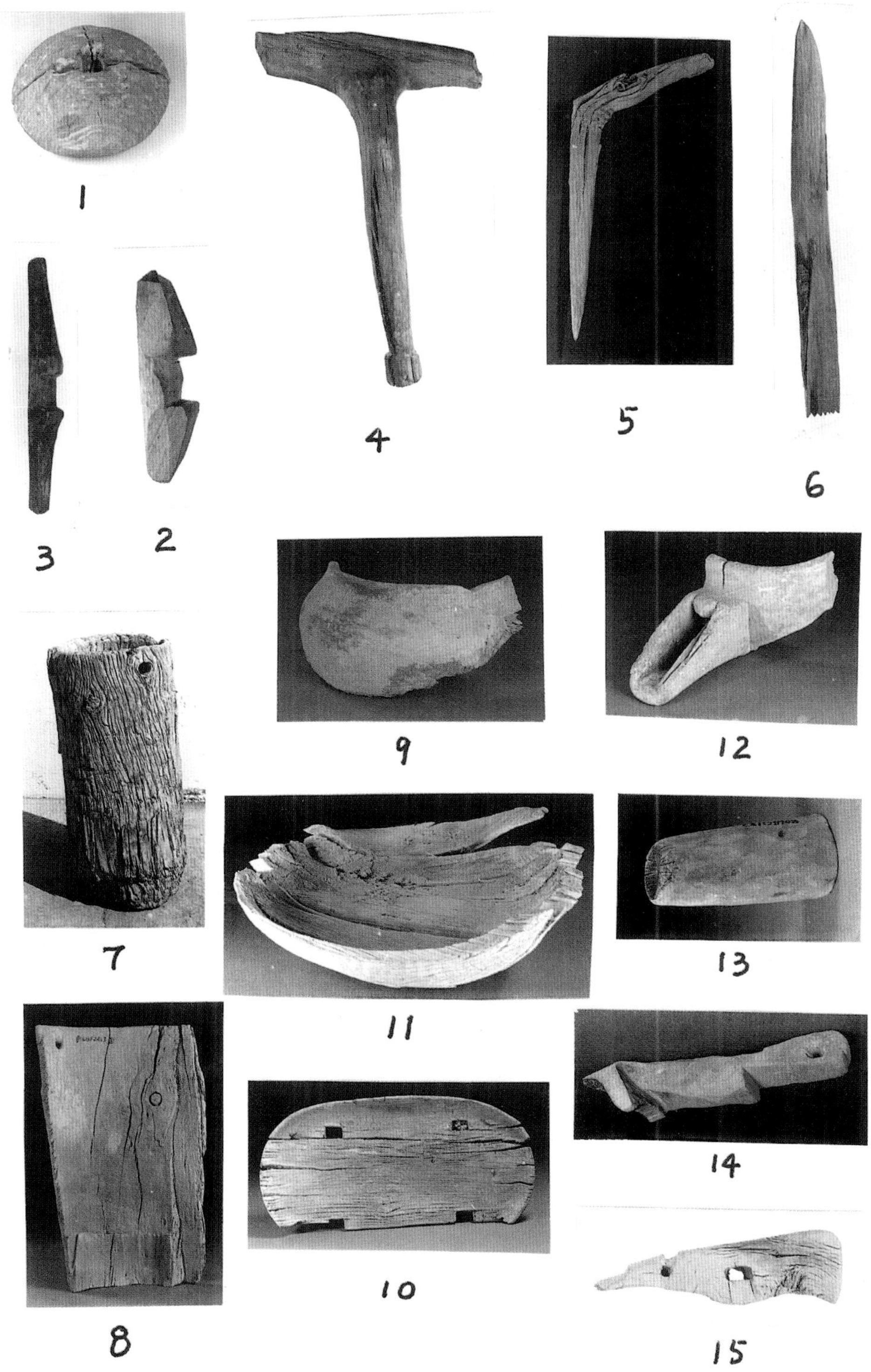

图版一七　木生产、生活用具

1. 木纺轮（F2A：5）；2—4. 木牲畜栓（T：3①、T：3②、T：15②）；5. 木牲畜桩（C：188）；6. 木刮梳（T1：14）；7. 木臼（F2A：1）；8. 木桶（F2A：3）；9. 木罐（F2A：2）；10. 木盘（C：207）；11. 木盆（C：181）；12、13. 木流（C：182、C：183）；14、15. 木柄（T：6、T2：5）

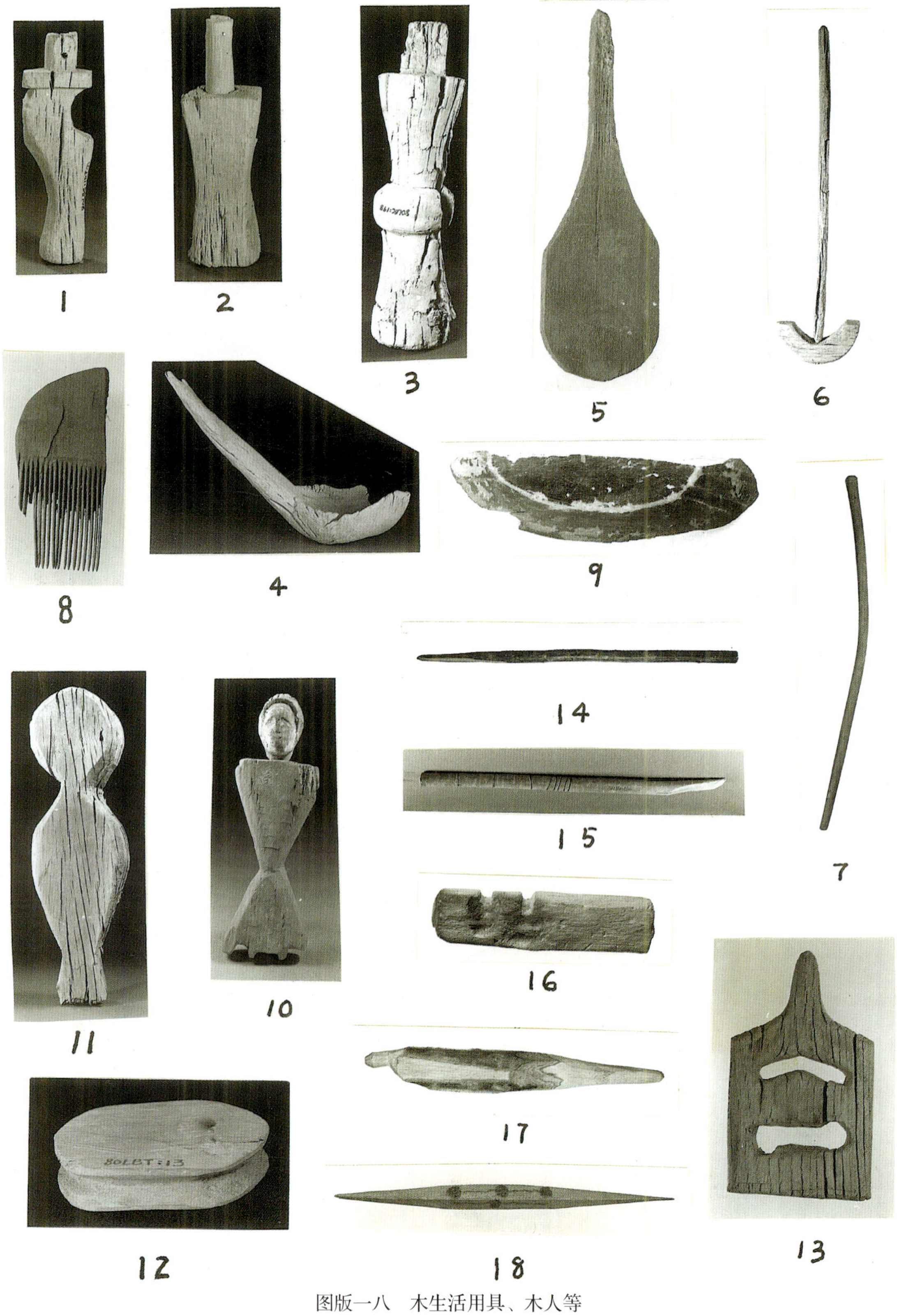

图版一八　木生活用具、木人等

1—3. 木腿（C：187①、C：187②、C：198）；4. 木勺（C：184）；5. 木匕（T1：7）；6. 奶搅拌（XB：2）；7. 木筷（T：14）；8. 木梳（T1：16）；9. 漆耳杯（T1：15）；10、11 木人（F4：1、F2B：4）；12. 滑轮形木件（T：13）；13. 镂孔木牌（C：192）；14、15. 木枝（T：12、C：186）；16. 小木件（T2：3）；17. 鸟形木件（T：16）；18. 墨点梭形木件（T：2）

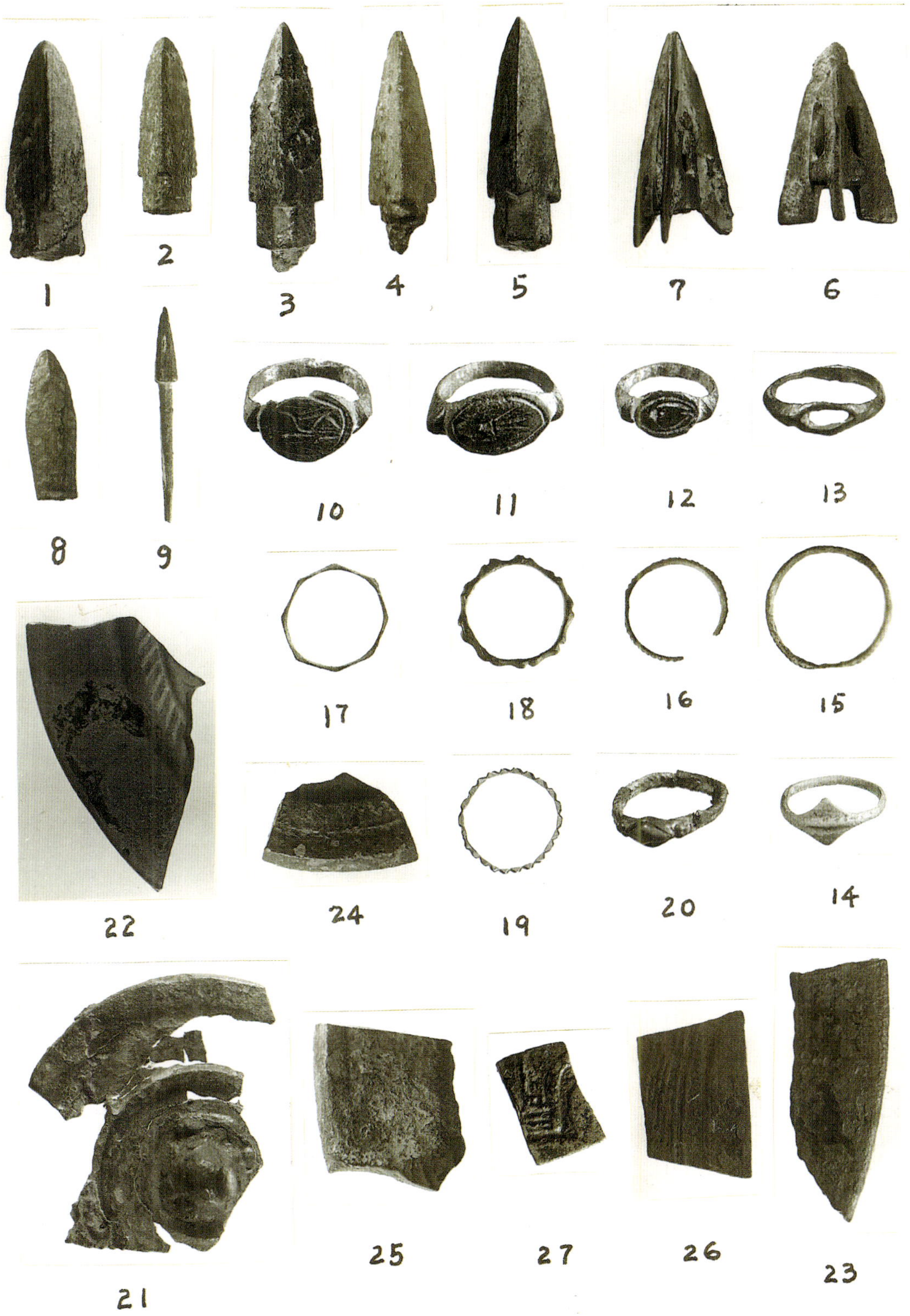

图版一九　铜镞、各式戒指、残铜镜

1—5. 实体三棱铜镞（C：80②、FO：13Ⓒ、FO：13Ⓑ、C：80①、C：80③）；6、7. 广翼三棱铜镞（C：82①、C：82②）；8. 扁体铜镞（C：81）；9. 小铜镞（C：148）；10—18. 各式铜戒指（C：83⑤、C：83②、C：83④、C：84②、C：84①、C：85①、C：85②、C：86A、C：86B）；19、20. 金、银戒指（C：194、C：87）；21—27. 残铜镜（FO：15、C：93⑤、C：93④、FO：14、C：93②、C：93⑥、C：93⑦）

图版二〇　铜饰件

1—4. 铜扣（C：121、C：118、FO：18、C：119）；5—9. 铜钉（C：127、C：133、C：122、C：132、C：130）；10. 铜帽（C：128）；11. 铜钮环（C：120）；12—14. 铜环（FO：20A、B，C：92）；15. 环式带扣（C：131）；16. 铜发钗（C：94）；17、18. 铜扁铃（FO：16A、B）；19、20. 花形饰件（C：124、FO：21）；21. 心形饰件（C：143）；22. 桃形饰件（C：141）

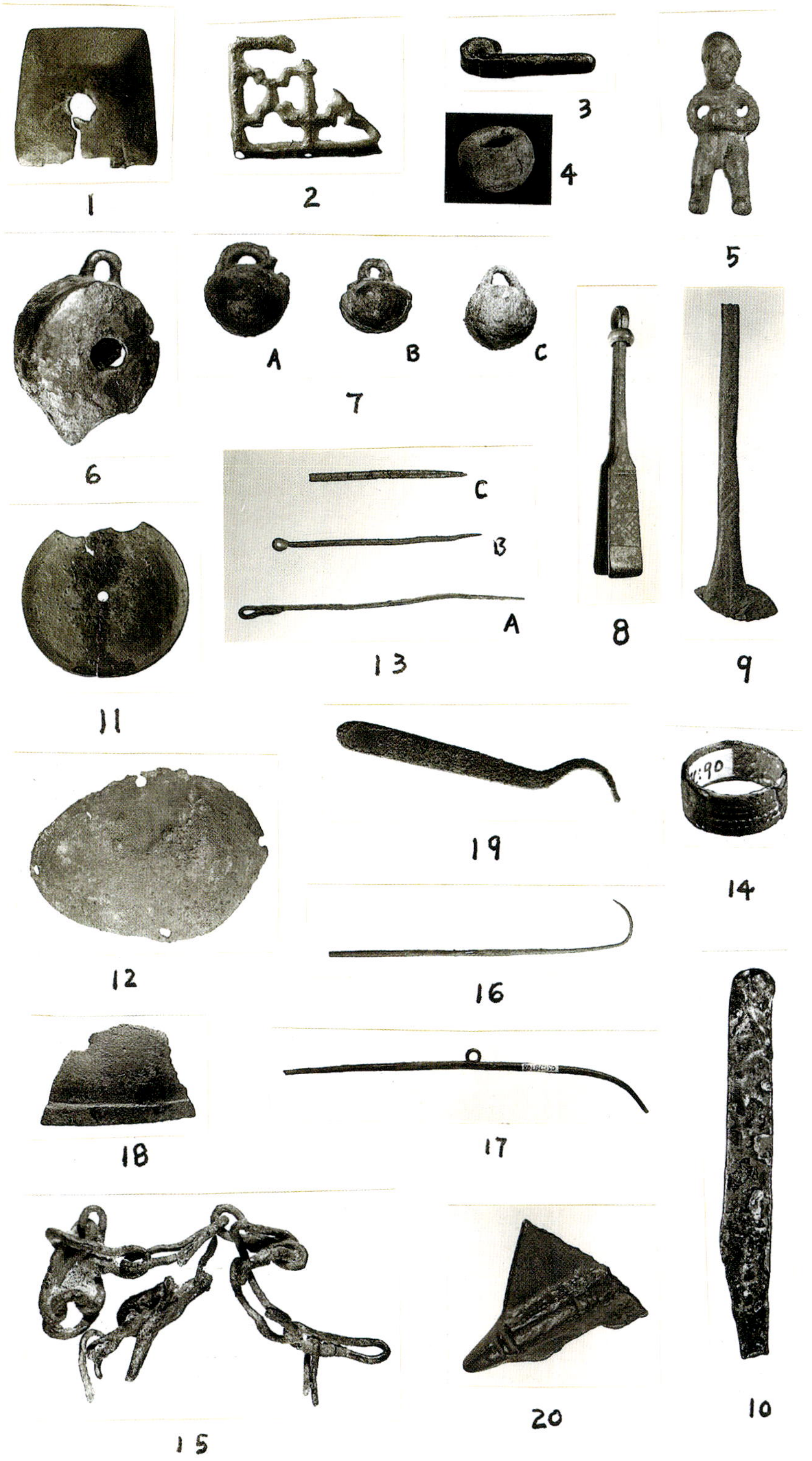

图版二一　铜饰件、铜器件

1—4. 铜饰件（C：126、C：142、C：136、C：123）；5. 小铜人（C：88）；6、7. 铜小铃（C：114、C：116A）；8. 铜镊（C：89）；9. 铜匕（C：145）；10. 小铜刀（C：146）；11. 小圆盘（C：140）；12. 小秤盘（C：91）；13. 铜针（C：144）；14. 铜顶针（C：90）；15. 铜小练（C：117）；16. 铜小钩（C：95）；17. 带环小器件（C：150）；18. 铜碗残片（C：139①）；19. 长柄小器件（C：147）；20. 残铜件（B：14）

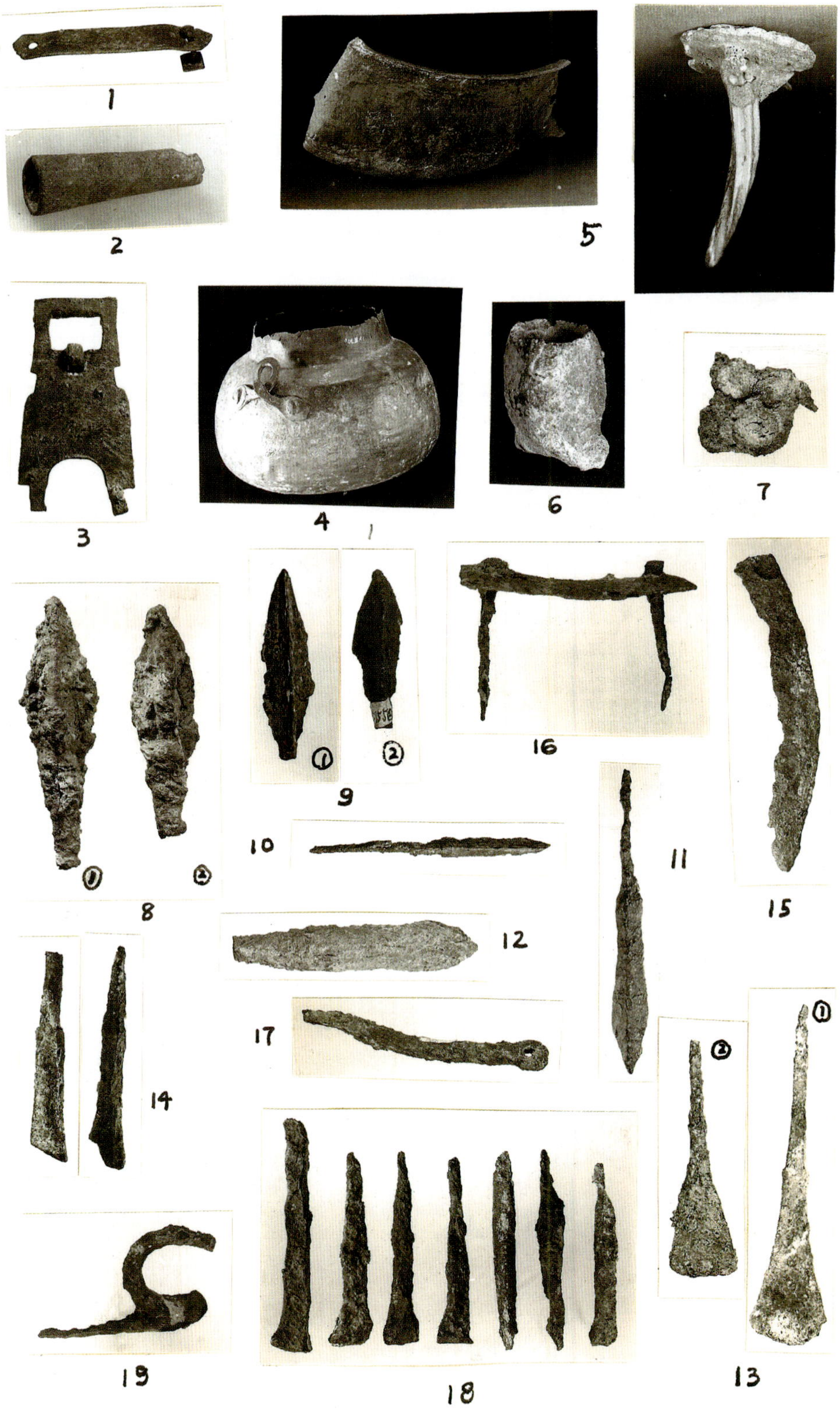

图版二二　铜器件、铁镞、刀、钉

1. 铜片（C：134）；2. 铜柄（C：135）；3. 铜布币形件（C：138）；4. 铜釜（XN：1）；5. 残铜鼎（B：15）；6. 溶注（C：151）；7. 铜渣（F2B：3）；8—13. 铁镞（C：154②、C：155②、C：158、C：156①、C：157①、C：160①②）；14. 铁刻刀（C：161①②）；15. 小铁刀（C：159）；16. 桥形铁钉（C：163）；17. 带鼻铁钉（C：169）；18. 方头铁钉（C：162）；19. 带钩铁钉（C：168）

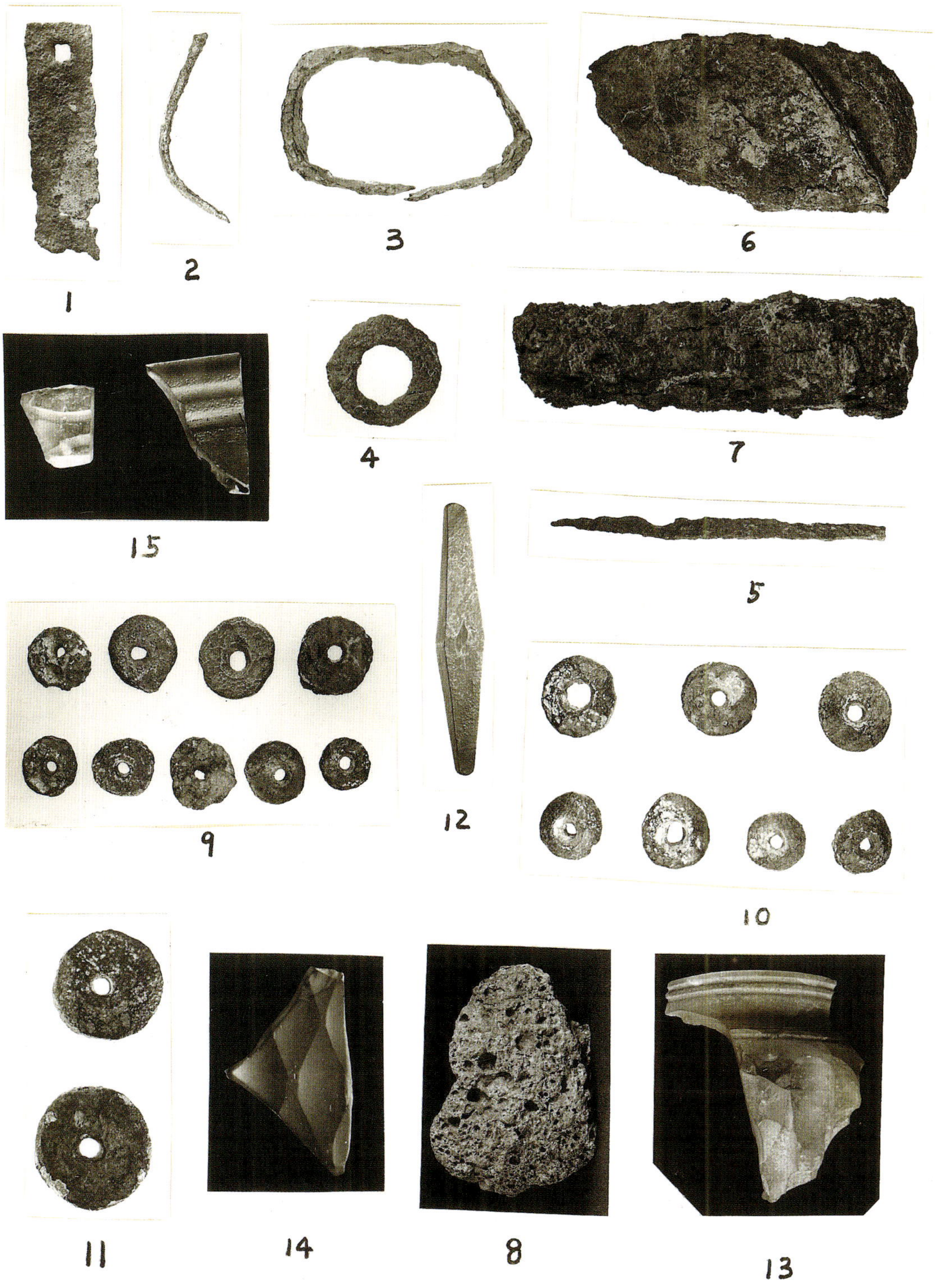

图版二三　铁器、铅器、玻璃器

1. 铁片（C：166）；2. 铁钩（C：170）；3. 铁箍（C：167）；4. 铁环（C：171）；5. 铁竿（C：218）；6. 铸铁块（C：172）；7. 铁棒（T：10）；8. 铁渣（F2B：6）；9—11. 铅纺轮（C：152、C：153、C：219①）；12. 铅梭形器（T：4）；13—15. 玻璃残片（C：180A、B、C）

图版二四　丝、毛织品

1. 波纹锦（F1：10）；2. 彩锦（F1：11）；3. 锦绢缀饰（T1：2）；4、5. 绢（F3：15、F1：4）；6. 绝（F1：9）；7、8. 毛布（T1：3、F3：11）；9、10. 毛毯（T1：12、T1：5）；11. 破毛袋（T3：7）；12. 毛绳（T1：8）；13、14. 毛辫带（T1：9、T：8）

图版二五　毡、棉、麻织品、骨器

1. 毡袜（F3：8）；2. 毡片（F3：4）；3、4. 棉布（F1：8、F3：10）；5. 棉纱（F1：3）；6、7. 麻草鞋（C：199、F3：6）；8. 麻绳（C：225）；9. 草辫垫（C：202）；10. 骨梳（C：177）；11. 骨鞘（F3：1）；12、13. 骨片（C：176②、①）；14. 骨雕饰件（F2B：2）

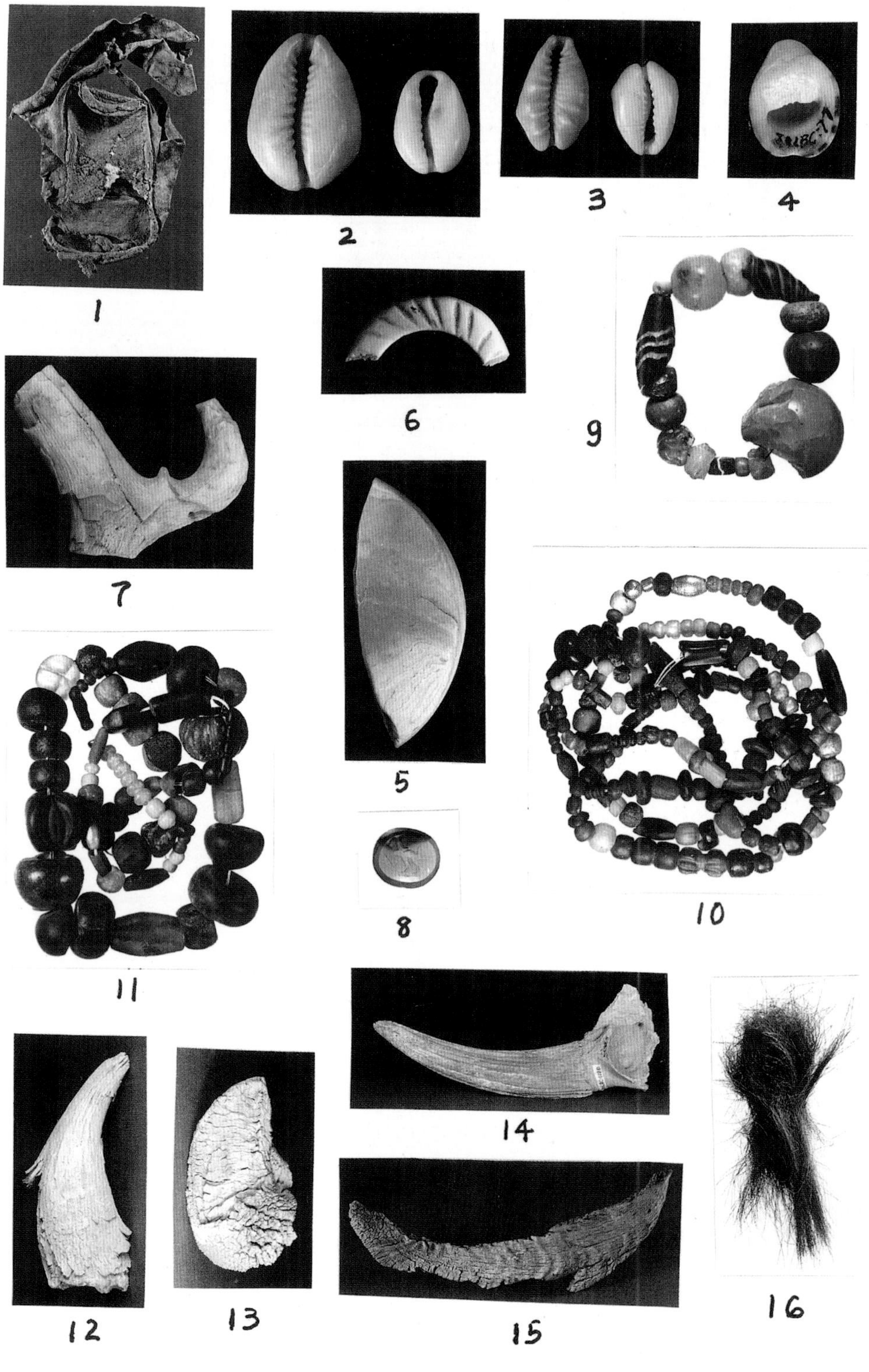

图版二六　皮鞋、贝、蚌、珊瑚、料珠及兽角

1. 小皮鞋（T2：4）；2、3. 海贝（C：76①②、③④）；4. 海螺（C：77）；5、6. 蚌饰（C：222、C：78）；7. 珊瑚（C：79①）；8. 玉髓戒指面（C：224）；9—11. 料珠（C：75①、②、③）；12. 牛角（C：175①）；13. 牛蹄（C：174）；14、15. 羊角（C173①、C：226）；16. 马毛（F2A：7）

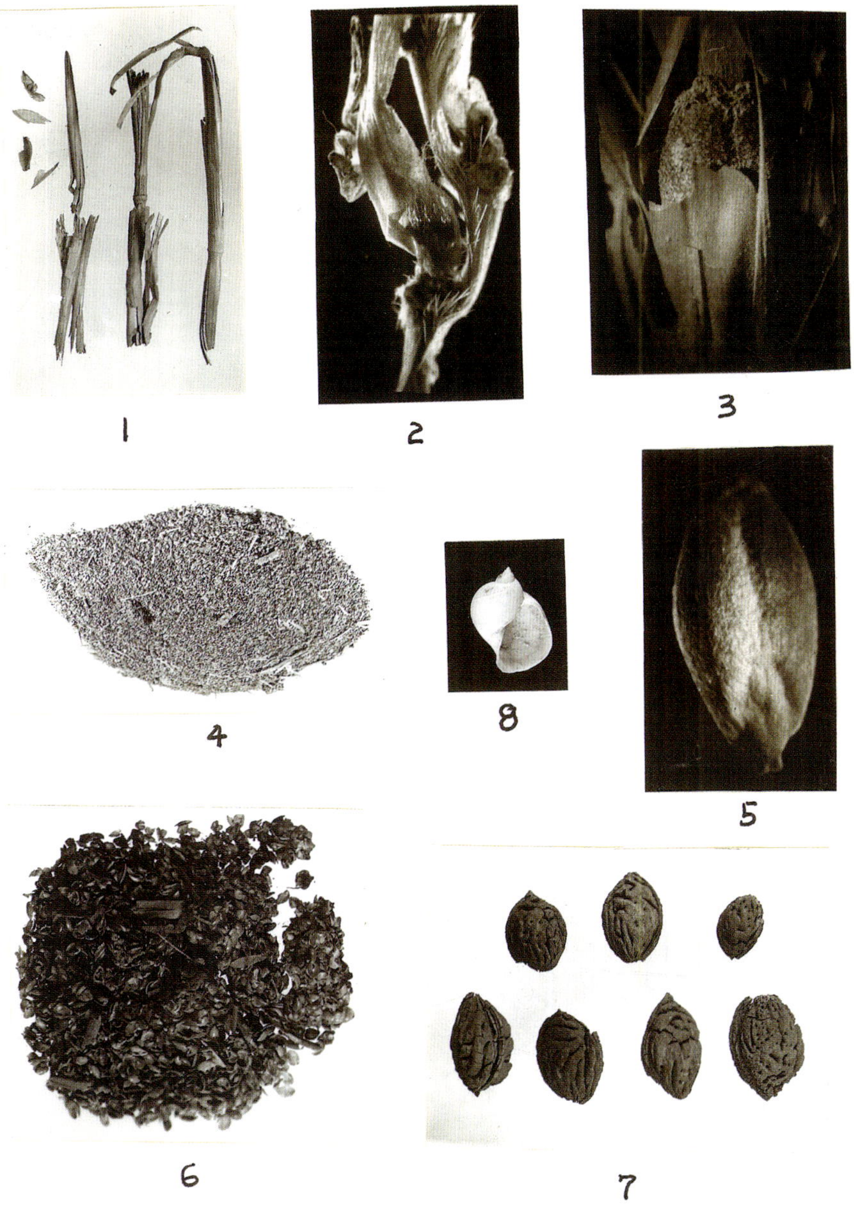

图版二七　粮食作物及其他

1. 麦秸（FO：4）；2. 小麦花（FO：4）；3. 裸大麦内、外稃（FO：4）；4. 糜子（C：201）；5. 裸大麦粒（C：201）；6. 糜子壳；7. 桃核（C：200）；8. 水螺壳（C：203）

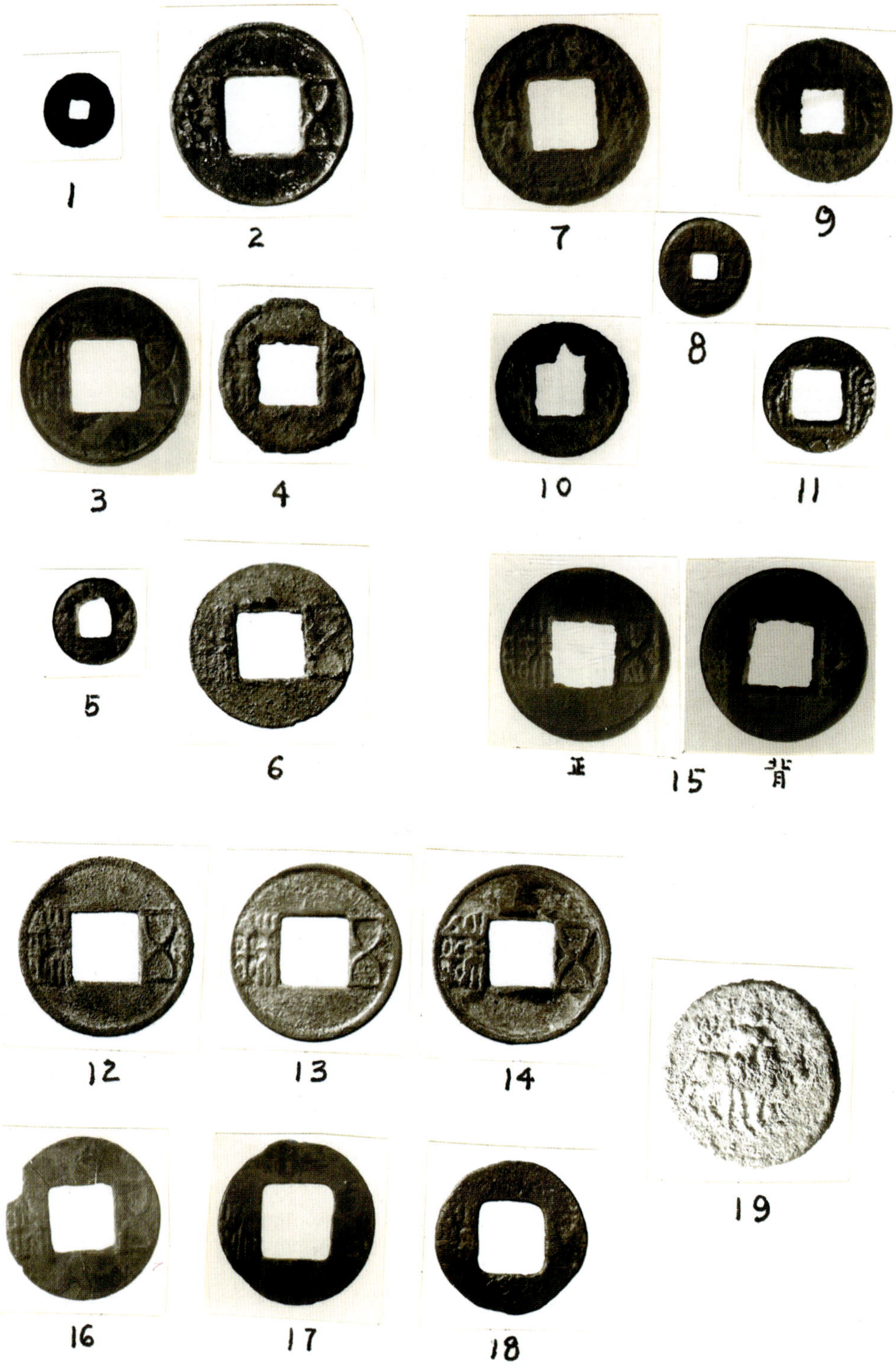

图版二八　钱币

1. 榆荚半两（C: 96）；2—6. 西汉五铢（FO: 10②、FO: 10①、C: 102、C: 97、FO: 10⑤）；7—11. 新莽钱币（C: 99、FO: 11④、FO: 11①、②、FO: 13③）；12—15. 东汉五铢（FO: 10④、C: 100、C: 98、FO: 10③）；16—18.（1）东汉剪轮五铢（C: 101、FO: 10⑥、FO: 10⑦）；19. 贵霜铜币（C: 228）

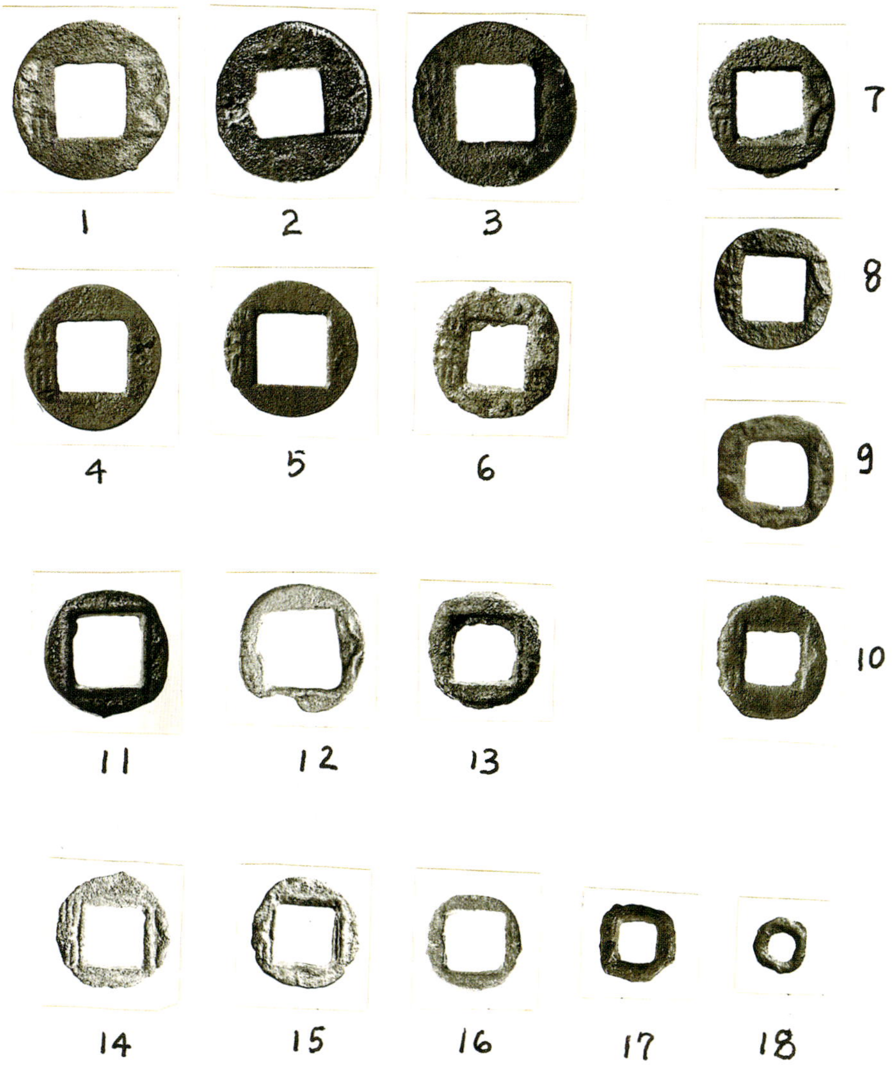

图版二九　东汉剪轮五铢

1—6.（2）种东汉剪轮五铢（C：103、FO：10⑨、C：104、FO：10⑧、FO：10⑩、⑪）；
7—10.（3）种东汉剪轮五铢（C：105、FO：10⑫、C：106、XB：4）；
11—13.（4）种东汉剪轮五铢（C：107、C：108、FO：12）；
14—15.（5）种东汉剪轮五铢（C：109、C：110）；
16.（6）种Ⅰ式东汉剪轮五铢（C：111）；
17.（6）种Ⅱ式东汉剪轮五铢（C：112）；
18.（6）种Ⅳ式东汉剪轮五铢（C：113）

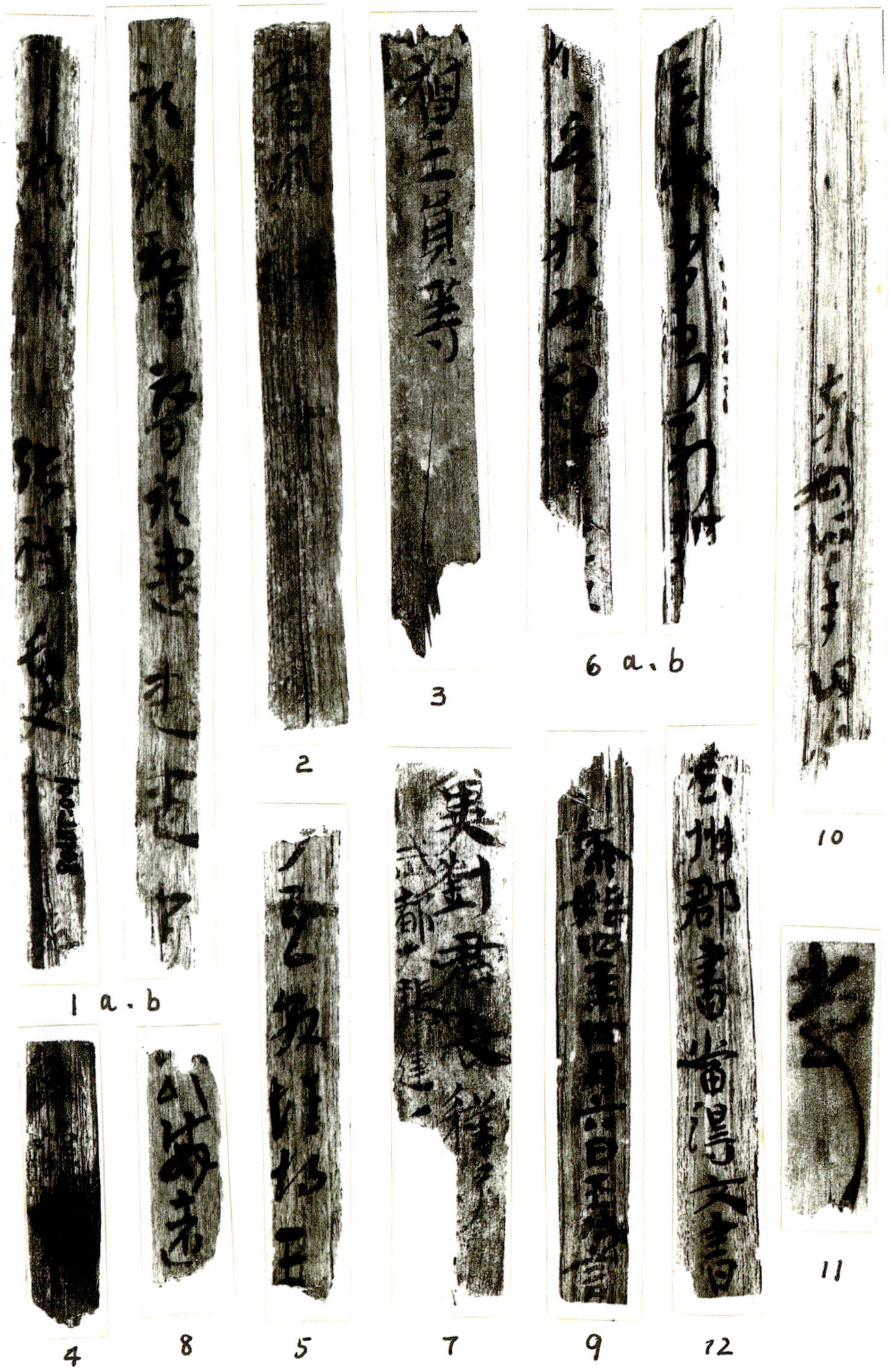

图版三〇　木简（一）

1—3. 释官（T：001、T：003、T：020）；4—8. 释地（T：011、T：039、T：028a、T：042、T：006）；
9—12. 簿书（T：017、T：035、T：043、T：047）

图版三一　木简（二）

1—3. 簿书（T: 044、T: 008、T: 015）；4—5. 名籍（T: 030、T: 033）；
6—13. 屯戍（T: 016、T: 038、T: 045、T: 021、T: 032、T: 004、T: 022、T: 056）

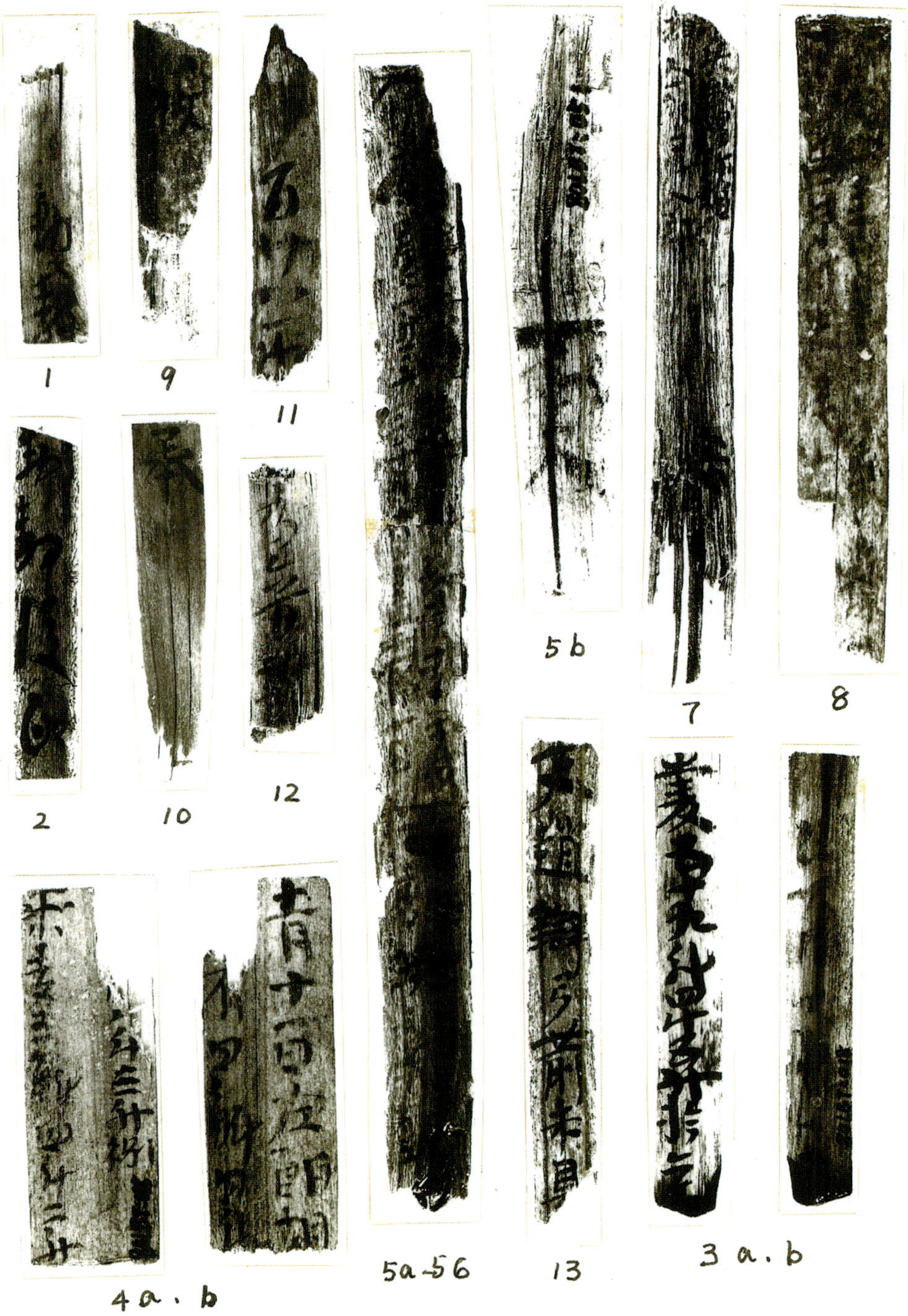

图版三二　木简（三）

1—2. 屯戍（T：009、T：031）；3—8. 廪给（T：018、T：048、T：051、T：050、T：1、T：040）；
9—13. 器物（T：007、T：010、T：012、T：060、T：023）

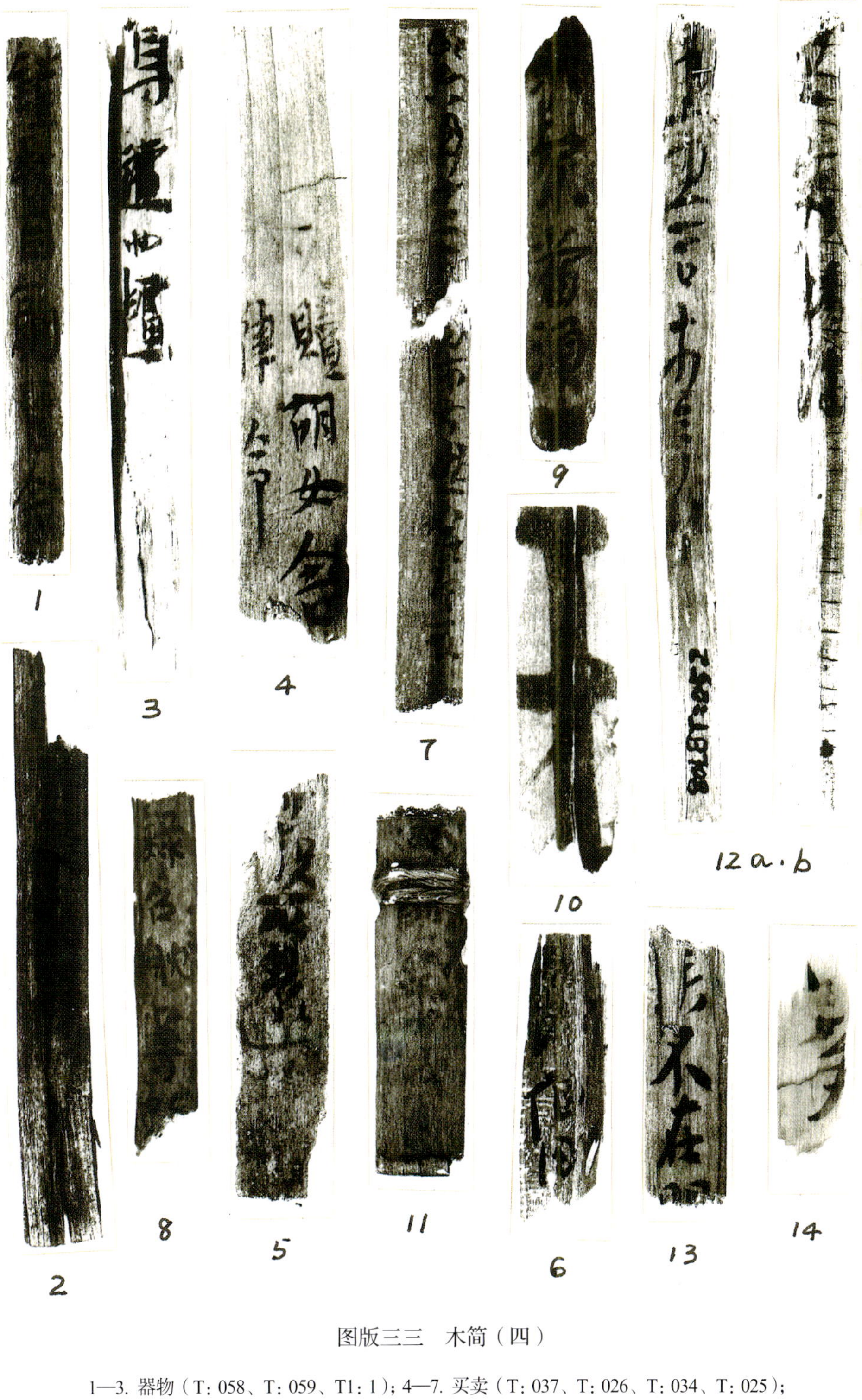

图版三三　木简（四）

1—3. 器物（T：058、T：059、T1：1）；4—7. 买卖（T：037、T：026、T：034、T：025）；
8—14. 杂释（T：049、T：002、T：005、T：046、T：052、T：054、T：057）

图版三四　木简（五）

1—7. 杂释（T: 027 与 T: 041 拼合、T: 053、T: 029、T: 5、T: 013、T: 014、T: 024）

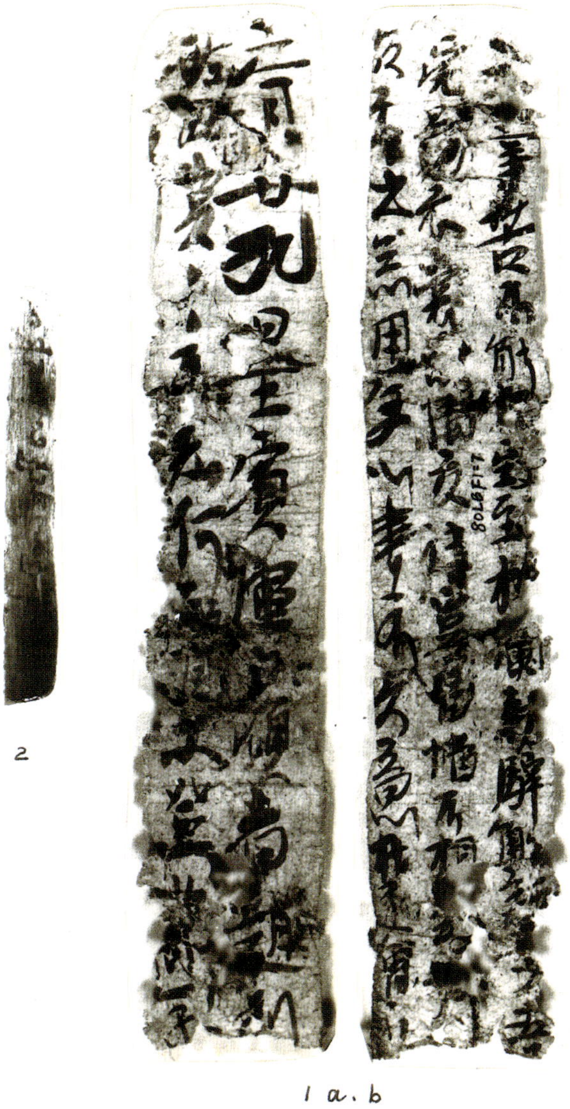

图版三五　纸文书、佉卢文木牍

1. 纸文书（F1：7）；2. 佉卢文木牍（T：055）

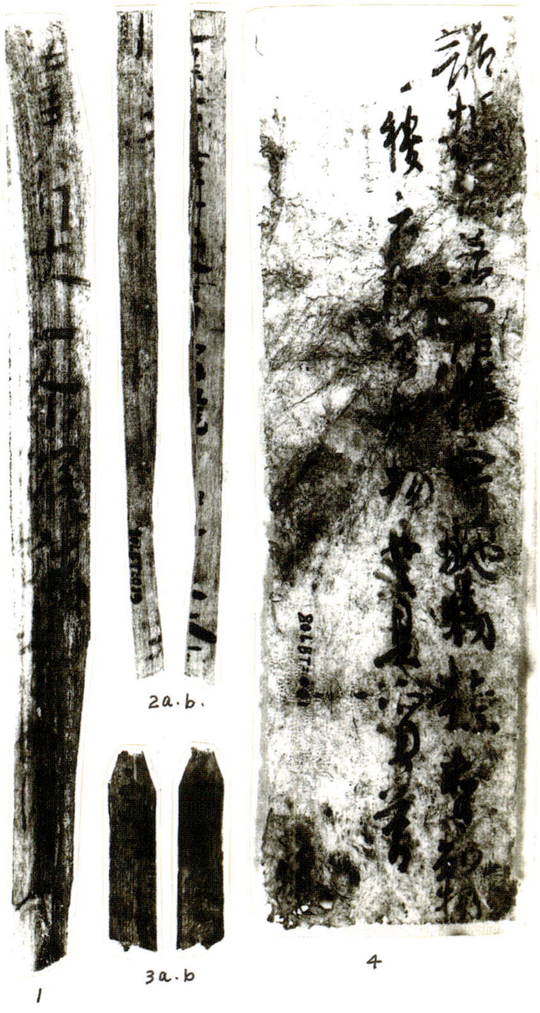

图版三六　木简、纸文书

1. 簿书（F3：2）；2—3. 杂释（T：019、T：036）；
4. 纸文书（T：061）

1

2

3

4

图版三七　平台墓地与MA1、2、6墓

1. 平台墓地外景（由北向南摄）；2. 平台墓地MA1墓；3. 平台墓地MA2与MA6墓；4. MA1墓西北角之木桩芦苇

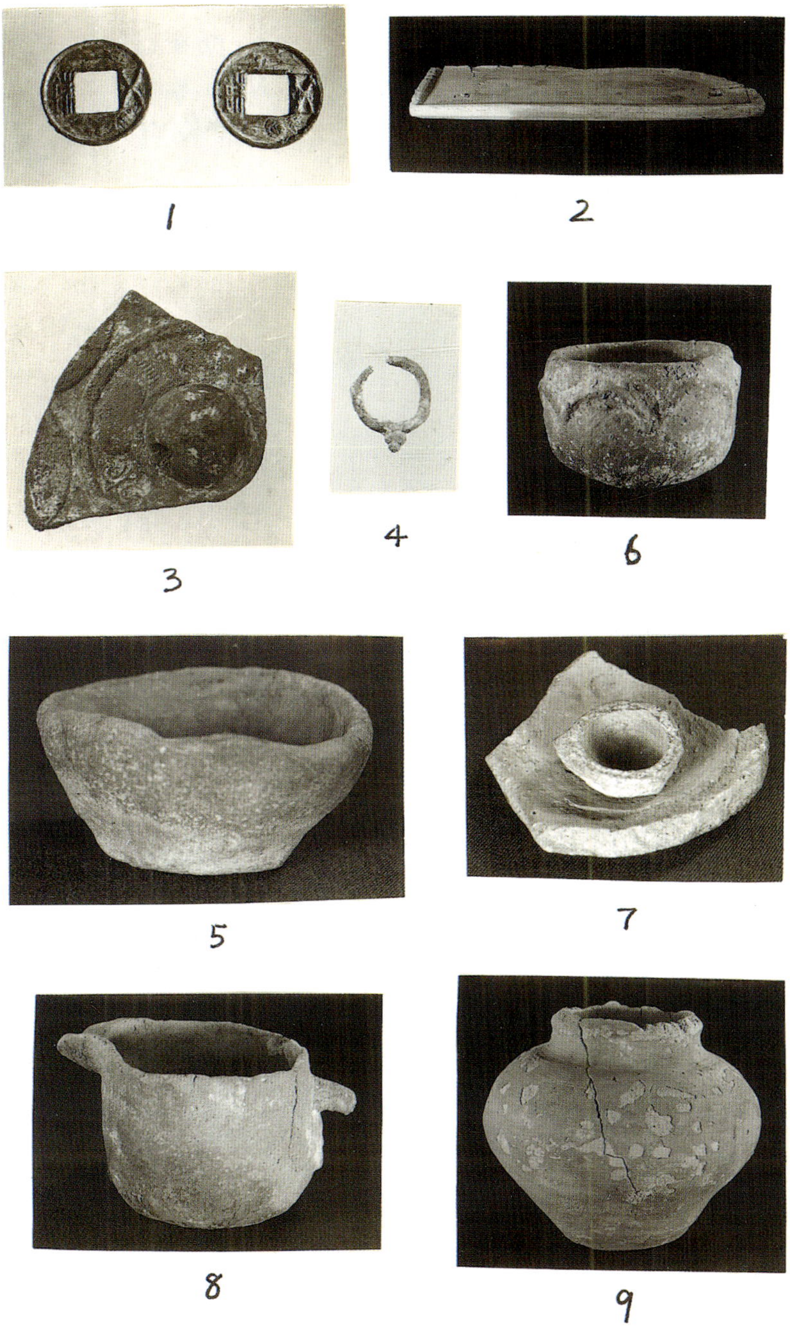

图版三八　平台墓地出土器物（一）

1. 西汉五铢（MA7：4）；2. 长方形木案（MA2：1）；3. 残铜镜（MA2：4）；4. 铁耳环（MA6：1）；5. 灰陶杯（MA1：1）；6. 连弧纹陶杯（MA7：2）；7：小石杯（MA7：3）；红陶杯（MA7：1）；9. 灰陶罐（MA6：3）

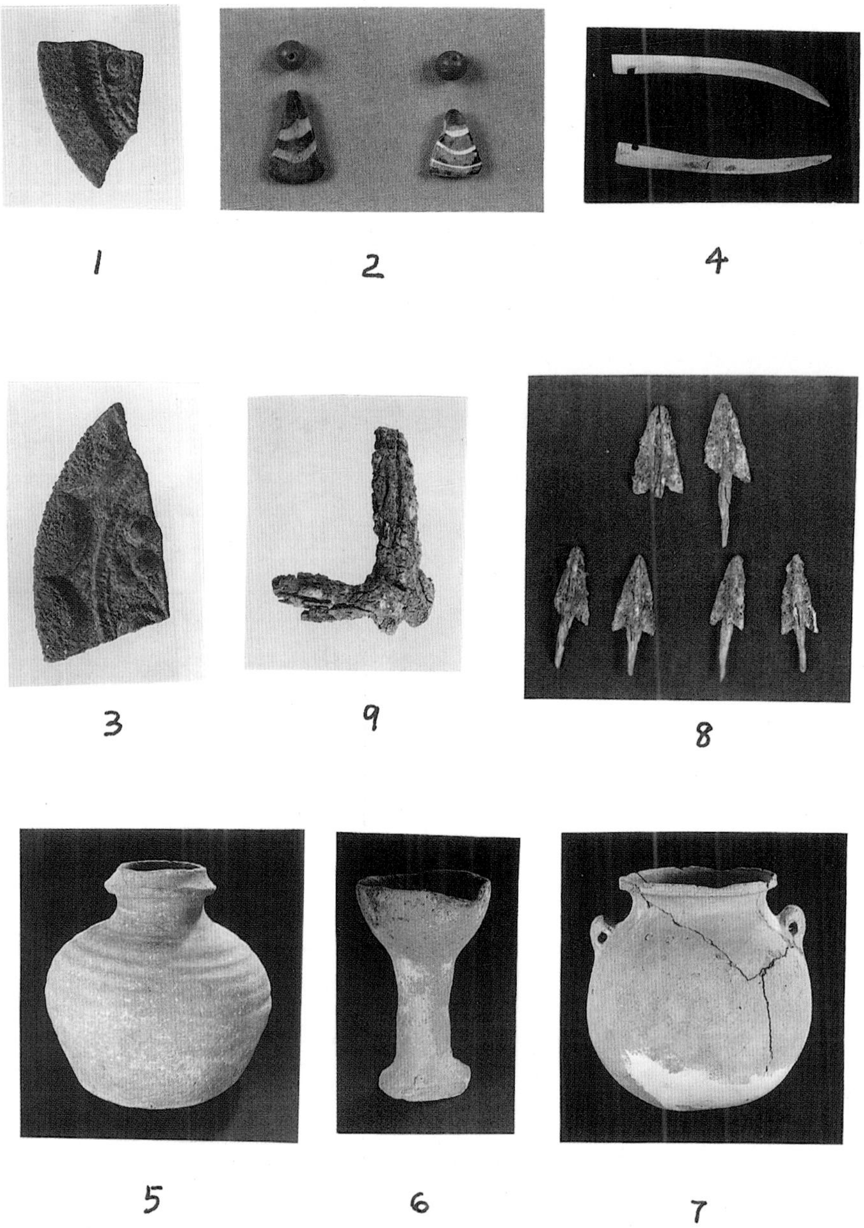

图版三九　平台墓地出土器物（二）

1、3. 铜镜（MA7：5、MA7：7）；2. 骨耳饰（MA7：6）；4. 骨弧形器（MA3：1①②）；5. 灰陶罐（MA3：2）；6. 豆形陶灯（MA3：3）；7. 红陶罐（MA3：4）；8：铁镞（MA5：1）；9. 残铁器（MA5：3）

1

2

3

图版四〇　孤台墓地与斯坦因挖掘留下的墓坑、MB1 墓顶部圆木

1. 孤台墓地外景（由南向北摄）；2. 被斯坦因挖掘的ⅰ、ⅱ、ⅲ、ⅹ等墓（由东向西摄）；3. 孤台墓地 MB1 墓室顶部的圆木

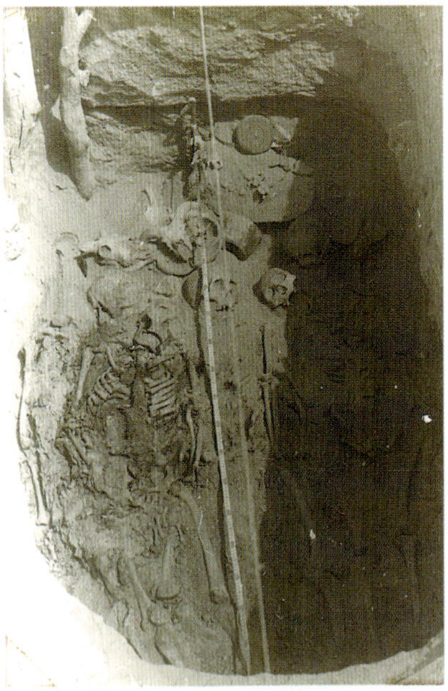

1

2

3

图版四一　孤台墓地 MB1 墓、出土木盘与单骨、古城西北郊 XBM 椭圆形列木墓

1. 孤台墓地 MB1 墓；2. MB1 墓出土木盘与单骨；3. 城郊西北部墓地 XBM 椭圆形列木墓（由北向南摄）

1

2

3

4

5

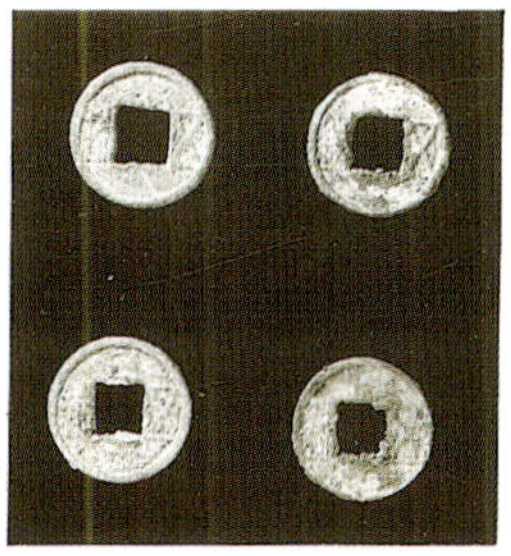

6

7

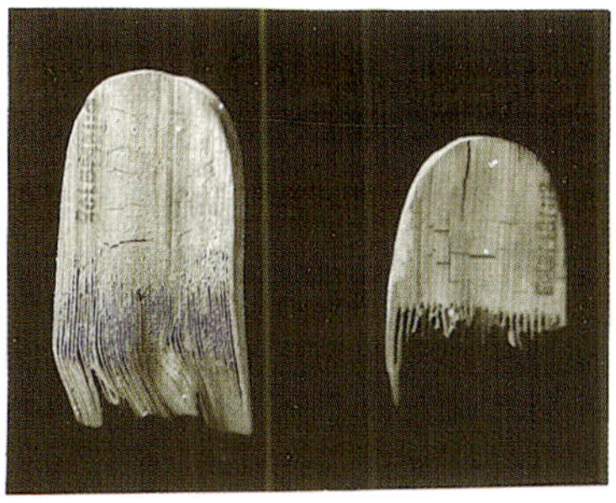

8

图版四二　孤台墓地 MB1 出土器物

1. 椭圆木盘（MB1：2）；2. 金耳饰（MB1：14）；3. 圆彩漆盖（MB1：3）；4、5. 漆杯（MB1：4、MB1：5）；6. 五铢（MB1：1）；
7. 刀形骨器（MB1：8A、B）；8. 木篦、木梳（MB1：9、MB1：12）

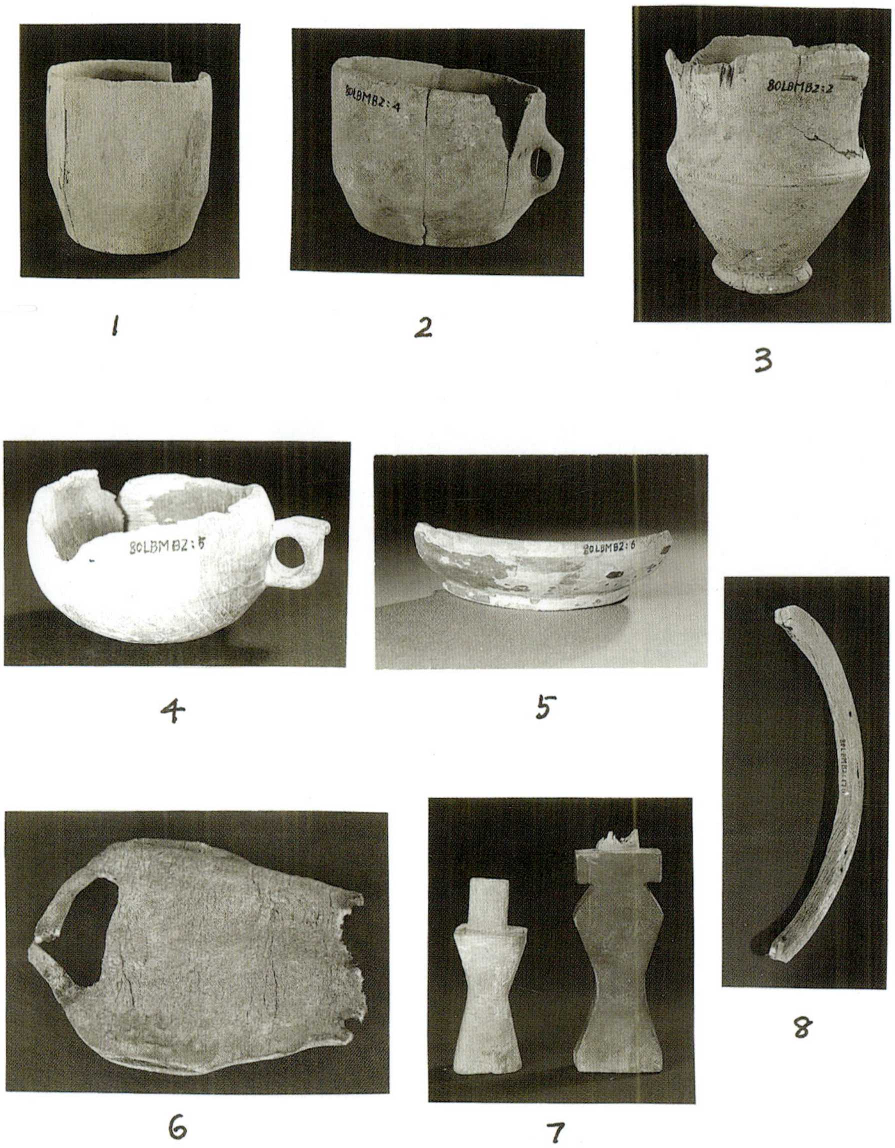

图版四三　孤台墓地 MB2 出土器物（一）

1—4. 木杯（MB2：1、MB2：4、MB2：2、MB2：5）；5. 残漆木碗（MB2：6）；6. 牛皮件（MB2：8）；7. 木案腿（MB2：16①②）；8. 弧形木件（MB2：17①）

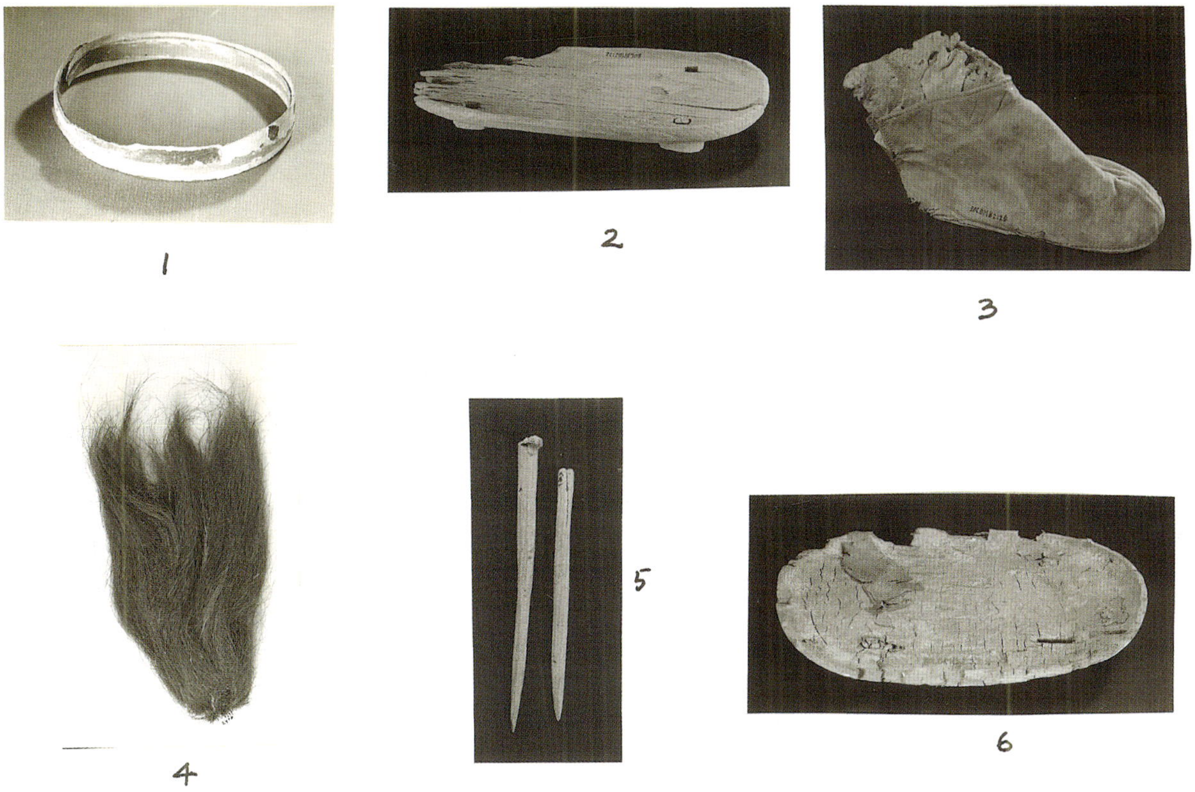

图版四四　孤台墓地 MB2 出土器物（二）

1. 彩漆木圈（MB2：19）；2. 椭圆木盘（MB2：22）；3. 皮鞋（MB2：24）；4. 毛帚（MB2：26）；5. 小木椎（MB2：20①②）；
6. 椭圆木盘（MB2：23）

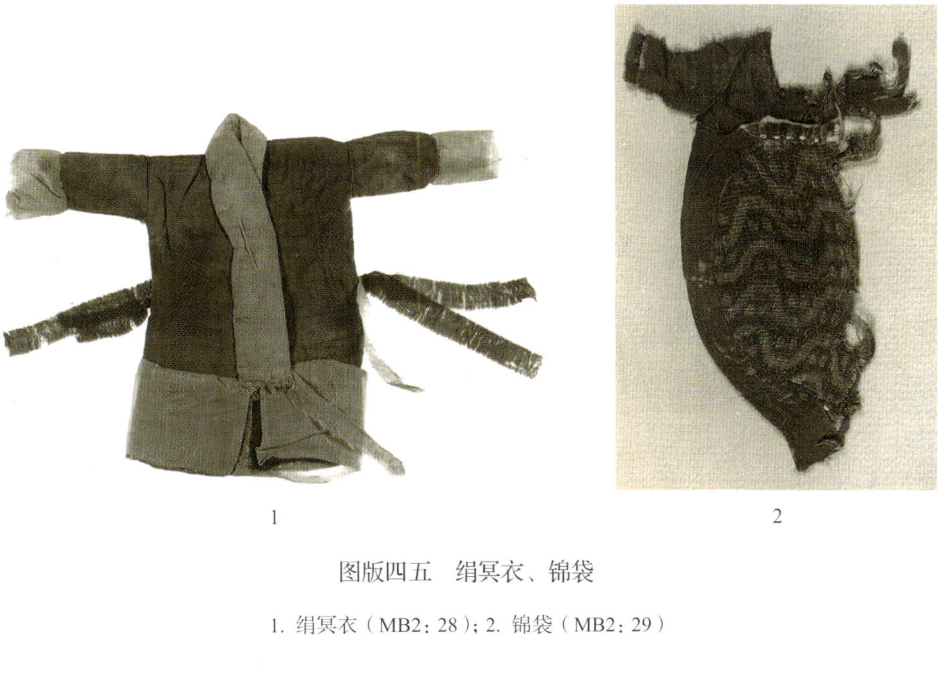

1　　2

图版四五　绢冥衣、锦袋

1. 绢冥衣（MB2：28）；2. 锦袋（MB2：29）

1

2

图版四六　延年益寿锦、延年益寿大宜子孙锦

1. 延年益寿锦（MB2：33）；2. 延年益寿大宜子孙锦（MB2：32）

1

2

图版四七　延年益寿大宜子孙锦与锦幅边上的佉卢文字

1. 延年益寿大宜子孙锦（MB2：32与MB2：37拼合）；2. 延年益寿大宜子孙锦幅边上的佉卢文字（MB2：37锦背面）

1

2

图版四八　延年益寿长葆子孙锦、永昌锦

1. 延年益寿长葆子孙锦（MB2：34）；2. 永昌锦（MB2：38）

1

2

图版四九　望四海贵富寿为国庆锦、长乐明光锦

1. 望四海贵富寿为国庆锦（MB2：42）；2. 长乐明光锦（MB2：44）

1

2

图版五〇　长寿明光锦、泽字麒麟纹锦

1. 长寿明光锦（MB2：45）；2. 泽字麒麟纹锦（MB2：46）

1

2

图版五一　登高贵富锦、大宜子孙锦

1. 登高贵富锦（MB2：47）；2. 大宜子孙锦（MB2：48）

1

2

图版五二　广山锦、穿带变体璧纹锦

1. 广山锦（MB2：49）；2. 穿带变体璧纹锦（MB2：51）

1

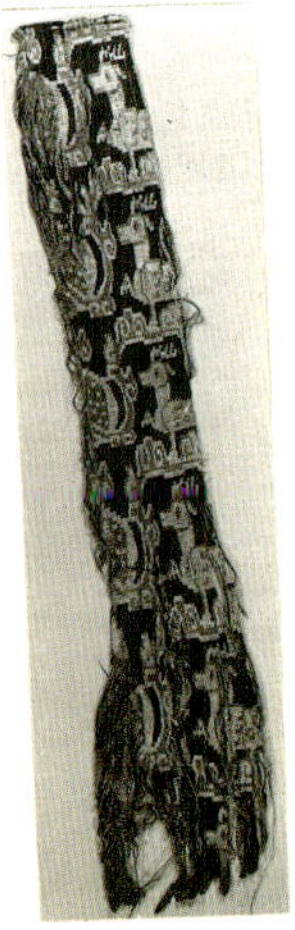

2

图版五三　续世锦、鹿纹锦

1. 续世锦（MB2：55）；2. 鹿纹锦（MB2：52）

1

2

图版五四　宜子孙锦、三叶花纹锦

1. 宜子孙锦（MB2：54）；2. 三叶花纹锦（MB2：59）

1

2

图版五五　虎鹿鸟纹锦、绛地回纹茱萸锦

1. 虎鹿鸟纹锦（MB2：63）；2. 绛地回纹茱萸锦（MB2：66）

1

2

图版五六　龙虎瑞兽锦、鱼纹锦

1. 龙虎瑞兽锦（MB2：64）；2. 鱼纹锦（MB2：68）

1

2

图版五七　对羊纹锦、方格曲纹锦

1. 对羊纹锦（MB2：73）；2. 方格曲纹锦（MB2：74）

1

2

图版五八　大红菱纹绮、瑞禽兽纹锦

1. 大红菱纹绮（MB2：77①）；2. 瑞禽兽纹锦（MB2：75）

1

2

图版五九　土黄菱纹绮、刺绣

1. 土黄菱纹绮（MB2：76）；2. 刺绣（MB2：78）

1

2

图版六〇　晕间拉绒纬毛、彩色毛毯

1. 晕间拉绒纬毛（MB2：89）；2. 彩色毛毯（MB2：90）

1

2

图版六一　彩色缂毛、条纹毛毯

1. 彩色缂毛（MB2：91）；2. 条纹毛毯（MB2：92）

1

2

图版六二　双面栽绒彩色地毯、紫红毛绒布

1. 双面栽绒彩色地毯（MB2：93）；2. 紫红毛绒布（MB2：95）

1

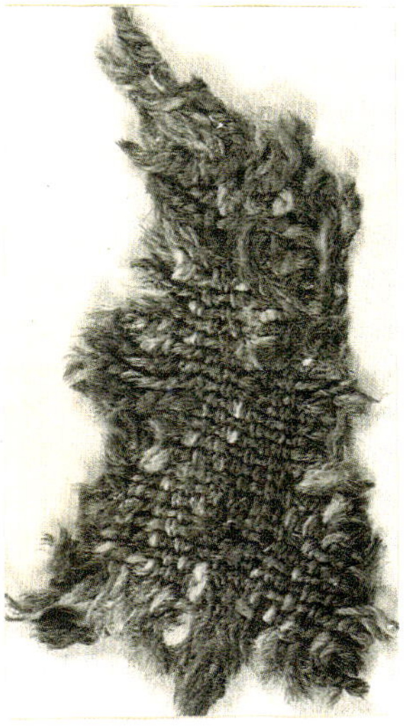

2

图版六三　彩色罽、白棕色粗毛布

1. 彩色罽（MB2：98）；2. 白棕色粗毛布（MB2：99）

1

2

图版六四　彩色毛布、毛毯

1. 彩色毛布（MB2：101）；2. 毛毯（MB2：104）

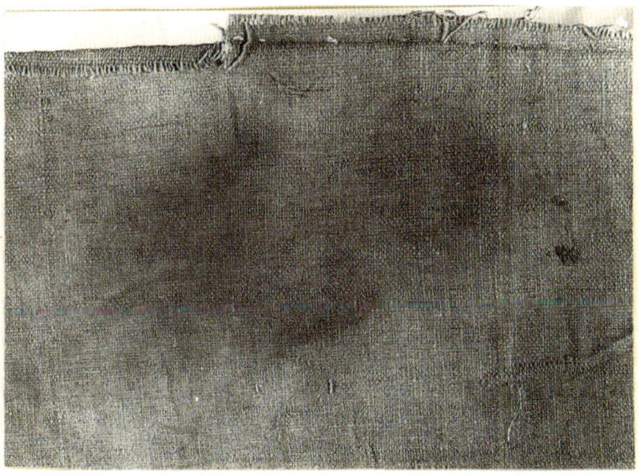

1

2

图版六五　素色棉布、毡帽

1. 素色棉布（MB2：113）；2. 毡帽（XBM）

一部迟到的考古报告（代后记）

侯灿先生主笔的楼兰考古报告《楼兰考古调查与发掘报告》，终于迎来了出版的时刻。

1980年，新中国唯一的一次楼兰考古工作，是由侯灿先生担任领队的。1987年，经过几年的埋头整理研究，《楼兰考古调查与发掘报告》完成，并寄给北京著名的专业出版社。三十多年过去了，楼兰依旧传说纷纭，有关列强对楼兰的掠夺，依然能够激起民众的爱国义愤，但是最能证明中国在楼兰考古最新成绩的这部考古报告，却一直昏睡在侯灿先生的书箱中。时间在悲哀中一秒一分地过去，转眼就是几十年。

1987年，侯灿先生的工作单位从新疆考古所转到新疆师范大学。作为历史系的同事，侯灿先生引领我走上吐鲁番的研究道路。因为有随时请教的良机，我对侯灿先生的故事也自然多所了解。

1987年11月9日，文物出版社给新疆考古研究所的信件是这样说的："侯灿同志编著的《楼兰考古调查与发掘报告》早收到。报告纠正了前人的一些失误，并提供了一些有价值的新资料和论证，有助于更清楚地认识楼兰的历史。我们已列入明年的发稿计划。谢谢作者和贵所的鼎力支持。"署名之处使用的"文物出版社第一图书编辑部"的公章。得知报告已经列入明年计划，侯灿先生的愉快心情是可想而知的。

我不止一次亲耳聆听侯灿先生申明楼兰考古的重要性。新疆考古对于中国十分重要，而楼兰是国际瞩目的焦点。斯文·赫定、斯坦因一言九鼎的时代过去了，楼兰考古研究，该听听中国的声音了。这是侯灿先生无数次强调的主旨。作为新疆的第一部考古报告的撰写者，侯灿先生满怀自信。我为侯灿先生高兴，也为中国高兴。

侯灿先生的好心情只维持了几个月。转年3月28日，文物出版社的同一部门给侯灿先生再次发来信件，内容是："据了解，文物月刊将在今年七期发表楼兰调查发掘的一组简报，简报包括了现有这本《楼兰考古调查与发掘报告》的主要内容。我社目前纸张紧缺，出版方面有很多困难，鉴于上述情况，原拟出版的楼兰报告专刊实无法承担。因此只有将报告原稿璧还（另函），请查收并恳祈多多见谅。今后楼兰如发现新的重要收获，我们还可重新研究出专刊。感谢您对我们工作的大力支持。"全信是打印文字，署名处依然使用公章。

退稿信明确无误。如果一开始就拒绝，情形会好些。先宣布列入明年计划，再宣布退稿，变化太剧烈，打击程度自然更高。要撰写这样的退稿信，也煞费苦心。《文物》月刊第七期，发刊日期是7月29日，三篇文章分别是《楼兰古城址调查与试掘简报》《楼兰城郊古墓群发掘简报》和《楼兰新发现木简纸文书考释》，因为排在刊物的第一组，十分醒目。考古工作先发表简报，再发表报告，这是考古行业的惯例。经常遭遇的抱怨是只有考古简报发表，考古报告却一拖几十年都没有动静。侯灿先生的工作如此迅速，简报和报告几乎同时完成，完全可以看作是考古学界的奇迹了。但是，却因此遭拒绝，未免过于残酷。出版社没有纸张印书，这确是一个合理的借口，但又说如果有新的重要收获，还可以考虑出专刊。

这个条件，不用说侯灿个人无法计划，后来的历史证明，楼兰考古几十年再也没有新动作。出版社出尔反尔的多重理由，逻辑并不统一，难道背后另有隐情？

中国依旧，考古依旧，所有的打击只由侯灿先生一人承受。从此，侯先生到处奔波，不断写信，争取楼兰考古报告的出版，争取申请课题获得出版资助。当然，最后的结果都一样，考古报告进入睡眠模式。1990 年 7 月 11 日的《新疆日报》第四版，有《难出书、出书难》的文章，还专门举出侯灿先生的《楼兰考古调查与发掘报告》为例进行说明。侯灿先生在不断失败的情况下，也渐渐心灰意冷。偶然谈及，侯灿先生这样说：小孟啊，你说这楼兰是我侯灿的吗？我立刻回答：不，楼兰不是您的，楼兰依然是斯坦因的。这样的问答，我不记得进行过多少次。这是自我安慰吗？这是无奈和不甘。

如果真是出版社穷得没有纸张也就算了，中国人谁不懂得穷的滋味？其实，出版社早有人进行了剧透：两位同辈学者给出版社写了信，反对出版楼兰考古报告。至于反对的理由，无从了解，无非是否定这部考古报告的价值。侯灿先生对于同行的这个背后动作，自然很有意见。事实上，关于楼兰考古，侯灿先生一直在挣扎努力。付出的心血太多，忘记并不容易。1985 年春季，侯先生特别参加了兰州大学举办的汉简学习班，为的就是整理楼兰出土简牍，跟他同住一间宿舍的同学，就是我是南开的学长邵鸿。侯灿先生是班里最年长的一位，也是最用功的一位。两人无话不谈，成了终生的学术挚友。多年以后，邵鸿提及侯灿先生的楼兰梦，仍然不免感动。

侯先生的楼兰梦，正在远去。1994 年我到北京读书，跟侯灿先生的联系主要以书信为主。知道侯先生放不下楼兰，我曾建议，可否像《斯坦因西域考古记》那样，用比较通俗的形式公布考古资料，总比没有声响好。侯先生觉得可行，这是现在我们能看到的《楼兰的发现》书稿计划的因缘。在北京读书期间，跟朱玉麒联系很多，酒后最多的怨言，就是替侯灿先生抱不平。玉麒兄博士后出站之后，继续回新疆师大工作，不仅主编《西域文史》学术杂志，还主持了该校的西域文史学科建设。他知道侯灿先生有楼兰考古的第一手资料，于是积极联系侯先生，双方敲定“楼兰研究与探查”项目，新疆师大出经费，侯灿先生着手研究。当时，侯先生 1997 年已经退休，先定居成都，再移居上海，与玉麒兄定的计划是 2004 年底，转年即投入工作。侯灿先生 1936 年出生，至此，已经年近七十，而两年前刚刚完成心脏搭桥手术，但他并不满足于含饴弄孙的退休生活，遥远的楼兰，依然是心魂的牵挂。

现在看来，楼兰注定要成为侯灿先生永久的遗憾。他有力量的时候，社会环境不能给予机会。如今，新疆师大将机会送上门，侯灿先生却无力把握了。年老体衰，病魔缠身。我得到的消息有限，但总是侯先生的病情又有加重这类不祥的信息。虽然如此，侯灿先生依然在进行最后的努力。2012 年，当侯灿先生把论文书稿《西域历史与考古研究》寄给我的时候，我当时并不知道，在论文集和楼兰考古研究之间，事实上侯先生已经进行了选择，楼兰研究实在无力完成了。

2016 年 6 月 20 日，侯灿先生永远地离开了，他再也不用为楼兰心碎了。

我深深知道，楼兰考古报告是侯灿先生最大的牵挂，如果有机会出版，至少能够安慰一点侯先生的在天之灵。我认真地询问新疆考古研究所的于志勇所长，侯灿先生已然不在，能否安排出版他的生前作品，于所长斩钉截铁地说，毫无问题，全部由考古所出资。我把电话打到上海，得到的消息几乎就是噩耗。或许正处在伤痛时期，吴美琳老师很肯定地说，没有这样一部书稿。我不仅惊愕，而且产生一个可怕的想象：会不会是侯灿先生过于伤心，一气之下毁掉了书稿？我呆坐在椅上，几乎忘记挂断电话。我也伤心，为侯先生，为楼兰，也为中国。所有阻碍楼兰报告出版的人和事，都被我狠狠地骂了一遍。

消失的历史无穷无尽，1980 年的中国考古，或许并不是最重要的。我这样安慰自己，但也心有不甘。2019 年 6 月 18 日，在侯灿先生去世三周年的前夕，我认真地写下《怀念侯灿先生》一文，先是发表在上海《文汇学人》，后来被编辑当作侯灿先生《西域历史与考古研究》的序言。当时的想法很清楚，一定要把侯灿先生《楼兰考古调查与发掘报告》的故事记录下来，公平是社会的正常伦理规则，学者的辛劳不该是这般下场。该书出版后，吴美琳老师惊醒了，她把全家各处进行了全面搜查，终于在一个密封完好的牛皮口袋里，找到了整整齐齐的文字和图片原稿。

吴老师的电话，让我兴奋了好几天，这才是世界该有的样子。

朱玉麒教授的兴奋比我更甚，立刻决定由新疆师大黄文弼中心丛刊出版。2019 年 12 月 17 日，一个风雨交加的日子，我和玉麒兄乘车前往上海，郑重接受了侯灿先生的遗稿《楼兰考古调查与发掘报告》。

现在我们看到的《楼兰考古调查与发掘报告》是手写稿，注明时间是 1987 年 3 月。文字是侯灿先生夫人吴美琳老师工整抄录的手笔，有侯灿先生的加改。应该是稿子从出版社退回后的修改，多是汉文，也有英文，加注斯坦因等篇目。无法想象，一边是出版无望，一边是不断的修改。面对这样的书稿，侯灿先生是怎样的心绪？目录之后是缘起，仔细记录了考古工作队的分工，最后写到“材料的汇集和报告编写是侯灿同志整理并执笔的”。费尽侯灿先生心血的这部报告，原来是一个集体工作成果。在报告撰写的时候，已经有考古队队员去世，侯先生不忘一一注明。如今，侯灿先生也是古人了。撰写报告的时候，他一定会想着要对得起逝去的同事，不能让他们在历史的记录中消失，谁知道最终连侯灿先生本人也无缘看到这部报告的出版。

《楼兰考古调查与发掘报告》，是一部迟到三十多年的考古报告，原计划应该 1988 年出版的。三十多年的中国，发生了巨大变化。楼兰古城，已经成为很多人自驾游的目的地，楼兰学术考察的节目，也经常见诸电视。但楼兰考古，1980 年之后，再也没有进行过。斯文·赫定、斯坦因之后，由中国学者主持的属于科学意义的楼兰考古，这依然是唯一的一次。侯灿先生主笔的这部报告，依然是最新的楼兰考古报告。

好在，迟到胜过不到。

原本，应该由著作人完成后记，但这部报告经历坎坷，最后只能由我这个旁观者书写文字代替后记。请读者了解原委，理解学术之不易。

《楼兰考古调查与发掘报告》的出版，最终由新疆师范大学黄文弼中心资助，并列入“黄文弼中心丛刊”，似乎也是一个轮回之后的命定，具有着双重的里程碑意义：一方面，《楼兰考古调查与发掘报告》由侯灿先生晚年执教的单位负责出版，无疑是新疆师范大学这个与改革开放同龄的年轻高校在西域文史学科引领学术、建立传统的里程碑。另一方面，更为重要的是，1930 年代两次深入罗布泊地区的黄文弼先生，是出现在这一荒漠中从事考古工作的第一位中国学者，他的《罗布淖尔考古记》也是关于这一地区为世界所瞩目的第一份考古报告，虽然他主要从事罗布泊北岸以土垠为主的汉代遗址考古，而没有进入楼兰；如今，《楼兰考古调查与发掘报告》的出版，正是中国学者沿着黄文弼的罗布泊之路而进入楼兰遗址核心区考古的又一个新的里程碑！

最后，要感谢凤凰出版社倪培翔社长毅然决定接受这部书稿，感谢责编张永堃先生为这部书稿的编辑付出的努力，感谢侯灿先生在新疆师大历史系培养的本科学生姚崇新、张莉两位教授，他们在读者看不到的校样中留下了仔仔细细的校改印记。

孟宪实

2021 年 10 月 29 日于北京老营房路

楼兰未了情——侯灿先生未完成的楼兰研究写作计划（附文）

2016年6月20日，侯灿先生病逝于上海，享年80岁。1936年，侯灿先生出生于四川合川县一位农民家中，1956年从中国人民解放军军队中进入四川大学历史系考古专门化专业学习，四年后毕业，来到中国人民解放军新疆农一师师部政治宣传科工作。1973年，调至新疆维吾尔自治区博物馆考古队，1978年随着考古机构的调整，调入新疆维吾尔自治区社会科学院考古研究所。1979年和1980年，先后两次进入罗布泊地区，作为楼兰考古队西队队长负责了楼兰古城遗址及其周边古墓群的考古调查和重点发掘。从此以后，侯灿先生与楼兰结下不解的情缘，一生孜孜以求，晚年更是投入了大量的时间和精力来整理楼兰的考古发现和相关研究，1999年11月出版了他费尽心血主编的《楼兰汉文简纸文书集成》[①]。该书40余万字，倾尽全力系统地整理了一个世纪以来楼兰出土的汉文简纸文书，将先后经过六个国家学者之手的楼兰考古发掘资料、文字考释研究资料等搜罗齐全，依照文书出土地点，按组点和文书出土时间先后编入书中，清晰地呈现了各组点出土文书的内涵和外延，方便了学术界对于这些简纸文书的研究和利用[②]。该书一经出版，便受到学术界的好评，荣获四川省第九次社会科学优秀成果二等奖。

《楼兰汉文简纸文书集成》是一本严格按照考古学要求整理的楼兰研究资料。其实，在1999年前后，侯灿先生一直在考虑撰写有关楼兰的研究专著，却因各种原因终未完成，成为他去世前最为遗憾之事。最近，在整理侯灿先生遗留学术资料的时候，我发现他把《〈楼兰的发现〉编写提纲》与《楼兰研究与探查》写作出版计划放在一个文件袋内，两份楼兰研究写作计划有其内在的关联性，既能体现侯灿先生有关楼兰研究的学术脉络，又能体现侯灿先生的治学精神。兹根据侯先生的学术研究历程和我的亲身经历，尝试梳理这两份编写提纲的来龙去脉。

一、《〈楼兰的发现〉编写提纲》

这份《〈楼兰的发现〉编写提纲》写在题头是“新疆师范大学稿纸”的发黄稿纸上，有四页，设计了六章，预计“文稿25万字，照相图幅280，线图145”。开头第一页右上角用铅笔写到“第一次考虑，1996.10.1”，在第四页的最后，用钢笔记作“1996.10.2”。目前，仅留着一份编写提纲，再未见相关资料。根据其所收藏的位置，结合侯灿先生的学术经历可以判断，这是一份被主动放弃的写作计划。

1900年瑞典人斯文·赫定发现楼兰以来，国内外学者围绕楼兰的历史、文化、人种和地理环境等诸多问题展开了热烈的讨论，相关论著连篇累牍，存在诸多争议。1979年和1980年侯灿先生两次前往楼

① 侯灿、杨代欣编著：《楼兰汉文简纸文书集成》（1-3册），成都：天地出版社，1999年。

② 学者肖小勇指出该书“使楼兰出土汉文文书更加系统化，从而使读者更易于查找和使用”。见肖小勇：《楼兰鄯善考古研究综述》，《西域研究》2006年第4期，第87页。

兰进行考古调查和发掘之后，一直在想方设法地搜集国内外相关研究论著，本着“穷尽资料，艰苦探索”的学术精神，潜心研究与探讨诸多楼兰谜题，除了发表相关研究论文之外，侯灿先生还制定过诸多与楼兰有关的研究计划，这份《〈楼兰的发现〉编写提纲》应该是因《楼兰汉文简纸文书集成》一书的编写而被搁置下来的写作计划。

1981 年至 1986 年，结合自己的两次楼兰考古经历和 1900 年以来斯文·赫定、斯坦因、黄文弼等人的考察与研究，侯灿先生相继发表了《楼兰遗迹考察简报》《楼兰考古》《论楼兰城的发展及其衰废》《楼兰出土糜子、大麦及珍贵的小麦花》《楼兰考古取得重要收获》《荒漠中的古城——楼兰考古纪实》和《楼兰古城考古调查》等专题研究论文和有关考古过程的简介①。随后，侯灿先生又主笔撰写了《楼兰古城址调查与试掘简报》和《楼兰城郊古墓群发掘简报》，作为楼兰考古队的正式发掘简报刊发在《文物》1988 年第 7 期上。同一期上还发表了侯先生的专题研究论文《楼兰新发现木简纸文书考释》。

1987 年以来，侯灿先生与日本学者西谷正教授、长泽和俊教授、伊藤敏雄教授等人来往密切，他们交流学术观点，相互协助查找研究资料。在这几位教授的帮助下，侯灿先生搜集了大量有关楼兰研究的英文和日本资料。 随即，侯灿先生请中科院地理所的王守春先生、新疆社会科学院的夏雷明先生、新疆师范大学外语系的崔延虎先生等人帮助翻译了这些英文资料中的部分章节。1996 年初至 1998 年 7 月，我一直跟随在侯灿先生身边，协助他翻译和整理斯文·赫定、斯坦因、贝格曼等人论著里的重要章节、图片题名及相关注释。而侯灿先生则致力于整理 20 世纪以来楼兰的考古发现和相关研究，详细比对和分析，他当时关注和探究的问题已经远远超出了这份《〈楼兰的发现〉编写提纲》的内容。

1995 年 9 月，侯灿先生在湖北襄樊参加“魏晋南北朝史第五届年会”时结识了成都武侯祠博物馆研究书法的杨代欣先生。杨代欣先生对楼兰简纸文书上的书法很感兴趣，1996 年夏他们形成合作整理出版的意向，随后侯灿先生将时间和精力都投入《楼兰汉文简纸文书集成》的整理和编纂之中。而原计划中的《楼兰的发现》一书的撰写因此被耽搁下来，但是从其所设计的章节内容来看，侯灿先生是计划系统整理和总结他在 1996 年之前有关楼兰研究的思考。

侯灿先生设计的《楼兰的发现》一书共计六章（见图 1）。第一章为序章，交代编写的动因和世界地理大发现热潮中的罗布泊地区。第二章梳理楼兰探察史，概述 1900 年以来的历次楼兰考察与考古发现，计划撰写 6 万字，配照片 105 张，线图 36 张。在这份编写提纲中，细致计划到每一小节的字数和配图张数上，可见，侯灿先生对于此书的撰写是胸有成竹的。第三章主要计划整理汉文史籍中有关楼兰的记载。其中“唐朝人心目中的楼兰”一节颇有趣味，可以看出侯灿先生对于史料记载角度的关注。第四章内容最为丰富，主要讨论楼兰王国与楼兰城，计划从遗留器物、简纸文书记载、遗址、古墓葬等多个角度和层面进行研究。这一章计划撰写 12.5 万字，配照片 165 张，线图 100 张，亦是将字数和配图数详细分配到各个小节。从目前整理的侯灿先生论著目录来看，这一章的主要内容应该是在侯灿先生 1981 年至 1988 年所发表研究论文的基础上汇集和整理而成。第五章为楼兰研究争论问题的辨析，涉及的主要问题是楼兰和鄯善历史的关系、楼兰王都与楼兰城的分歧、楼兰与海头的论争、楼兰环境变迁的关键、早期丝绸之路变迁与楼兰城衰废问题、楼兰幻灭的原因探讨。通过对比可以发现，这一章所包含的诸多问题早已

① 《楼兰遗迹考察简报》，《历史地理》创刊号，上海：上海人民出版社，1981 年，第 195—202 页；《楼兰考古》，《历史教学问题》1983 年第 2 期，第 56—58 页；《论楼兰城的发展及其衰废》，《中国社会科学》1984 年第 2 期，第 155—171 页；《楼兰出土糜子、大麦及珍贵的小麦花》，《农业考古》1985 年第 2 期，第 225—227 页；《楼兰考古取得重要收获》，《文物天地》1986 年第 1 期，第 46—48 页；《荒漠中的古城——楼兰考古纪实》，《文物天地》1986 年第 5 期，第 11—16 页；《楼兰古城考古调查》，新疆维吾尔自治区地方志编纂委员会编：《新疆年鉴·1986》，乌鲁木齐：新疆人民出版社，1986 年，第 448 页。

在《论楼兰城的发展及其衰废》中有所涉及。第六章为结束语。因此可以说，《楼兰的发现》一书的撰写计划，应该体现的是侯灿先生在1989年至1996年间对楼兰研究和认识的深入和扩展。

总而言之，从这一份《〈楼兰的发现〉编写提纲》中可以看出侯灿先生的治学特点。基于考古学实践和思维的历史研究，是侯灿先生治学的一大特点。这一点最突出体现在第四章各小节细目的设计上，其内容主要是以考古发现地点来梳理和展开讨论。侯灿先生治学的另一大特点是兼及东西学术。楼兰研究，从一开始就是国际学术界的显学，要想研究透彻，提出新观点，必须系统整理东西方学者的研究，参与重要问题的讨论。在这份编写提纲中，从第一章和第二章的考察史和学术史梳理，到第四章遗址遗物的整理，再到第五章专门针对学术界有争议问题的讨论，都体现了侯灿先生兼及东西的治学特点。

这份编写提纲，书写工整，设计内容周详，写作计划细致，处处体现出侯灿先生严谨、细致、勤奋、求真的治学精神。同时也是基于这样的治学精神，在1996年之后，随着楼兰资料整理工作的推进，这份写作计划被侯灿先生放弃了。

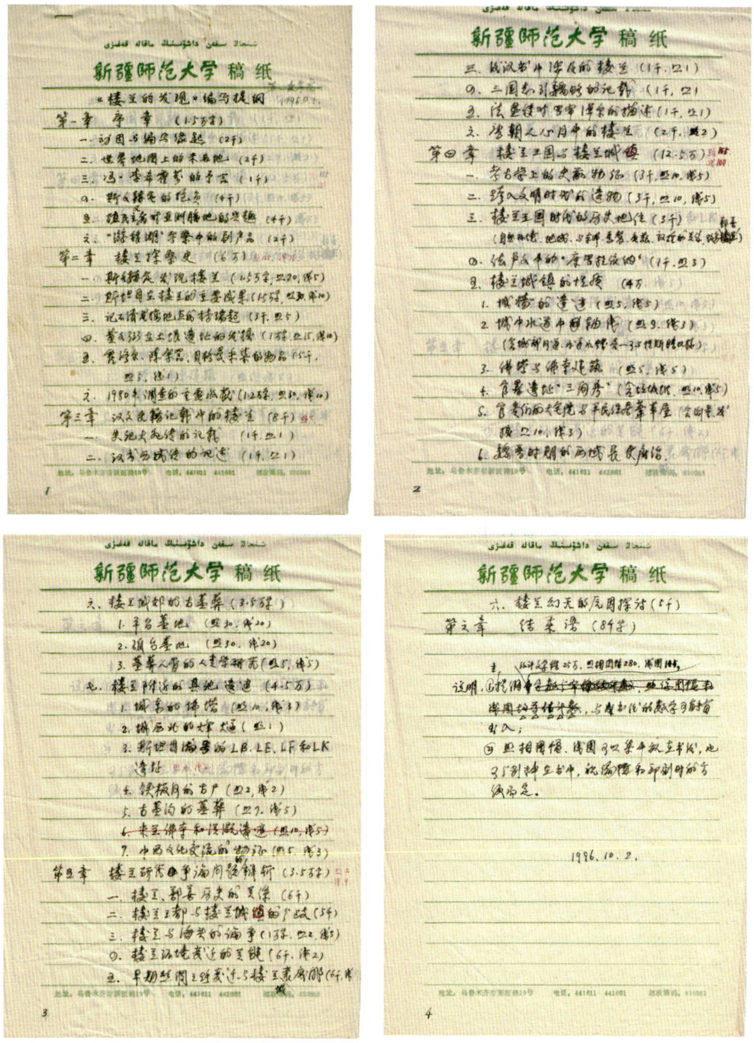

图1 《楼兰的发现》编写提纲

二、《楼兰研究与探查》写作出版计划

在同一文件袋里，侯灿先生将几份与《楼兰研究与探查》写作出版计划有关的书信、写作提纲、申请出版计划、经费申请表、学者的推荐信及部分初稿等都放在了一起。《楼兰研究与探查》一书是侯灿先生去世前最为惦记的一份研究写作计划。2005 年前后，他曾数次跟我感叹他的体力不支，身边又没有助手，担心这份写作计划不能完成。后来，果然由于侯灿先生身体健康状况越来越不好，直至 2016 年，侯灿先生去世时，这个写作研究计划都处于刚刚启动的状态。

《楼兰研究与探查》一书的写作立意、相关经费的争取、撰写过程中资料的补充与查阅，都得到了朱玉麒教授的鼎力相助。2004 年底，时任新疆师范大学西域文史学科负责人的朱玉麒教授与侯灿先生联络，商讨《楼兰研究与探查》一书的写作与出版事宜。2004 年 12 月 16 日，侯灿先生将《〈楼兰研究与探查〉写作出版计划书》及三个附件（《〈楼兰研究与探查〉写作提纲》《侯灿简介》《侯灿公刊论文简目》）寄给朱玉麒教授。2005 年 1 月 14 日，即从新疆师范大学学科建设经费里获得了启动经费的资助。

在《〈楼兰研究与探查〉写作出版计划书》中，侯灿先生首先阐释了楼兰发现与楼兰考古研究的重要学术意义和现实意义，进而提出希望在自己所带队进行的楼兰考古的基础上，整理相关资料，将自己二十余年来不断深入研究之所得撰写成书。侯灿先生写道，近年来“通过日本友人，笔者又积累了东西方国家有关楼兰探查与研究的不少资料，这为本书写作与出版奠定了比较丰厚的基础”，因此计划撰写并出版“一部有学术生命力的《楼兰研究与探查》”。对于这本书的出版，侯灿先生要求甚高，不但要求体现较高的学术水平，还要求呈现较高的图版印刷质量。侯灿先生写道：“本书是对楼兰遗址发现至今，一个多世纪探查与研究全面性、阶段性的总结论著，因此要求资料必须真实可靠（翻译稿必须译自原著），编纂体例必须符合科学，总结论述必须高水平，具有学术前沿性。”与此同时，“争取由出版水平高的品牌出版社出版，由于本书涉及东西方语种较多，文字符号复杂，考古线图、示意图、器物图和彩色、黑白照片图版较多，因此排版、印刷技术要求精良，拟出版 16 开精装本，分上下册，纸张要好，图版、线图要清楚，设计格调要高雅，定价要经济实惠”。在这个出版计划书中，侯灿先生考虑周详，字里行间都体现着他对于梳理和探究楼兰问题的殷切之情。撰写和出版《楼兰研究与探查》一书，是侯灿先生二十余年来楼兰研究的情之所系，是他的夙愿。

侯灿先生拟定的《〈楼兰研究与探查〉写作提纲》十分详尽，后来在 2005 年 3 月 7 月写给朱玉麒教授的信中，他提到又对写作提纲进行了重新修订，增删了不少内容，细化到了三级标题的名称（见图 2）。《〈楼兰研究与探查〉写作出版计划书》中指出，全书分为上、中、下三篇，上篇为“楼兰研究”，着重论述其他学者和侯灿先生对楼兰研究的主要成果，阐释一些所谓的楼兰之谜，预计 15 万字；中篇主要文字为侯灿先生 1980 年完成的楼兰考古发掘报告，同时兼及有关文字论述，约 13 万字；下篇主要以外国探查家为线索，综合介绍和总结相关考察与研究，约 20—25 万字；另外，预计在书中配上各种线图、照相图版，约计 1500 幅以上；计划一年至一年半完成。

从侯灿先生的《〈楼兰研究与探查〉写作出版计划书》和《〈楼兰研究与探查〉写作提纲》的内容来看，这部书是侯灿先生有关楼兰研究的集大成之作，他计划尽其一生的积累与所学，努力做出可为后世称道的学术精品。

2005年2月4日，北京大学的荣新江教授为本书的出版撰写了推荐信，信中提到：“侯灿先生在楼兰研究上已经取得了非常突出的成绩，他的《楼兰研究与探查》一书包括有他所主持的考古调查的正式报告，这项工作由侯灿先生来完成，是再好不过的了。本书在发表考古调查成果的同时，也把此前外国考古学者和探险者的楼兰考察，介绍给读者，并且把作者本人对楼兰史上一些重要的问题，特别是有争议的问题的研究成果，一起发表出来，使读者一册在手，不仅有考古材料，而且有研究成果，这是新时代考古研究的最佳成果形式。根据我对侯灿先生本人及其学术成就的了解，我愿意对本书的出版给予大力推荐，希望能够早日刊行。”

2005年3月3日武汉大学陈国灿教授为本书的出版撰写了推荐信，信中提到这本书“总结前人以及自己在这方面的考察、发现及研究的成果，这是一个很有学术价值的出版计划”，并且指出“侯灿教授的前期成果已经十分丰富，基础雄厚，是最有条件完成《楼兰研究与探查》这本书的”，最后指出：“这样一部著作的问世，无疑是世纪总结之作，将会在国际学术界产生一定的影响。”

荣新江教授和陈国灿教授对侯灿先生研究基础和能力的认可，以及他们对《楼兰研究与探查》出版的期待，体现了学术界对于本书撰写价值的认可。

2005年3月7日，在写给朱玉麒教授的信中，侯灿先生提到“初稿的第一部分‘楼兰研究中的几个症结问题的观点和认识’，第二部分中‘（二）楼兰人远古活动的聚点’‘（三）楼兰遗址的分区’以及‘（七）魏晋时期的西域长史府治’均已改写出来”。此外，侯灿先生还提出，他手头所有的斯坦因《西域》和《亚洲腹地》中有关楼兰出土的器物照片，是1980年和1981年的印度德里的再印版，他期望在本书出版时，能够尽量使用斯坦因等人原著里的照片，因此拜托朱玉麒教授访问英国期间，帮助他翻拍1921年牛津版的《西域》和1928年版的《亚洲腹地》中的图版。在随信所附“英国图书馆查寻线索及提示”一文中，侯灿先生详细叙述了英国博物馆、英国图书馆霍恩雷收集品和斯坦因收集品的内容和特点，英国博物馆人种学部和英国印度事务图书馆的收藏。这份信件的内容，足以体现侯灿先生对于楼兰研究的投入与深厚的积累。与此同时，亦可以看出侯灿先生精益求精的学术精神。

以上侯灿先生信中提及的《楼兰研究与探查》部分初稿，在先生遗留的资料中，只见到“楼兰研究中的几个症结问题的观点和认识”“楼兰人远古活动的聚点”“楼兰遗址的分区”三部分已经完成的文字，合计4.4万余字；未见“魏晋时期的西域长史府治”这一部分的文字。在“楼兰研究中的几个症结问题的观点和认识”这部分中，主要讨论了罗布泊的位置、楼兰城址问题、楼兰国都问题、楼兰的交通路线问题、楼兰绿洲衰废的原因。而“楼兰人远古活动的聚点”“楼兰遗址的分区”则主要根据考古和考察发现，梳理了孔雀河三角洲上各个时期遗址的分布、遗物遗址的基本特征内容。其文字的风格依然是严谨而精炼的。

按照这个进度，如果身边有助手的话，侯灿先生有可能在两到三年的时间里完成本书的撰写。然而侯灿先生早在1997年就退休了。1999年底出版了《楼兰汉文简纸文书集成》一书后，又整理出版了《吐鲁番出土砖志集注》一书①，期间由于劳累过度，于2002年6月突发心肌梗塞，进行了心脏搭桥手术。此后，一直处于恢复和休养的状态。因此，2004年底提出的这个《楼兰研究与探查》出版计划，是侯灿先生在身体欠佳的情况下，依然孜孜以求，力图集一生所得，呈现百年来楼兰考察与研究全貌的不懈追求。侯灿先生最终因为身体原因，不得不停止写作。此为侯灿先生未了之夙愿，亦为学术界一大憾事。

① 侯灿、吴美琳：《吐鲁番出土砖志集注》，成都：巴蜀书社，2003年。

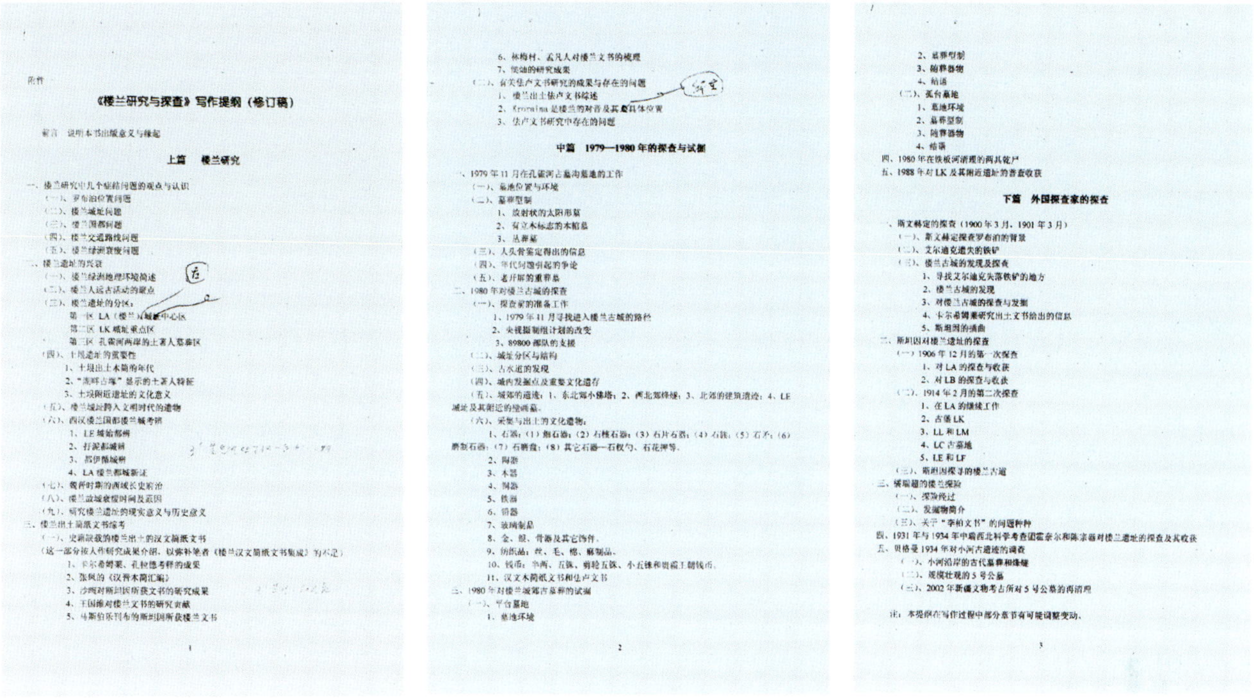

附件

《楼兰研究与探查》写作提纲（修订稿）

前言　说明本书出版意义与缘起

上篇　楼兰研究

一、楼兰研究中几个症结问题的观点与认识
（一）、罗布泊位置问题
（二）、楼兰城址问题
（三）、楼兰国都问题
（四）、楼兰交通路线问题
（五）、楼兰绿洲衰废问题
二、楼兰遗址的兴衰
（一）、楼兰绿洲地理环境简述
（二）、楼兰人远古活动的据点
（三）、楼兰遗址的分区：
第一区 LA（楼兰）城址中心区
第二区 LK 城址重点区
第三区 孔雀河两岸的土著人墓葬区
（四）、土垠遗址的重要性
1、土垠出土木简的年代
2、"孤畔古冢"显示的土著人特征
3、土垠附近遗址的文化意义
（五）、楼兰城址跨入文明时代的遗物
（六）、西汉楼兰国都楼兰城考辨
1、LE 城址都辨
2、扞泥都城辨
3、都伊循城辨
4、LA 楼兰都城新证
（七）、魏晋时期的西域长史治
（八）、楼兰故城衰废时间及原因
（九）、研究楼兰遗址的现实意义与历史意义
三、楼兰出土简纸文书综考
（一）、史籍缺载的楼兰出土的汉文简纸文书
（这一部分按人作研究成果介绍，以弥补笔者《楼兰汉文简纸文书集成》的不足）
1、卡尔希姆莱、孔拉德考释的成果
2、张凤的《汉晋木简汇编》
3、沙畹对斯坦因所获文书的研究成果
4、王国维对楼兰文书的研究贡献
5、马斯伯乐刊布的斯坦因所获楼兰文书

1

6、林梅村、孟凡人对楼兰文书的梳理
7、侯灿的研究成果
（二）、有关佉卢文书研究的成果与存在的问题
1、楼兰出土佉卢文书综述
2、Kroraina 是楼兰的对音及其具体位置
3、佉卢文书研究中存在的问题

中篇　1979—1980 年的探查与试掘

一、1979 年 11 月在孔雀河古墓沟墓地的工作
（一）、墓地位置与环境
（二）、墓葬型制
1、放射状的太阳形墓
2、有立木标志的木棺墓
3、丛葬墓
（三）、人头骨鉴定得出的信息
（四）、年代问题引起的争论
（五）、老开屏的重葬墓
二、1980 年对楼兰古城的探查
（一）、探查前的准备工作
1、1979 年 11 月寻找进入楼兰古城的路径
2、央视摄制组计划的改变
3、89800 部队的支援
（二）、城址分区与结构
（三）、古水道的发现
（四）、城内发掘点及重要文化遗存
（五）、城郊的遗迹：1、东北郊小佛塔；2、西北郊烽燧；3、北郊的建筑遗迹；4、LE 城址及其附近的壁画墓。
（六）、采集与出土的文化遗物：
1、石器：（1）细石器；（2）石核石器；（3）石片石器；（4）石镞；（5）石斧；（6）磨制石器；（7）石磨盘；（8）其它石器—石权勺、石花押等。
2、陶器
3、木器
4、铜器
5、铁器
6、铅器
7、玻璃制品
8、金、银、骨器及其它饰件。
9、纺织品：丝、毛、棉、麻制品。
10、钱币：半两、五铢、剪轮五铢、小五铢和贵霜王朝钱币。
11、汉文木简纸文书和佉卢文书
三、1980 年对楼兰城郊古墓葬的试掘
（一）、平台墓地
1、墓地环境

2

2、墓葬型制
3、随葬器物
4、结语
（二）、孤台墓地
1、墓地环境
2、墓葬型制
3、随葬器物
4、结语
四、1980 年在铁板河清理的两具乾尸
五、1988 年对 LK 及其附近遗址的普查收获

下篇　外国探查家的探查

一、斯文赫定的探查（1900 年 3 月，1901 年 3 月）
（一）、斯文赫定探查罗布泊的背景
（二）、艾尔迪克遗失的铁铲
（三）、楼兰古城的发现及探查
1、寻找艾尔迪克失落铁铲的地方
2、楼兰古城的发现
3、对楼兰古城的探查与发掘
4、卡尔希姆莱研究出土文书给出的信息
5、斯坦因的插曲
二、斯坦因对楼兰遗址的探查
（一）1906 年 12 月的第一次探查
1、对 LA 的探查与收获
2、对 LB 的探查与收获
（二）、1914 年 2 月的第二次探查
1、在 LA 的继续工作
2、古堡 LK
3、LL 和 LM
4、LC 古墓地
5、LE 和 LF
（三）、斯坦因探寻的楼兰古道
三、橘瑞超的楼兰探险
（一）、探险经过
（二）、发掘物简介
（三）、关于"李柏文书"的问题种种
四、1931 年与 1934 年中瑞西北科学考查团霍奈尔和陈宗器对楼兰遗址的探查及其收获
五、贝格曼 1934 年对小河古遗迹的调查
（一）、小河沿岸的古代墓葬和烽燧
（二）、规模壮观的 5 号公墓
（三）、2002 年新疆文物考古所对 5 号公墓的再清理

注：本提纲在写作过程中部分章节有可能调整变动。

3

图 2 《楼兰研究与探查》写作提纲

三、两部写作出版计划的比较

与《〈楼兰的发现〉编写提纲》的内容相比，这份《〈楼兰研究与探查〉写作提纲》更加详尽和全面，其内容包括了前者，又在论题和研究内容等方面有所超越，体现了 1996 年到 2004 年期间侯灿先生对于楼兰研究的深入和扩展。

《楼兰研究与探查》的上编“楼兰研究”是《楼兰的发现》中第四章“楼兰王国与楼兰城镇”和第五章“楼兰研究争论问题的辨析”的扩展和深化。《楼兰研究与探查》的上编“楼兰研究”更加突出了依据遗址点来理解其内涵及其出土遗物的外延性，并且增加了对于楼兰出土的汉文文书和佉卢文文书的讨论。《楼兰研究与探查》的中编“1979—1980 年的探查与试掘”则是完整的考古发掘报告。这份考古发掘报告，由于诸多原因而被耽搁未能出版，侯灿先生计划在这本书中刊发出来。从前引陈国灿教授和荣新江教授的出版推荐信里，亦可以看出这是学术界特别期待的重要内容。《楼兰研究与探查》的下编“外国探查家的探查”则计划系统梳理斯文·赫定、斯坦因、橘瑞超、中瑞西北科学考查团、贝格曼等人的调查与发现，以便能够使研究者一册在手，可详细了解楼兰考察与研究的来龙去脉。从字数和内容上看，这部分内容都比《楼兰的发现》的第一章“序章”和第二章“楼兰探察史”更为详细和丰富。

1999 年出版的《楼兰汉文简纸文书集成》是《楼兰研究与探查》一书的重要研究基础。此外，在 1996 年至 2004 年之间，侯灿先生又发表了《艾尔迪克发现古楼兰城辨误》《楼兰三说正谬》《楼兰的发现及其正名》《庞贝何能比楼兰》《楼兰汉文简纸文书研究综述》《楼兰发现及其纠葛——楼兰发现百年祭》《楼兰出土张济逞文书与李柏文书再探》《魏晋西域长史治楼兰实证——楼兰问题驳难之一》《楼兰研究析

疑——楼兰问题驳难之二》《楼兰研究中的几个基本问题》等系列研究论文①。这些着重于讨论核心争议问题的论文，与 1996 年之前以楼兰考古为基础的学术论文形成鲜明的对比。此外，侯灿先生还指导我于 1998 年和 2001 年完成了两篇与楼兰有关的学位论文，随后发表了 3 篇专题研究论文②。因此，2004 年的《楼兰研究与探查》写作计划既体现了 1996 年以来侯灿先生所进行的楼兰资料整理和研究工作的新进展，又是侯灿先生对于楼兰研究的集大成之作。

《楼兰的发现》和《楼兰研究与探查》两部楼兰研究写作计划的先后提出及其内容的设计，体现了侯灿先生学术研究路径的特点：

其一，尽可能地占有研究资料。由于楼兰研究牵涉的国家和学者特别多，侯灿先生多方拜托国际国内学术友人查找、复印相关资料，又托请学术友人和学生进行翻译，孜孜以求，不遗余力，最后才占有了较为全面的研究资料，为楼兰研究奠定了扎实的基础。尽管《楼兰的发现》和《楼兰研究与探查》两本书都没有完成，但是已经出版的《楼兰汉文简纸文书集成》是侯灿先生研究过程中的产品，与此同时还发表了二十余篇专题研究论文，依然能够体现出侯灿先生将尽可能占有资料视为学术研究生命力之所在的宗旨。

其二，坚持以考古学思路和标准整理楼兰考察与研究资料。楼兰研究是以地理考察和考古调查、发掘为基础展开的，每批发掘人都有自己的考古编号，每个考释人又有自己的文书编号，而资料的汇集人又会形成一套编号，有时引用人还会再编号，这样楼兰出土遗物，特别是文书的编号纷繁杂乱，给后来的研究者带来了诸多不便，甚至因此出现不该有的错误。侯灿先生在整理《楼兰汉文简纸文书集成》和设计《楼兰的发现》《楼兰研究与探查》两本书的时候，都坚持以考古学的要求，采用斯坦因的分级编号法，以出土地点为依据整理楼兰研究资料，以利于厘清学术研究脉络，做出真正创新性的研究。

其三，史料整理与学术研究齐头并进。目前已经出版的《楼兰汉文简纸文书集成》和《吐鲁番出土砖志集注》是侯灿先生在研究过程中的资料整理成果，而这一切都是围绕着他关注的核心学术问题研究而展开的。有关吐鲁番的研究，侯灿先生已经发表了诸多论著，是吐鲁番学研究中绕不开的重要学者。而《楼兰的发现》和《楼兰研究与探查》两部论著的写作计划，则是侯灿先生在不同的阶段整理资料的基础上，尝试对楼兰进行综合深入研究的努力，虽然因各种原因未能完成，但是他在这两本书中体现出来的学术思想依然能够给研究者们带来启发。

在 2005 年 9 月侯灿先生为新疆师范大学历史系研究生开设专题课程时，他在备课本上写到：学者“要打造核心竞争力”，“必须要有拳头产品，尤其要有轰不垮、打不烂的核心产品”，“既有核心产品，也要有一般产品发表”（见图 3）。侯灿先生的楼兰考古发掘及其相关研究和《楼兰汉文简纸文书集成》是他的拳头产品，他的一系列楼兰研究论文中既有核心产品，也有一般产品发表。《楼兰的发现》和《楼兰研

---

① 《艾尔迪克发现古楼兰城辨误》，《新疆大学学报（哲学社会科学版）》1998 年第 1 期，第 39—44 页；《楼兰三说正谬》，《丝路游》1998 年第 1 期，第 19—21 页；《楼兰的发现及其正名》，《新疆师范大学学报（哲学社会科学版）》1999 年第 4 期，第 73—78 页；《庞贝何能比楼兰》，《中国青年报》2000 年 4 月 11 日第 8 版特约稿；《楼兰汉文简纸文书研究综述》，《西域研究》2000 年第 2 期，第 97—101 页；《楼兰发现及其纠葛——楼兰发现百年祭》，《丝绸之路》2001 年第 3 期，第 4—9 页；《楼兰出土张济逞文书与李伯文书再探》，四川大学历史文化学院考古系编：《四川大学考古专业创建四十周年暨冯汉骥教授百年诞辰几年文集》，成都：四川大学出版社，2001 年，第 392—400 页；《魏晋西域长史治楼兰实证——楼兰问题驳难之一》，《敦煌研究》2001 年第 4 期，第 105—111 页；《楼兰研究析疑——楼兰问题驳难之二》，《敦煌研究》2002 年第 1 期，第 66—72 页；《楼兰研究中的几个基本问题》，《吐鲁番学研究》2004 年第 2 期，第 104—114 页。

② 张莉：《两汉通西域道路的开拓》，新疆师范大学学士学位论文，1998 年。随后以《西汉楼兰道新考》为题，将其中的主要发现刊发于《西域研究》1999 年第 3 期，第 86—88 页。张莉：《汉晋时期楼兰古绿洲环境变迁动态研究》，陕西师范大学，硕士学位论文，2001 年。随后一部分以《楼兰古绿洲的河道变迁及其原因探讨》为题发表于《中国历史地理论丛》2001 年第 1 辑，第 87—98 页；另一部分以《汉晋时期楼兰绿洲环境开发方式的变迁》为题发表于《历史地理》第 18 辑，上海：上海人民出版社，2002 年，第 186—198 页。

究与探查》都是在当时的条件下，按照拳头产品的标准设计的。前者的写作因为1996年之后新的楼兰资料的整理而被放弃，后者的写作计划则力求全面而综合地反映楼兰考古与研究的方方面面，更是按照顶级拳头产品的标准设计的，其工作量远远不是晚年的侯灿先生可以承担的。

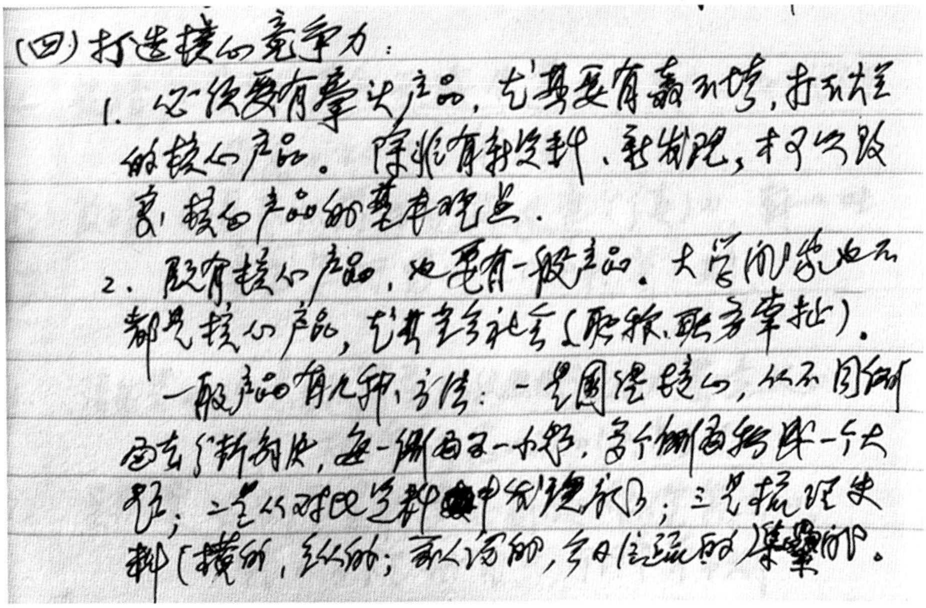
(四) 打造核心竞争力：
1. 必须要有拳头产品，尤其要有垄断性，排他性的核心产品。除非有新发现、新材料，才可以改变核心产品的基本观点。
2. 既有核心产品，也要有一般产品。大学的学院也不都是核心产品，尤其是今社会（职称、职务等挂）。
一般产品有几种方法：一是围绕核心，从不同侧面去分析解决，每一侧面写一本书，各个侧面合起来一个大书；二是从对比研究中创造新成果；三是梳理史料（横的，纵的；前人论的，今日流行的）集萃成书。

图3　侯灿先生《新疆师范大学专题讲授提纲（2005年9月5—15日）》局部

悠悠赤子心，楼兰未了情。从1979年带队进入楼兰考古，到临终前念念不忘《楼兰研究与探查》一书的出版，侯灿先生以求真、务实的学术精神，投入极大的热情于楼兰研究之中，令人敬佩。《楼兰研究与探查》一书终未完成，是侯灿先生的遗憾，亦是学术界的遗憾。期待本文对这两部未完成书稿的介绍能够给研究者带来启发和借鉴，推进楼兰研究的深入，我想这一定是侯灿先生所乐见的。

本文所据资料为侯灿先生的夫人吴美琳老师馈赠，本文的写作是在中国人民大学历史学院孟宪实教授和北京大学历史学系朱玉麒教授的提议和推动下得以完成的，在此致以深切的感谢！

张　莉
（作者单位：陕西师范大学西北历史环境与经济社会发展研究院）